教育部首批新文科研究与改革实践项目
（项目编号：2021090003）
21世纪经济管理新形态教材·工商管理系列

商务谈判实训

吕 亮 ◎ 编 著

清华大学出版社
北 京

内容简介

《商务谈判实训》依据新时代经济发展对人才的需求，倡导实践中学习的方式，章节编排简练、实用。本书采用新时代思政教材的结构形式，每章设有学习目标、关键词、思政案例导入、趣味阅读、阅读拓展，并有思考题、案例分析题、讨论题，内容丰富、案例生动，适合灵活组织实训教学。

本书适合作为普通高等院校经济与管理类及相关专业教学用书，也可作为商务谈判工作人士、企业培训用书。

本书封面贴有清华大学出版社防伪标签，无标签者不得销售。
版权所有，侵权必究。举报：010-62782989，beiqinquan@tup.tsinghua.edu.cn。

图书在版编目（CIP）数据

商务谈判实训/吕亮编著．—北京：清华大学出版社，2021.12（2022.7重印）
21世纪经济管理新形态教材．工商管理系列
ISBN 978-7-302-59673-8

Ⅰ.①商… Ⅱ.①吕… Ⅲ.①商务谈判—高等学校—教材 Ⅳ.① F715.4

中国版本图书馆 CIP 数据核字（2021）第 260971 号

责任编辑：徐永杰
封面设计：汉风唐韵
责任校对：宋玉莲
责任印制：朱雨萌

出版发行：清华大学出版社
网　　址：http://www.tup.com.cn, http://www.wqbook.com
地　　址：北京清华大学学研大厦 A 座　　邮　编：100084
社 总 机：010-83470000　　邮　购：010-62786544
投稿与读者服务：010-62776969, c-service@tup.tsinghua.edu.cn
质量反馈：010-62772015, zhiliang@tup.tsinghua.edu.cn

印 装 者：小森印刷霸州有限公司
经　　销：全国新华书店
开　　本：185mm×260mm　　印　张：18.75　　字　数：304千字
版　　次：2022年1月第1版　　印　次：2022年7月第2次印刷
定　　价：56.00元

产品编号：081574-01

前 言

商务谈判的成败，不仅关系企业的存活与发展，而且关系国家政治、经济的影响力。在合作发展的过程中，不同利益主体的价值诉求大多是不同的、对立的，初始解决的方法是通过有效的谈判来解决。如果谈判方案不当，会造成关系破裂甚至反目为仇。

商务谈判人员的能力直接影响交易双方利益的均衡。这不仅要求谈判人员有智商、情商和胆商，而且还需要经验、技巧和艺术。大学生学习商务谈判理论和实践方法，可以适应未来社会对综合性人才的需求，也可以使自己能快速承担成长性公司对外合作的责任。

作者曾受聘为摩托罗拉公司全国巡讲师，并在2001—2006年任职中国联通公司集团客户部行业拓展处总监，负责与全国集团客户、行业应用客户的商务谈判工作。与已有同类教材相比，本书最大的亮点是作者结合自身的工作经历，尝试将亲身经历作为案例编入教材，尽管案例中的方法、策略等不能适用于全部的场景，但是其本身的真实性，也会让内容更加生动。

本书内容包括商务谈判概述、商务谈判心理研究、商务谈判的准备、商务谈判的过程、商务谈判的策略、商务谈判的沟通技巧、商务谈判僵局的处理、商务谈判的风险与规避、商务谈判礼仪、商务谈判的结束和国际商务谈判，共十一章。

在本书付梓之际，感谢编写团队所有成员的付出，感谢清华大学出版社领导及编辑的帮助与支持。本书在编写的过程中借鉴了大量的与商务谈判相关的著作和文献资料，已在资料来源和参考文献中列出，在此一并向所有的作者致以最诚挚的谢意。

本书虽经多次修改完善，但限于编者水平有限，难免有偏颇、疏漏之处，诚请各位同行、专家和读者斧正。

编者

目 录

第一章 商务谈判概述 ·· 001
    本章学习目标 ·· 001
    本章关键词 ·· 001
    思政案例导入 ·· 001
    第一节 商务谈判的概念和特征 ··· 002
    第二节 商务谈判的基本原则和作用 ··· 006
    第三节 商务谈判的类型和内容 ··· 013
    第四节 商务谈判的 PRAM 模式 ·· 024
    本章小结 ··· 029
    思考题 ·· 029
    思政案例分析 ·· 029

第二章 商务谈判心理研究 ·· 032
    本章学习目标 ·· 032
    本章关键词 ·· 032
    思政案例导入 ·· 032
    第一节 商务谈判需要理论 ··· 033
    第二节 商务谈判心理概述 ··· 046
    第三节 商务谈判者的心理素质与心理挫折 ·· 051
    本章小结 ··· 058
    思考题 ·· 058
    思政案例分析 ·· 059

第三章 商务谈判的准备 ·· 061
    本章学习目标 ·· 061
    本章关键词 ·· 061
    思政案例导入 ·· 061
    第一节 谈判信息收集 ··· 062

第二节　安排谈判人员 …………………………………… 070
　　第三节　制定谈判方案 …………………………………… 077
　　第四节　模拟谈判场景 …………………………………… 079
　　第五节　谈判场景设计 …………………………………… 081
　　本章小结 …………………………………………………… 085
　　思考题 ……………………………………………………… 085
　　思政案例分析 ……………………………………………… 085

第四章　商务谈判的过程 …………………………………… 088
　　本章学习目标 ……………………………………………… 088
　　本章关键词 ………………………………………………… 088
　　思政案例导入 ……………………………………………… 088
　　第一节　开局阶段 ………………………………………… 090
　　第二节　磋商阶段 ………………………………………… 096
　　第三节　交易阶段 ………………………………………… 104
　　本章小结 …………………………………………………… 111
　　思考题 ……………………………………………………… 111
　　思政案例分析 ……………………………………………… 112

第五章　商务谈判的策略 …………………………………… 114
　　本章学习目标 ……………………………………………… 114
　　本章关键词 ………………………………………………… 114
　　思政案例导入 ……………………………………………… 114
　　第一节　商务谈判策略概述 ……………………………… 115
　　第二节　谈判过程各阶段的策略 ………………………… 121
　　本章小结 …………………………………………………… 138
　　思考题 ……………………………………………………… 138
　　思政案例分析 ……………………………………………… 138

第六章　商务谈判的沟通技巧 ……………………………… 140
　　本章学习目标 ……………………………………………… 140
　　本章关键词 ………………………………………………… 140
　　思政案例导入 ……………………………………………… 140
　　第一节　商务谈判沟通技巧概述 ………………………… 141

第二节　有声语言技巧 ··· 146
　　第三节　无声语言技巧 ··· 158
　　本章小结 ··· 164
　　思考题 ·· 164
　　思政案例分析 ··· 165

第七章　商务谈判僵局的处理 ··· 166
　　本章学习目标 ··· 166
　　本章关键词 ·· 166
　　思政案例导入 ··· 166
　　第一节　僵局的分类 ··· 168
　　第二节　僵局的成因及处理原则 ····································· 170
　　第三节　避免僵局的办法 ··· 176
　　第四节　突破僵局的策略 ··· 178
　　第五节　处理僵局的注意事项 ·· 188
　　本章小结 ··· 191
　　思考题 ·· 192
　　思政案例分析 ··· 192

第八章　商务谈判的风险与规避 ··· 194
　　本章学习目标 ··· 194
　　本章关键词 ·· 194
　　思政案例导入 ··· 194
　　第一节　商务谈判中的风险 ··· 195
　　第二节　商务谈判中的风险规避 ····································· 203
　　本章小结 ··· 212
　　思考题 ·· 212
　　思政案例分析 ··· 212

第九章　商务谈判礼仪 ·· 215
　　本章学习目标 ··· 215
　　本章关键词 ·· 215
　　思政案例导入 ··· 215
　　第一节　商务礼仪基础知识 ··· 216

第二节　日常商务谈判礼仪 ……………………………………… 224
　　本章小结 ……………………………………………………… 232
　　思考题 ………………………………………………………… 233
　　思政案例分析 ………………………………………………… 233

第十章　商务谈判的结束 ……………………………………… 236
　　本章学习目标 ………………………………………………… 236
　　本章关键词 …………………………………………………… 236
　　思政案例导入 ………………………………………………… 236
　　第一节　商务谈判结束的判定与结束方式 ……………………… 237
　　第二节　商务谈判结束前的准备措施 …………………………… 243
　　第三节　商务合同的签订 ……………………………………… 247
　　本章小结 ……………………………………………………… 258
　　思考题 ………………………………………………………… 258
　　思政案例分析 ………………………………………………… 258

第十一章　国际商务谈判 ……………………………………… 260
　　本章学习目标 ………………………………………………… 260
　　本章关键词 …………………………………………………… 260
　　思政案例导入 ………………………………………………… 260
　　第一节　国际商务谈判的特征与原则 …………………………… 261
　　第二节　文化差异对国际商务谈判的影响 ……………………… 267
　　第三节　世界各地商人的谈判风格 ……………………………… 271
　　本章小结 ……………………………………………………… 285
　　思考题 ………………………………………………………… 286
　　思政案例分析 ………………………………………………… 286

参考文献 ………………………………………………………… 289

第一章 商务谈判概述

🔍 本章学习目标

1. 熟悉商务谈判的概念和特征。
2. 熟悉商务谈判的基本原则。
3. 了解商务谈判的作用。
4. 掌握商务谈判的类型和内容。
5. 掌握商务谈判的 PRAM 模式。

🔍 本章关键词

谈判　商务谈判　谈判主体　谈判议题

🔍 思政案例导入

广东工厂与美国公司关于玻璃生产线的谈判

广东玻璃厂厂长率团与美国欧文斯公司就引进玻璃生产线一事进行谈判。双方在部分引进还是全部引进的问题上陷入了僵局,中方的部分引进方案遭到美方拒绝。

这时,中方首席代表冷静分析形势,如果一个劲儿说下去,就会越说越僵。于是,他改变了说话的战术,由直接讨论变成迂回说服。"全世界都知道,欧文斯公司的技术是一流的，设备是一流的，产品是一流的。"这三个一流的诚恳而又切实的赞叹，使欧文斯公司的抵触情绪得以很大程度的消除。"如果欧文斯公司能够帮助我们广东玻璃厂跃居全中国一流，那么，全中国人民很感谢你们。"这样，僵持的话题又转了回来，但由于前面的那些话，消除了对方心理上的对抗。

"贵方当然知道，意大利、荷兰等几个国家的代表团，正在我国北方省份的玻璃厂谈判引进生产线。如果这次的谈判因为一点点的小事而失败，那么不但是广东玻璃厂，更重要的是欧文斯公司方面将蒙受重大的损失。"谈判中用"一点点小事"来引起对方对分歧的关注。同时，指出谈判万一破裂将给美国方面带来巨大的损失。

"目前，资金方面有困难，不能全部引进，这点务必请美国同事们理解和原谅，希望你们能伸出友谊之手，为我们将来的合作奠定一个良好的基础。"这段话既通情，又达理，不只是在做生意，更是朋友间的互相帮助。因此，迅速签订了协议，打破了僵局。

资料来源：杨晶. 商务谈判 [M]. 2版. 北京：清华大学出版社，2016.

商务谈判是一种使得谈判双方实现共赢的方式，掌握商务谈判的基本原理和特征，是商业活动中协商问题的必备技能。

第一节　商务谈判的概念和特征

谈判是现代社会无时无刻、无处不在的现象。人们之间要相互交往、改善关系、协商问题，就要进行谈判。正如谈判大师赫伯·寇恩所说："人生就是一张大的谈判桌，不管喜不喜欢，你已经置身其中了。"谈判时，实力与智慧、学识与口才、魅力与演技的较量，体现了个人的内在修养、专业素养和综合素质。然而，每个人并不都是天生的谈判专家，只有对谈判的理论融会贯通、不断实践，才能不断提升自身的谈判水平。

商务谈判是一种较为重要的谈判类型，要在了解谈判的基本原理的基础上，掌握商务谈判的定义和基本特征。

一、商务谈判的概念

（一）谈判的定义

在谈论商务谈判之前，要弄清楚何谓"谈判"。谈判，有狭义和广义之分。

狭义的谈判，仅指在正式场合下安排和进行的谈判。广义的谈判，则包括各种形式的"交涉""洽谈""磋商"等。不同的学者基于各自角度，给谈判下了不同的定义。

1968年，美国谈判学会主席尼尔伦伯格（Nierenberg）在其所著的《谈判的艺术》（*The Art of Negotiating*）中写道："谈判的定义最简单，而涉及的范围却最为广泛，每一个要求满足的愿望和每一项寻求满足的需要，至少都是诱发人们展开谈判过程的潜因。只要人们为了改变相互关系而交换观点，或是人们为了某种目的企求取得一致而磋商协议，即是谈判。"

1971年，英国学者马什（Marsh）在《合同谈判手册》（*Contract Negotiation Handbook*）一书中对谈判所下的定义是："所谓谈判是指有关各方为了自身的目的，对各项涉及各方利益的事务进行磋商，并通过调整各自提出的条件，最终达成一项各方都较为满意的协议，这样一个不断协调的过程。"

法国谈判学家克里斯托夫·杜邦（Christophe Dupont），全面研究了许多谈判专家的著述后，在其所著的《谈判的行为、理论与应用》（*Lanegociation Conduite, Theorie, Applications*）中，给谈判下了这样的定义："谈判是使两个或数个角色处于面对面位置上的一项活动。各角色因持有分歧而相互对立，但他们彼此又互为依存。他们选择谋求达成协议的实际态度，以便终止分歧，并在他们之间（即使是暂时性的）创造、维持、发展某种关系。"

国内学者对于谈判的定义，主要有："所谓谈判，乃是个人、组织或国家之间，就一项涉及双方利害关系的标物，利用协商手段，反复调整各自目标，在满足己方利益的前提下，取得一致的过程。""谈判是人们为了协调彼此的关系，满足各自的需要，通过协商而争取意见一致的行为和过程。""谈判，是人们为了各自的利益动机而进行相互协商，并设法达成一致意见的行为。"

上述国内外专家对于谈判下的定义，既有共同之处也有各自的高见，但是到现在为止，并无一致定义。综合上述定义，本书对于谈判下的定义是：谈判是指参与各方处于某种需求，在一定的时空条件下，采取协调行为的过程。这一定义，可以从以下五个方面来理解和把握。

（1）谈判总是以某种利益的满足为目标，是建立在人们需要的基础上的。这是人们进行谈判的动机，也是谈判产生的原因。当需要无法仅仅通过自身解决，而是需要他人的合作才能满足时，就要借助于谈判的方式来实现，而且，需要越强烈，谈判的要求越迫切。

（2）谈判是两方以上的交际活动，只有一方则无法进行谈判活动。谈判活动只有一方无法进行，而且，只有参与谈判的各方的需要，有可能通过对方的行为得到满足时，才会产生谈判。

（3）谈判是寻求建立或改善人们的社会关系的行为。人们的一切活动，都是以一定的社会关系为条件的。谈判的目的是满足某种利益，要实现所追求的利益，就需要建立新的社会关系，或巩固已有的社会关系。但是，并非所有的谈判都能起到积极的效果，失败的谈判可能会破坏良好的社会关系，这可能会激起人们改善社会关系的愿望，产生新一轮的谈判。

（4）谈判是一种协调行为的过程。谈判的开始，意味着某种需求希望得到满足、某个问题需要解决，或者是某方面的社会关系出了问题。解决问题、协调矛盾，不可能一蹴而就，总需要一个过程。这个过程往往不是一次，而是随着新问题、新矛盾的出现而不断重复，意味着社会关系需要不断协调。

（5）任何一种谈判都选择在参与者认为合适的时间和地点举行。谈判时间和地点的选择，实际上已经成为谈判的一个重要组成部分，对谈判的进行和结果都有直接的影响。企业之间、团体之间乃至国家之间的谈判都很重视地点选择。

（二）商务谈判的定义

商务谈判是指在经济贸易活动中，买卖各方为了满足各自的需要，彼此间进行意见交流、关系协调，争取达成一致协议的过程。它是在商品经济条件下产生和发展起来的，已经成为现代社会经济生活必不可少的组成部分。小到生活中的讨价还价，大到企业法人之间的合作、国家与国家之间的经济技术交流，都离不开商务谈判。

（三）商务谈判的基本要素

商务谈判的构成要素是指构成商务谈判活动的必要因素。它是从静态结构上对谈判行为的剖析。换言之，没有这些要素，谈判就无从进行。

（1）商务谈判主体。从组织的角度来说，商务谈判主体是由前台主体和后台主体构成。前台主体是实际参加谈判的人，包括主谈人、谈判组长、参谈人。商务谈判活动的成效，在很大程度上取决于前台主体的主观能动性和创造性。后台主体是在商务谈判中有权参加谈判，并承担谈判后果的单位负责人、谈判工作的辅助人员、社会组织，以及其他能够在谈判和履约中，享有权利、承担义务的各种实体。

（2）商务谈判客体。客体是指谈判的议题。议题是指谈判的具体内容或交易条件，如价格和付款方式等，技术标准的问题，商品的品质数量、仓储、装运、保险和检验等条款。总之，涉及交易双方利益的一切问题，都可以成为谈判的议题。议题，是谈判的起因，其内容和目的决定着各方参与谈判的人员组成及策略，它是谈判活动的核心。

【趣味阅读1.1】某外商和中国企业洽谈合资事宜，当谈起当地环境时，他认为当地饮水质差、空气污染严重，中方人员认为这些无关痛痒，也就随意附和。谁知，到了商定外方派驻中国人员的待遇时，外方提出，为了其驻外人员的健康，饮用水必须从国外进口，费用应该由合资企业承担。到这时，中方人员才明白，表面上与经济利益无关的议题，其实，也是和经济利益密切相关的。

经济利益是商务谈判的永恒主题。商务谈判的一切都是为了实现经济利益，但商务谈判的具体行为，未必是经济利益的直接体现。

资料来源：冯光明，冯靖雯，余峰. 商务谈判：理论、实务与技巧[M]. 北京：清华大学出版社，2015.

（3）商务谈判目标。概括地讲，商务谈判的直接目标，就是最终达成协议。谈判双方各自的具体目标往往是不同的，甚至是对立的，但都统一于商务谈判活动的目标。只有商务谈判的直接目标实现了，最终达成了协议，谈判各方的目标才能实现。

（4）商务谈判环境。商务谈判环境是指谈判所处的客观条件。任何谈判都不可能孤立地进行，必然处在一定的客观条件之下，并受其制约。因此，谈判环境对谈判发生、发展、结局均有重要的影响，是谈判不可忽视的条件。

商务谈判的环境因素主要包括：政治因素、经济因素与文化因素。政治因素是指本国政局的稳定状态和宏观政策的要求，以及交易方所在国之间的外交状态，包括社会制度、政治信仰、体制政策、政局动态和国家关系等。经济因素是指商务谈判当事人及议题所处的经济环境条件，包括交易货币的汇率变化、交易方所在国通货膨胀和谈判当事人所在企业的经营状态，如市场模式、供求关系和生产销售等。文化因素是指以价值观为核心的组织意识形态，包括价值观念、民族宗教、风俗习惯、教育程度、行为规范和思维方式等。

二、商务谈判的特征

商务谈判是谈判的主要类型，具有谈判的一般原理，但是，又有自身的规律和特征。

（1）以获得经济利益为目的。在市场经济条件下，追求自身利益最大化，是产生商务谈判的根本原因。虽然，在商务谈判的过程中，谈判对手可能会利用其他非经济因素以期对谈判产生积极的影响，但是，其最终目的是实现自身经济利益的最大化。

（2）以价格谈判为核心。商务谈判所涉及的不只是价格，谈判者的需要或利益也并不唯一地表现在价格上，但是，价格几乎是所有商务谈判的核心内容，这是因为，价格最直接表明了谈判双方的利益。

（3）谈判环境复杂多变。商务谈判中，能够对谈判产生影响的一切外部因素构成了谈判环境。谈判环境是谈判必不可少的组成部分，也是影响谈判结果和成败的重要因素。谈判环境主要包括政治环境（政治法律因素）、经济环境（经济与市场状况）、人际关系环境（谈判双方的人际关系）、时间环境（谈判的时间选择与时间安排）和空间环境（谈判的地点选择与场所布置）等。

（4）注重合同的严密性与准确性。合同是商务谈判双方协商结果的书面文件。合同中的条款，是各方各种责任、利益、义务的文字表述，条款要求严密，且各条款之间不能出现自相矛盾的情况。因此，在商务谈判中，谈判各方不仅要重视对方的口头承诺，更要重视合同条款表述的严密性、准确性、完整性、详细性。

第二节　商务谈判的基本原则和作用

商务谈判的基本原则是指在商务谈判中各方应当遵守的指导思想和基本准则。它是商务谈判内在的、必然的行为规范，是商务谈判的实践总结和制胜规律。因此，认识和把握商务谈判的基本原则，有助于维护谈判各方的权益，提高谈判的成功率和指导谈判策略的运用。

一、商务谈判的基本原则

（一）真诚守信原则

真诚守信在商务谈判中的价值不可估量，它会使谈判方从劣势变为优势，使优势发挥更大的作用。谈判各方人员之间的相互信任，会决定谈判有一个好的发展。如果双方没有信任，就不可能有任何谈判，也不可能达成任何协议，而只有让对方感到你是有诚意的，才可能对你产生信任，双方才会认真对待谈判。

在谈判中注重真诚守信：①要站在对方的立场上，将其了解到的情况坦率相告，以满足其权威感和自我意识。②把握时机，以适当的方式，向对方坦露本方某些意图，消除对方的心理障碍，化解疑惑，为谈判打下坚实的信任基础。真诚守信原则，并不反对谈判中的策略运用，而是要求在谈判时，观察对手的谈判诚意和信用程度，以避免不必要的损失。

【趣味阅读1.2】上海华实制鞋厂与日本一家株式会社做了一笔价值260万日元的布鞋生意，但是，由于日方预测失误，加上海上运输周期较长，布鞋到达日本后，错过了销售的黄金季节，导致大量积压。

日方由此提出退货，中方原则上同意了这一不符合惯例的要求。后来，中方在出口另外一批货时，保质、保量且发货迅速，使得日方大赚了一笔。中方在此次交易中也获利不少，而且名声大震。

此事在日本见报后，该制鞋厂收到了几家大公司的合作来函。这样下来，整体上，上海华实制鞋厂不仅没有赔钱，反而身价上涨，产品供不应求。经过此次风波后，日方的株式会社提出作为中方在日本的总代理请求，并包销全部产品，双方签订了10年的合同，两家企业的竞争伙伴关系也更加稳定。

资料来源：冯光明，冯靖雯，余峰.商务谈判：理论、实务与技巧[M].北京：清华大学出版社，2015.

（二）平等自愿原则

商务谈判的平等是指在商务谈判中，无论各方的经济实力强弱、组织规模大小如何，其谈判地位都是平等的。平等是商务谈判的重要基础，是衡量商务谈判成功的最基本标准。

在商务谈判中，各方当事人对于交易项目及其交易条件，都拥有同样的选择权。协议的达成只能通过各方的平等对话，协商一致，不能一方说了算或者少数服从多数。商务谈判中的自愿是指具有独立行为能力的交易各方出于自身利益目标的追求，能够按着自己的意愿进行谈判，并做出决定，而非受到外界的压力或他人的驱使来参加谈判。并且，任何一方都可以在任何时候退出或拒绝进行谈判。

贯彻平等自愿原则，要求谈判各方始终如一地善待自己的对手，时时、处处、事事表现出己方不失真诚的敬意。任何一方都不能仗势欺人，以强欺弱，把自己的意志强加于人。只有坚持平等自愿原则，商务谈判才能达到互助互惠的谈判目标。

(三）合作双赢原则

商务谈判的合作原则是指谈判双方在换位思考的基础上，互相配合进行谈判，力争达成双赢的谈判协议。因此，在商务谈判中最重要的，是明确对方不是对手、敌对者，而是朋友、合作的对象。理想的谈判过程，不能简单地看成是利益争夺的过程，而是一个双方互相沟通、交流，寻求发展的过程。要坚持合作原则，主要应从以下几方面着手。

（1）从满足双方的实际利益出发，发展长期的合作关系，创造更多的合作机会。谈判都是互惠互利的，如果双方都能够充分认识这一点，就能极大地增加合作的可能性。

（2）坚持诚挚与坦率的态度，这是做人的根本，也是谈判活动的准则。"精诚所至，金石为开"，任何交易活动，不论是哪一方缺乏诚意，都很难取得理想的合作效果。

（3）坚持实事求是。这是指谈判各方在提出自己的要求、条件时，要尽可能地符合客观实际，要充分估量己方条件的切实可行性，同时，坚持用公平合理的原则，去评价对方的要求、立场。

（四）互惠互利原则

互惠互利原则是指商务谈判的各方不仅要考虑己方利益，也要适应其他方需要，为对方着想，与之互通有无，最后实现等价交换。

互惠互利是平等自愿原则在经济上的客观要求和直接、具体的体现结果，是商务谈判双方的基本出发点。平等的商务谈判有别于竞技比赛，不会导致一方胜利、一方失败，一方盈利、一方亏本。但这并不是说，双方从谈判中获得的利益必须是等量的。互利，并不意味着利益的相等，因为人们在同一事物上很可能有不同的利益，在利益的选择上有多种途径。只有在追求自身利益的同时，也尊重对方的利益追求，立足于互补合作，才能互谅互让，才能实现各自的利益目标，获得谈判的成功。

拓展阅读1.1 站在对方的角度寻求共同利益

为了达到谈判后的互惠互利，应注意以下几点。

（1）提出新的选择。人们经常把谈判视为一种此消彼长的价值分配，这种观念是影响人们寻找互惠互利解决方案的主要障碍。为此，谈判者就要多进行创造性思维，一方面要搜索大量的信息资料作为考虑问题的依据，另一方面谈判组成员要大胆发表见解，集思广益，选择最优方案。

（2）探求各方需求。要实现谈判的互惠互利原则，意味着不仅要考虑到自己想要得到的，也要考虑到使对方得到其想要的，这就需要对对方进行细心观察、认真分析，多站在对方的角度想问题。

（3）寻找共同利益。在商务谈判实践中，当双方为各自的利益讨价还价、激烈争辩时，很可能忽略了双方的共同利益，如果双方都能从共同利益出发，就能把双方的利益由互为矛盾转化为补充。那么，这就是如何把蛋糕做大，而不是如何分蛋糕的问题了。利益可以是物质的，也可以是精神的。让对方获得成就感和愉悦感，这就成功了一半。

（4）协调分歧利益。熟练的谈判者都深知"最后一根稻草"的重要性，如何尽可能地多装一根稻草，又不会让这根稻草把马车压垮，是每个谈判方都要掌握的分寸。

（五）就事论事原则

就事论事，是商务谈判获得成功的重要方法之一。从根本上说，商务谈判所涉及的是有关各方的利益，是谈判的议题，而不是谈判的当事人。因此，各方应该将注意点集中在议题上，而不是因事及人，对当事人进行人身攻击。

就事论事，并不意味着可以完全不考虑人的问题。事实上，谈判者要避免的是，把人的问题与谈判的议题混杂在一起。在处理人的问题时，应当注意：①各方当事人都应设身处地去理解对方所秉持的观点。②各方当事人都应明确那些在谈判中掺杂的感情问题，并设法进行沟通。

人们总是在一定的情绪、情感状态下参与谈判，而情感又随着谈判行为的发展而发生变化。任何一方都不能无视对方的感情体验，都应该对另外方的感情要求做出积极的反应。直率地讨论双方易动感情的问题，而对过激的情绪不做出直接的反应，都有助于防止谈判陷入毫无成效的相互指责。

（六）客观标准原则

客观标准原则是指在谈判中双方因坚持不同的标准而产生分歧时，要坚持运用独立于各方意志之外的、合乎情理和切实可行的标准来达成协议。这些客观标准既可能是惯例、通则，也可能是职业标准、道德标准和科学标准等。如果双方无法确定哪个标准是最合适的，那么，比较好的做法是找一个双方认为公正的、权威的第三方，请他建议一个解决争端的标准，这样，问题会得到比较圆满的解决。

无论把谈判看成双方的合作，还是双方的较量，利益冲突和分歧都是客观存在、无法避免的。一方希望得到对自己有利的结果,另一方也持同样的观点。这些分歧在谈判中时时刻刻存在着,谈判双方的任务就是消除和调和彼此的分歧,达成协议。清除和调和分歧有多种方法,一般是通过双方的让步或妥协来实现的。

在谈判中坚持客观标准有助于双方和睦相处,冷静而又客观地分析问题,有利于谈判者达成一个明智而公正的协议。由于协议的达成是依据客观标准,双方都感到自己的利益没有受到损害,因而会积极、有效地履行合同。

【趣味阅读 1.3】王平与某工程队签订了承建合同,建造一所住房。合同中对价格和材料都做出了明确规定,但是,没有明确规定地基的深度。动工之后,双方在地基深度方面产生了分歧。工程队认为有 1 米深就足够了,而王平认为住房的地基一般需要 2 米左右。

工程队认为根据以往的经验,1 米深的地基就能满足王平要求的"地基稳固,防止房子变形的要求",但是,王平认为地基的深度应该根据不同地区的底层结构来确定,并给出了当地城市规划部门的标准:当地房子的地基都是 2 米深。

工程队负责人心悦诚服地接受了王平的意见。由此,在事先没有明确地基深度的情况下,客观标准能够迅速解决问题,取得双方都满意的结果。

资料来源:冯光明,冯靖雯,余峰. 商务谈判:理论、实务与技巧 [M]. 北京:清华大学出版社,2015.

(七)求同存异原则

谈判作为一种因谋求一致而进行的协商活动,参与谈判的各方一定蕴含着利益上的一致和分歧。因此,为了实现谈判目标,谈判者还应遵循求同存异的原则:对于一致之处,达成共同协议;对于一时不能弥合的分歧,不强求一致,允许保留意见,以后再谈。遵守这一原则,应从以下几个方面入手。

(1)正确对待分歧。要正确对待谈判各方的需求和利益上的分歧,不要"谈虎色变",即谈及对方需求时本方就不能面对,只想自己"狮口大开"。谈判的目标不是扩大矛盾,而是弥合分歧。

(2)探求各自利益。要把谈判的重点放在探求各自的利益上,而不是放在对立的立场观点上。事实无数次证实,任何从对立的立场出发的硬性做法,都是没有什么好结果的。

(3)寻求契合利益。要在利益分歧中寻求互相补充的契合利益,达成能满足各方需求的协议。表面上看,参与谈判的各方,其价值观、需求、利益的不同会带来谈判的阻力，事实上并非如此，正是由于利益需求上存在分歧，才使得各方可能在利益需求上相互补充、相互满足，这就是谈判各方的互补效应和契合利益。

（八）遵守法律原则

遵守法律原则是指在商务谈判及合同签订的过程中，必须遵守国家的法律、法规和政策。与法律、法规和政策有抵触的商务谈判，即使出于谈判双方自愿并且协议一致，也是无效的、不允许的。

拓展阅读 1.2

技术变革带来的运营商营销组织的变化

任何商务谈判都是在一定的法律环境下进行的，法律规范制约着协议的内容。依法认真、严肃地履行协议，关系到未来谈判机会的得失，也决定着既定合作项目能否继续进行下去。因此，坚持遵守法律原则，是商务谈判公正、合理、健康进行的保证，也是合同执行的保证。

二、商务谈判的作用

商务谈判是完成交易、获取利益、实现目标的重要环节，是贯穿于商务活动的全过程，无论是国内经济项目合作，还是国外经济项目合作，都离不开谈判。可以说，商务谈判在现代经济社会中扮演着越来越重要的角色。

（一）商务谈判对企业自身发展的作用

（1）商务谈判有利于企业获取市场信息。市场信息是反映市场发展和变化的消息、情报、资料等。商务谈判是获取市场信息的重要途径。谈判双方在谈判前通过对对方的资信、经营等一般状况的了解，在谈判中通过各自的观点陈述，了解对方的交易需要，这些活动本身就反映了市场的供求状况。同时，谈判中相互磋商，常常使当事各方得到有益的启示，从中获得许多有价值的信息，从而提高经营决策的科学性，使企业在市场竞争中立于不败之地。

（2）商务谈判有利于企业树立形象。企业形象，就是企业在社会公众脑海中的印象。良好形象的塑造可以通过日常和专门的公共关系策划活动来进行，同时，也有赖于通过谈判达成目标。商务谈判者往往代表企业的文化和精神，体现企业的可信度。商务谈判者的着装、举止、语言直接影响对方对本企业的联想和记忆。

在商务谈判中，谈判者提出来的问题是否有理有节、顾全大局，能否讲究效率和信誉，都是关系到双方能否真诚合作、长期合作的关键。若一个商务谈判者在这些方面均能表现出比较高的素质，那么，不仅能促成双方达成一致协议，而且能树立良好的企业形象。

（3）商务谈判有利于企业实现经济目标。在市场竞争条件下，企业的营销工作受各种主观条件的制约。企业产品的畅销，除了商品要适销对路、质量过硬、价格合理、包装美观等外，在很大程度上还有赖于业务人员做好商务谈判的工作，商务谈判是达成商品交换关系的前奏，每一笔交易的价格、数量和其他交易条件，都要通过谈判来确定。如果谈判不成功，产品销售困难，就会造成商品积压、资金短缺，经济效益下降，企业的经济目标无法实现。

（4）商务谈判有利于企业提高管理水平。商务谈判是市场经济环境下企业管理活动的一部分及其职能之一，科学地进行谈判可以提高企业的管理水平。企业管理活动是对企业经营过程进行计划、组织、领导、控制，其中，经营计划除了接受国家宏观计划的指导之外，都与其他经济组织发生联系。保证经营计划的执行，都是通过先谈判后签订合同达到的。通过谈判，还可以发现和借鉴对方业务管理上的经验，分析寻找本企业管理中存在的问题，从而制定有效措施予以纠正。谈判除了协调行为以外，还是实力的对比，具体表现为业务活动上的竞争、管理上的较量。

（二）商务谈判对国家经济发展的作用

（1）有利于促进商品经济的发展。实践证明，商品经济越发达，谈判的应用就越广泛，谈判的形式就越多样化、复杂化。这是由于商品经济崇尚等价交换，排斥一切特权干预，只有通过买卖双方的平等协商谈判，才能在互利的基础上达到双赢的结局，进一步促进商品经济的发展。

同时，谈判广泛运用于社会生产、生活的各个领域，又进一步促进了社会的繁荣和经济的发展，更好地实现了人们在平等互利基础上的联系，改善了相互的关系，提高了交易的成功率。如今，谈判已经成为商品经济社会中不可或缺的组成部分，成为各种组织和公众解决彼此之间矛盾、争议和调整人际关系的重要手段。

（2）有利于加强国际间经济贸易的发展。当今的世界经济是开放的经济，经济活动是在国际范围内拓展的。任何一个国家，都不能只依靠本国的资源、生产能力、科学技术来满足国内的需求。随着我国"一带一路"倡议的提出、对外贸易的进一步扩大，我国也迫切需要引进国外的先进技术、设备和管理经验，高水平地发展我国的商品经济。

发展对外贸易，参与国际竞争，开拓国际市场，必须精于外贸谈判，了解和掌握国际商贸活动的规律和准则，了解各国的民俗、法律、习惯做法和谈判者的谈判风格，熟练掌握商务谈判的规律和技巧，并加以灵活运用。

（3）有利于加强企业间的经济联系。商务谈判大多是在企业之间、企业与其他部门之间进行的。每个企业要与其他部门或单位进行协商，才能完成生产经营活动。事实上，经济越发展，分工越细，专业化程度越高，企业间的联系与合作就越紧密，就越是需要各种有效的沟通手段。同时，企业具有独立的法人资格，企业之间的交往与联系，也必须在自愿互利的基础上实行等价交换、公平交易。因此，谈判理所当然地成为企业间经济联系的桥梁和纽带，成为经济活动中企业之间以及企业与其他各种经济实体之间联系的主要媒介。

第三节　商务谈判的类型和内容

认识谈判的类型，有助于更好地掌握谈判的内容和特点，更好地参与谈判和采取有效的谈判策略。可以说，对谈判类型的正确把握，是谈判成功的重要一环。

一、商务谈判的类型

（一）按参加谈判的人数规模划分

（1）单人谈判。单人谈判是指谈判双方都只有一个人参加，一对一地进行协商谈判。这种谈判方式一般用于项目比较小的商务谈判中。虽然出席谈判的各方只有一个人，但不意味着谈判者不需要准备。相反，由于谈判双方只能各自为战，得不到助手的及时帮助，所以，在安排参加这种类型谈判的人员时，一定要选择有主见、决断力和判断力强、善于单兵作战的人。性格脆弱、优柔寡断的人是不能胜任的。

单人谈判的优点有：谈判规模小，所以在谈判活动的准备、地点、时间的安排上，可以灵活变通，谈判方式可以灵活选择，气氛也比较和谐随便，特别是当双方谈判者比较熟悉、了解时，谈判就更为融洽。谈判双方都是组织的全权代表，有权处理谈判中的一切问题，从而避免了无法决策的保守局面。谈判双方便于沟通，也有利于封锁信息和保密。

（2）小组谈判。小组谈判，也称团队谈判，是指谈判各方派两名或两名以上的代表参加的商务谈判。小组谈判是一种常见的谈判类型。小组谈判一般用于较大的谈判项目，情况比较复杂，各方有几个人同时参加谈判，各人之间有分工、有协作，取长补短，各尽所能，是一种效率比较高的谈判方式。

小组谈判的优点：可以集思广益，寻找更多、更好的对策方案；可以运用各种战略技术,发挥团队优势。谈判中,小组分工负责,取长补短,各尽所能。可以分散谈判对手的注意力,使之不将矛头全部对准一个人,从而可以大大减轻个人的压力。

(二)按谈判进行的地点划分

(1)主场谈判。主场谈判,又叫主座谈判,是指谈判一方在自己所在地以东道主身份组织的谈判。主场谈判包括自己所居住的国家、城市或办公所在地。主场谈判在自己熟悉的环境中进行谈判,会给主方带来许多方便。

主场谈判的优点有:主场谈判方在心理上有安全感和优越感,易于树立自信心。可随时检索各种资料并予以充分利用,客方则无此便利。利用室内布置、座位安排乃至食宿款待等,创造某种谈判气氛给对方施加影响。谈判出现意外情况,可以随时向领导请示。

主场谈判的缺点有:当谈判进入白热化阶段时,对方为了摆脱没有把握的决策压力,会借口资料不全而扬长而去。远离工作地的种种不便,成为对方中止谈判的体面借口。要支付较大的谈判成本,且容易被对方了解虚实。

(2)客场谈判。客场谈判,也叫作客座谈判,是指在谈判对手所在地进行的谈判。客场谈判时,客居他乡的谈判人员会受到各种条件的限制,也需要克服种种困难。

客场谈判的优点有:谈判人员可全心全意参加谈判,不受或少受本企业事务干扰。使对手无法借口无权决定或资料不全,而故意拖延时间。因谈判小组在外谈判无法经常向领导汇报从而有更多的灵活性,且能以授权有限为由,采取拖延战术,使自己由被动变为主动,可减少烦琐的接待工作。

客场谈判的缺点有:由于谈判人员身处异地他乡,会有拘束感,会形成一些客观上的劣势,诸如谈判期限、谈判授权、信息交流以及可能的语言障碍。由于主办方过分的款待及娱乐活动会使谈判者失去斗志,所以,谈判者要保持头脑冷静,与对方保持一定的距离,时刻记住自己的使命。

(3)第三地谈判。第三地谈判是指在谈判双方所在地以外的其他地方进行的谈判。当存在双方冲突性大、政治关系微妙等原因时,在主场、客场谈判都不适宜的情况下,可选择中立地点进行谈判。

第三地谈判的优点有:双方能够平等地进行谈判。这对任何参加谈判方都没有"主""客"之分,享有同等的谈判气氛,这样也就避免了其中的某一方处于客场的不利地位,易于达成某种默契或协议。在第三地由于气氛冷静、不受干扰,双方都比较注意自己的声望、礼节,通常能心平气和地对待问题。

第三地谈判的缺点有：不利于双方实地考察和了解对方的状况。

（三）按沟通手段划分

（1）面对面谈判。面对面谈判是指谈判双方直接地、面对面地就谈判内容进行沟通、磋商和洽谈。凡是正规的、重要的、高规格的谈判，都以面对面的谈判方式进行。

（2）电话谈判。电话谈判是借助电话通信进行沟通信息、协商，寻找达成交易的一种谈判类型。

（3）函电谈判。函电谈判是指通过邮政电传、传真等途径进行磋商，寻求达成交易的书面谈判类型。

（4）网上谈判。网上谈判是指借助互联网进行协商、对话的一种特殊的书面谈判。网上谈判为买卖双方提供了丰富的信息和低廉的沟通成本，因而有强大的吸引力。

（四）按谈判的态度与方法划分

（1）软式谈判。软式谈判，也称让步型谈判或关系型谈判，这种谈判把对方当作朋友，以达成相互满意的协议，从而为进一步扩大合作打下良好的基础，强调的不是要占上风，而是相互信任、让步，建立并维持良好的关系。

软式谈判的一般做法是信任对方、提出建议、做出让步、达成协议和维系关系。软式谈判是一种关系型谈判。如果当事各方都能以和为贵，以宽容、理解的心态处事，互谅互让，友好协商，那么，这种谈判将是一种高效率、低成本的谈判。同时，通过这种谈判，相互之间的关系会得到进一步加强。然而，由于价值观念和利益驱动等原因，有时这只是一种善良的愿望、相对理想化的境界。现实谈判中的各方，即使是在理性的前提下，也会在谋求合作的同时，追求己方利益的最大化。在有长期友好关系的互信合作伙伴之间，或者在合作高于局部近期利益，今天的"失"是为了明天的"得"的情况下，关系型谈判的运用是有意义的。

（2）硬式谈判。硬式谈判，也称立场型谈判，这种谈判，谈判者往往认为己方具有足够的实力，因此，在谈判中提出自己的条件，强调己方的谈判立场。谈判者认为，谈判是一场意志力的竞赛，只有按照己方的立场达成的协议，才是谈判的胜利。采用硬式谈判，常常是互不信任、互相指责，谈判也往往容易陷入僵局、旷日持久，无法达成协议。他们把注意力集中于如何维护自己的立场而否定对方的立场，从而忽视了寻找能兼顾双方利益的解决办法。目的不是要达成协议，而是要获取坚守本方立场的胜利。而且，这种谈判即使达成某种妥协，也会由于某方的让步而履约消极,甚至想方设法撕毁协议、予以反击,从而陷入新一轮的对峙。最后,导致相互关系的完全破裂。

硬式谈判有明显的局限性,一般应用于两种情况:①一次性交往,这种谈判必须是"一锤子买卖",也就是为取得一次胜利而拿未来的合作做赌注。②双方实力相差悬殊,在这种情况下,一方处于绝对优势。

(3)原则式谈判。原则式谈判,也是价值型谈判,又称实质利益谈判,最早由美国哈佛大学谈判研究中心提出,故又称"哈佛谈判术"。这种方式汲取了软式谈判和硬式谈判之所长而避其所短,强调公正原则和公平价值。

原则式谈判的特征主要有:①把人和事分开。谈判中对人温和、对事强硬,强调把人与事分开。②坚持公正原则。主张按照客观公正的原则和公平价值来达成协议,而不是简单地依靠具体问题讨价还价,当双方的利益发生冲突时,坚持按原则处理。谈判中,开诚布公而不施诡计,追求利益而不失风度。③谋求共同的利益,放弃立场。努力寻找共同点,争取共同满意的谈判结果。

原则式谈判是一种既理性又富有人情味的谈判。这种谈判与现代谈判强调的实现互惠合作的宗旨相符,日益受到推崇。运用原则式谈判的要求:①当事各方从大局着眼,相互尊重,平等协商。②处理问题坚持公正的客观标准,提出互相受益的谈判方案,以诚相待,采取建设性态度,立足于解决问题。③求同存异,互谅互让,争取双赢。

(五)按商务交易的地位划分

(1)买方谈判。买方谈判是指以购买者的身份参与谈判。显然,这种买方地位不以谈判地点而论。买方谈判的特征:①重视搜集有关信息,"货比三家"。②极力压价,"掏钱难"。买方是掏钱者,一般不会"一口价"随便成交。即使是重购,买方也总要以种种理由追求更优惠的价格。③度势压人。买方地位的谈判方往往会有"有求于我"的优越感,甚至盛气凌人。

(2)卖方谈判。卖方谈判是指以供应商的身份参加的谈判。卖方地位不以谈判地点为转移。卖方谈判的主要特征有:①主动出击。卖方为了自身的生存和发展,其谈判态度自然积极,谈判中的各种表现也体现出主动精神。②虚实相映。谈判中卖方的表现往往是态度诚恳、交易心切与软中带硬、待价而沽同在,亦真亦假、若明若暗兼有。当己方为卖方时,应注意运用此特征争取好的卖价。而当他方为卖方时,也应注意识别哪里是虚,哪里是实。③"打""停"结合。卖方谈判常常表现出时而紧锣密鼓，似急于求成；时而鸣金收兵，观察动静。其目的都是为了克服来自买方的压力和加强卖方的地位。

（3）代理谈判。代理谈判是指受当事方委托参与的谈判。代理又分为全权代理和只有谈判权而无签约权代理两种。代理谈判的主要特征有：①谈判人权限观念强，一般都谨慎和准确地在授权范围内行事，由于不是交易的所有者，谈判人员的谈判地位超脱、客观。②由于受人之托，为表现其能力和取得佣金，谈判人员的态度比较积极、热情、主动。

（六）按谈判所属部门划分

（1）官方谈判。官方谈判是指国际组织之间、国家之间、各级政府及其职能部门之间进行的谈判。官方谈判的主要特征有：谈判人员职务级别高、实力强，谈判节奏快、信息处理及时，注意保密、注重礼貌。

（2）民间谈判。民间谈判是指民间组织之间直接进行的谈判。民间谈判的主要特征有：相互平等、机动灵活、重视私交、计较得失。

（3）半官半民谈判。半官半民谈判是指谈判议题涉及官方和民间两方面的利益，或者是指官方人员与民间人员共同参加的谈判、受官方委托以民间名义组织的谈判等。半官半民谈判，兼有官方谈判和民间谈判的特点，需要兼顾官方和民间的双重意图及利益，制约因素多，解决谈判中的各类问题时，回旋余地大。

（七）按谈判目标划分

（1）意向书谈判。意向书是一种简单的声明，也称为备忘录或谅解备忘录，主要说明签字各方的某种愿望，或某个带先决条件的、可能的承诺。它对签字人并不构成一种合同义务，但有备忘的作用。意向书谈判的特点有：谈判可发生在谈判初期、中期或后期，针对交易总体的、原则的或个别的问题，是一种比较灵活的谈判。

（2）协议书谈判。协议书是指谈判各方对特定时刻双方立场的系统概括的文件，有时也称为原则协定和框架协定。协议书谈判的特点，一般表现为：由于文件描述的仍是双方的原则意向，即使是一致的一项，也因其缺乏合同要件而无约束力，只能作为一种过渡性的工作文件。当然，比起意向书，其内容更丰富，表述为双方的态度与立场更深入、更具体，表示双方共同点也多了，但本质上两者仍属于同一类。

（3）合同谈判。合同谈判是指为实现某项交易并使之达成契约的谈判。合同应具有最基本的要件，包括商品特性、价格、交货期。在谈判中谈判双方如果就标的、质量、数量、费用、期限、付款方式等要件达成协议，并以法律形式规定下来，就是合同谈判。合同谈判的特点一般为：由于这种契约与法律的刚性，使谈判者在谈判中会直奔目标，对该目标据理力争，为达到目标而手法多变。

（4）准合同谈判。准合同谈判是指带有先决条件的合同，先决条件是指决定合同要件成立的条件，如许可证落实问题、外汇筹集、待律师审查或者待最终正式文本的打印、正式签字等。准合同谈判的特点一般为：①准合同的格式、内容与合同完全相同，全面反映交易双方的意愿，也具备了合同成立的所有要件。②因为双方同意的保留，而使交易双方谈判结果停在"准"的水平上。原因既有原则问题，如许可证、外汇、法规要求的程序需要完成等。也有非原则问题，如打字、印刷装订、审检等。③准合同在先决条件丧失时，自动失效。

（5）索赔谈判。索赔谈判是指在合同义务不能或未能完全履行时，合同当事双方所进行的谈判。在众多的合同履行中，违约或部分违约的事件屡见不鲜。因此，形成一种特定的商业性谈判，人们把它称为索赔谈判。无论是数量、质量、期限、支付，还是生产、运输、索赔等的谈判，均有以下特点：重合同，重证据，注意时效，注重关系。

（八）按谈判问题的讨论顺序划分

（1）纵向谈判。纵向谈判是指在确定谈判的主要问题之后，逐个讨论每一个问题和条款，讨论一个问题、解决一个问题，一直到谈判结束。例如，一项产品交易谈判，双方确定出价格、质量、运输、保险、索赔等内容后，开始就价格进行磋商，只有价格谈妥之后，才依次讨论其他问题。

纵向谈判的优点有：程序明确，把复杂问题简单化；每次只谈一个问题，讨论详尽，解决彻底；避免多头牵制、议而不决的弊病；适用于原则式谈判。

纵向谈判方式的不足有：议程确定过于死板，不利于双方的沟通与交流；讨论问题时难以相互通融，当某一问题陷入僵局后，不利于其他问题的解决；不能充分发挥谈判人员的想象力和创造力，不能灵活、变通地处理谈判中的问题。

（2）横向谈判。横向谈判是指在确定谈判所设计的主要问题后，开始逐个讨论优先确定的问题，在某一问题上出现矛盾和分歧时，就把这一问题放在后面，先讨论其他问题。如此周而复始地讨论下去，直到所有的问题都谈妥为止。例如，在资金谈判中，谈判内容涉及金额、利息率、贷款期限、担保、还款以及期限等问题，如果双方在贷款期限上不能达成一致意见，就可以把这一问题放在后面，继续讨论其他问题。当其他问题解决之后，再回过头来讨论这个问题。

横向谈判方式的优点有：议程灵活，方法多样；多项议题同时讨论，有利于寻找变通的解决办法；有利于更好地发挥谈判人员的创造力、想象力，更好地运用谈判策略和谈判技巧。横向谈判方式的不足有：加剧双方的讨价还价，容易促使谈判双方做出对等让步；容易使谈判人员纠缠在枝节问题上，而忽略了主要问题。

（九）按谈判参与方的国域界限划分

（1）国内商务谈判。国内商务谈判是指国内各种经济组织以及个人之间所进行的商务谈判。它包括国内的商品赊销、商品运输、仓储保管、联营、经营承包、借款和财产保险谈判等。双方都处于相同的文化背景中，这就避免了由于文化背景的差异可能对谈判所产生的影响。由于双方的语言相同，观念一致，所以，双方谈判的主要问题在于怎样调整双方的不同利益，寻找更多的共同点。

（2）国际商务谈判。国际商务谈判是指一国政府以及各种经济组织与外国政府以及各种经济组织之间所进行的商务谈判。国际商务谈判，包括国际产品贸易、易货贸易、补偿贸易、各种加工和装配贸易、现汇贸易、技术贸易、合资经营、租赁业务和劳务合作谈判等。不论从谈判形式，还是从谈判内容来讲，国际商务谈判远比国内商务谈判复杂得多。这是由于谈判人员来自不同的国家，其语言、信仰、生活习惯、价值观念、行为规范、道德标准乃至谈判心理等方面，都存在着极大的差别，而这些方面都是影响谈判的重要因素。

二、商务谈判的内容

商务谈判的内容是指与产品交易有关的各项交易条件。为了有效地进行谈判，买卖双方在制订商务谈判计划时，必须把有关的内容纳入谈判的议题之中。谈判内容上出现疏漏，势必影响合同的履行，从而给企业带来不可估量的损失。因此，谈判人员在谈判之前，应掌握谈判的内容。商务谈判的类型不同，其谈判的内容也各有差异。

（一）合同之内的商务谈判内容

（1）价格。商务谈判的价格是指谈判双方让渡的金额，而不只是指商品的价格。价格是商务谈判的核心，也是谈判中最敏感、最艰难的部分，是商务谈判策略与技巧的集中体现。商务谈判的失败往往是价格谈判的失败。价格谈判包括价格术语、价格计量、单价与总价、相关费用等方面的内容。

（2）交易条件。交易条件的谈判是指围绕价格为中心的相关构成条件的谈判，它们与价格相辅相成、相互影响，并可以通过价格体现出它们的状况，是谈判者利益的重要组成部分。这些交易条件主要包括标的、数量与质量、付款方式、服务内容、交货方式和保险等。

（3）合同条款。合同条款是构成一份完整、有效合同必不可少的部分，是价格和交易条件的补充与完善，是履行合同的保证，主要包括双方的权责约定、违约责任、纠纷处理、合同期限、补充条件和合同附件等。

（二）合同之外的商务谈判内容

合同之外的商务谈判是指合同以外事项的谈判，它是谈判的一个重要组成部分，为谈判直接创造条件，影响着合同本身的谈判效果，因此，要加以重视。它主要包括以下几个部分。

（1）关于谈判举行时间的谈判。谈判时间可能是一方决定的结果，也可能是双方协商的结果。谈判时间不同，对双方的影响是不同的。这是因为时间不同，双方的准备程度不同，外部环境的变化不同，双方的需求程度不同，进而谈判实力也不同。因此，谈判者要尽量争取对己方有利的时间。

（2）关于谈判举行地点的谈判。一般来说，主场谈判比客场谈判更有利。谈判到底在哪一方举行，往往由谈判实力强的一方决定，但也是可以通过谈判策略争取的。

（3）关于谈判的议题安排的谈判。先谈什么、后谈什么、该谈什么、不该谈什么，主要谈什么、次要谈什么等，对谈判结果的影响是显而易见的。谈判议程是谈判策略的重要组成部分，其确定往往是双方协商的结果。

（4）其他事宜。其他事宜包括谈判参加人员的确定、谈判活动的相关规定、谈判场所的布置等，往往可以通过协商，去争取对己方更有利的条件。

（三）商品贸易谈判的内容

商品贸易谈判的内容以商品为中心，主要包括商品的品质、商品的数量、商品的包装、商品的运输、保险、商品检验、商品价格、货款结算支付方式、服务及索赔、仲裁和不可抗力等条款。

（1）商品的品质。商品的品质是指商品的内在质量和外观形态，它往往是交易双方最关心的问题，也是洽谈的主要问题。商品的品质取决于商品本身的自然属性，其内在质量具体表现在商品的化学成分、生物学特征及其物理、机械性能等方面。其外在形态具体表现为商品的造型、结构、色泽、味觉等技术指标或特征，这些特征有多种多样的表示方法。

（2）商品的数量。商品的数量是商务谈判的主要内容。成交商品数量的多少，不仅关系到卖方的销售计划和买方的采购计划能否完成，还与商品的价格有关。同一货币支付后所购买的商品数量越多，说明这种商品越便宜。因此，商品交易的数量，直接影响交易双方的经济利益。

在国际贸易中，由于各国采用的度量衡制度不同，同一计量单位所代表的数量也各不相同。因而，要掌握各种度量衡之间的换算关系，在谈判中明确规定使用哪一种度量衡制度，以免造成误会和争议。

（3）商品的包装。在商品交易中，除了散装货与裸体货外，绝大多数商品都需要包装。包装具有宣传商品、保护商品、便于储运、方便消费的作用。近年来，随着我国市场竞争日趋激烈，各厂商为了提高自己的竞争能力，扩大销路，已改变了过去传统的"一等产品、三级包装"的包装观念。市场上商品的包装装潢不仅变化快，而且档次越来越高。作为商务谈判者，为了使双方满意，必须精通包装材料、包装形式、装潢设计、运装标志等问题。

（4）商品的运输。在商品交易中，卖方向买方收取货款是以交付货物为条件的。所以，运输方式、运输费用以及装运、交货的时间、地点，依然是商务谈判的重要内容。

①运输方式。商品的运输方式是指将商品转移到目的地所采用的方法和形式。目前，在国内贸易中，主要采用公路运输、水路运输和自运、托运等。对外贸易中，主要采用海运、航运、托运和租运等。在商贸活动中，如何使商品能够多快好省地到达目的地，关键在于选择合理的运输方式。

②运输费用。运输费用的计算标准有：按货物重量的计算、按货物体积计算、按货物件数计算、按商品价格计算等。另外，费用还会因为运输中的特殊原因增加其他附加费。谈判中双方对货物的重量、体积、件数、商品的贵重情况进行全盘考虑、合理规划。在可能的条件下，改变商品的包装、缩小体积，科学堆放，选用合理的计算标准，论证并确定附加费用变动的合理性，明确双方交货条件，划清各自承担的费用范围和界限。

③装运时间、地点和交货时间、地点。这些不仅直接影响买方能否按时收到货物，满足需求或投放市场，回收资金，还会因交货时空的变动引起价格的波动和可能造成经济效益的差异。谈判中应根据运输条件、市场需求、运输距离、运输工具、码头、车站、港口、机场等设施，以及货物的自然属性、气候条件进行

综合分析，明确装运、交货的地点及其具体截止日期。

（5）保险。保险是投保人缴纳的保险费集中组成保险基金，用来补偿因意外事故或自然灾害所造成的经济损失，或对个人因死亡伤残给与物质保障的一种方法。这里所指的保险，主要是指货物保险。货物保险的主要内容有：贸易双方的保险责任、具体明确办理保险手续和支付保险费用的承担者。

（6）商品检验。商品检验是指对交易商品的品种、质量、数量、包装等项目，按照合同规定的标准进行检查或鉴定。由有关检验部门出具证明，作为买卖双方交接货物、支付货款或处理索赔的依据。商品检验主要包括：商品检验权、检验机构、检验内容、检验证书、检验时间、检验地点、检验方法和检验标准等条款。

（7）商品价格。商品价格是商务谈判中最重要的内容，它的高低直接影响着贸易双方的经济利益。商品价格是否合理，是决定商务谈判成败的重要条件。

商品价格是根据不同的定价依据、定价目标、定价方法和定价策略来制定的，商品价格的构成一般受商品成本、商品质量、成交数量、供求关系、竞争条件、运输方式和价格政策等多种因素的影响。只有深入了解市场情况，掌握实情，切实注意上述因素的变动情况，才能取得谈判成功。

（8）货款结算支付方式。在商品贸易中，货款的结算与支付是一个重要问题，直接关系交易双方的利益，影响双方的生存与发展。在商务谈判中，应注意货款结算支付的方式、期限、地点等。

国内贸易货款结算支付方式，分为现金结算和转账结算。

现金结算，即一手交货一手交钱，直接以现金支付货款。转账结算是通过银行在双方账户上划拨的非现金结算。非现金结算的支付有：①先货后款，包括异地托收承付、异地委托收款、同城收款。②先款后货，包括汇款、限额结算、信用证和支票结算等。我国规定，各单位之间的商品交易，除按照现金管理办法外，都必须通过银行办理转账结算。这种规定的目的是节约现金使用，有利于货币流通，加强经济核算，加速商品流通和资金周转。

转账结算可分为异地结算和同城结算。前者的主要方式有托收承付、信用证和汇兑等，后者的主要方式有支票、付款委托书和限额结算等。

（9）服务。服务是指谈判一方能够向另一方提供的，以无形性和不导致任何所有权转移为基本特征的行动和表现，它的生产既可能与某种有形产品相关联，也可能与之毫无关系。在商务谈判中，服务同商品的品质和价格一样，成为谈判的主要内容之一。

服务对商务谈判效果产生两方面的影响：①完善的服务保证谈判的顺利进行。②商务谈判的目的是为了促使交易的达成，而交易是否都能够达成，特别是能否持续进行，会受到商品的资源、商品的需求、价格水平、消费者的认可程度等企业营销的外部环境的影响，以及企业管理水平的高低、劳动者的素质、对企业的认同感、归属感的强弱等内部环境的影响。

在商务谈判中，即使上述条件都充分满足，交易能否持续进行还要看在交易过程中服务质量的高低。服务不仅是其必不可少的环节，而且关系到商品交换规模的大小、效率的高低。例如，价格、优惠条件等因素完全相同的交易，有的可能成交了，而且双方还愿意继续合作。有的则可能会告吹，其中，就有可能是服务的原因。

完善的服务，促进利益主体之间的合作，加强彼此的友谊。

（10）索赔、仲裁和不可抗力。在商品交易中，买卖双方常常会因彼此的权利和义务引起争议，并由此引起索赔、仲裁等情况的发生。为了使争议得到顺利的处理，买卖双方在洽谈交易中，对由争议提出的索赔和解决争议的仲裁方式，事先应进行充分商谈，并做出明确的规定。此外，对不可抗力及其对合同履行的影响结果等，也要做出规定。

（四）技术贸易谈判

技术商品是指那些通过生产中的应用，能为应用者创造物质财富的、具有独创性的、用来交换的技术成果。技术贸易的种类主要有专利、专有技术、技术服务、工程服务、商标和专营权等。技术贸易谈判包括技术服务、发明专利、工程服务、专有技术、商标和专营权的谈判。技术的引进和转让是同一过程的两个方面。引进和转让的过程，是双方谈判的过程。

（五）劳务合作谈判

劳务合作谈判的基本内容，是围绕着某一具体劳动力供给方所能提供的劳动者的情况，和需求方所能提供劳动者的有关生产环境和报酬、保障等实质性的条款。其基本内容有：劳动力供求的层次、数量、素质、职业和工种、劳动地点（国别、地区、场所）、劳动时间和劳动条件以及劳动报酬、工资福利和劳动保险等。

（六）合资合作谈判

（1）合资谈判。合资是指两个或两个以上的组织或个人，按一定的资金比例联合投资。其主要特征是合资入股、共同经营、共负盈亏、共担风险，目的是为了建立长期的合作关系，而并非完成一次交易。因此，需要各方做出较多的投入和承诺，比其他商务谈判更为复杂。合资谈判主要有：投资总额和注册资本；投资比例和董事席位分配；出资方式和资产评估；组织机构与职责权限；劳动管理；中外合资经营中的外汇收支平衡；合营的期限和清算等。

（2）合作谈判。合作是指按照契约式运作的各种类型、各种方式的商务协作，如合作生产、合作经营、合作开发和补偿贸易等。合作的主要特点有：合作不合资，即双方或各方的权利与义务完全由签订的合同加以规定，优势互补，灵活多样，各自经营，自负盈亏。其主要形式有：来料加工、来样加工、来件装配（"三来"）和补偿交易。谈判的内容主要有：供货商的选择，技术设备的性能及价格，补偿方式和补偿产品，补偿产品的作价原则，补偿期限与各期补偿产品的数量，技术设备购买合同与补偿产品购买合同的连结，违约责任等。

第四节　商务谈判的 PRAM 模式

商务人员总是抱着成功的希望和信心从事谈判工作，追求谈判的成功是每位谈判人员的心愿和目的。那么，究竟什么样的谈判才算成功呢？或者说商务谈判的捷径在哪里？有没有一个模式可供参考呢？PRAM 谈判模式，提供了一种可供借鉴的方式。

PRAM 谈判模式由四个部分构成：制订谈判的计划（plan）、建立信任关系（relationship）、达成使双方都能接受的协议（agreement）以及协议的履行和关系的维持（maintenance）。

一、商务谈判的价值评判标准

谈判中的合作是互利互惠的前提，只有合作才能谈及互利。因此，从谈判是一项互惠的合作事业和在谈判中要实行合作的利己主义观点出发，可以把评价一场商务谈判是否成功的价值标准，归纳为以下几点。

（1）要看商务谈判目标的实现程度。业务人员在参加谈判时，总是事先规划一定的谈判目标，即将自己的利益需求目标化。当谈判结束时，需要看一下自己规划的谈判目标，有没有实现、在多大程度上实现了预期谈判目标，这是人们评价业务谈判成功与否的首要标准。需要指出，不要简单地把商务谈判目标理解为利益目标，这里所指的谈判目标是具有普遍意义的综合指标。不同类型的商务谈判、不同的参谈者,其谈判目标均有所不同。例如,举办合资企业的谈判,对于中方来说,其谈判目标有可能是尽快以最合理的控股权,在某地合资生产某种产品。对于租赁业务的谈判,其谈判目标则有可能是以最低租金,租到功能较齐全的某种设备。因此,谈判目标在具体的谈判项目中才能具体化。

（2）要看谈判的效率如何。任何商务谈判都是要付出一定成本的,商务谈判本身是经济活动的一部分。经济领域里的任何经济行为都是要讲效率的,即将付出与收益进行对比。谈判成本可以从以下三个部分加以衡量计算：第一部分成本是为了达成协议所做出的所有让步之和,其数值等于该次谈判预期收益与实际谈判收益之差。第二部分成本是指为谈判而耗费的各种资源之和,其数值等于为该次谈判所付出的人力、物力、财力和时间的经济折算值之和。第三部分成本是指机会成本,即企业把一定的经济资源投入该次谈判时放弃的另一些获利活动上最大的收益。谈判效率是指谈判所获收益与所耗费谈判成本之间的对比关系。如果谈判所费成本很低,收益却较大,则本次谈判是成功的、高效率的。反之,则谈判是低效率的、不经济的,甚至在某种程度上讲是失败的。

（3）要看谈判后的人际关系如何。商务谈判是两个组织或企业之间经济往来活动的重要组成部分,它不仅从形式上表现为业务人员之间的关系,而且更深层地代表着两个企业或经济组织之间的关系。因此,在评价一场谈判成功与否时,不仅要看谈判各方市场份额的划分、出价的高低、资本及风险的分摊、利润的分配等经济指标。而且,要看谈判后双方人际关系如何,即通过本次谈判,双方的关系是得以维持,还是促进和加强,抑或遭到破坏。

综合以上三个评价指标,一场成功的或理想的谈判应该是：通过谈判,双方的需求都得到了满足,而且这种较为满意的结果是在高效率的节奏下完成的,同时双方的友好合作关系得以建立或进一步发展和加强。

二、商务谈判的 PRAM 模式

（一）PRAM 模式的实施前提

PRAM 模式的实施是有条件的,那就是必须树立正确的谈判意识。这种意识是 PRAM 模式设计与实施的原则、指导思想和灵魂。这种谈判意识的内涵主要包括以下几点。

（1）要将谈判看成各方之间的协商活动。从目标上看,协商的目标是要满足双方的利益需求，而且，这种利益需求是通过双方磋商来调和的。从实现目标的方法上看，协商是通过双方共同创造，寻找一个能使双方都得到满足的方案，来解决利益需求上的分歧。从结果上看，协商的结果是使双方的利益需求都满足，双方都是胜利者。从双方的关系看，双方在协商情况下的利益关系是一种互助合作的关系。通过以上分析不难看出，将谈判视为一种友好协商，就比较容易达到目的。如果将谈判视为一场竞技角逐，就很难实现愿望。

（2）谈判双方之间的利益关系是一种互助合作的关系，而不是"敌对"的关系。人际关系是双方实现利益关系的基础和保障。

（3）谈判人员要有战略眼光，将眼前利益和长远利益结合起来，抓住现在，放眼未来。

（4）谈判的重心应是避虚就实，要在实质问题上多下功夫，而不要在非实质性问题上大做文章，将精力集中在双方各自的需求上。

（5）谈判的结果双方都是胜利者。谈判的最后协议，要符合双方的利益需求。

上述谈判意识，会直接影响和决定我们在谈判中所采取的方针和政策，从而决定着我们在谈判中的所有行为。只有树立了这种意识，才能缩短理想与现实之间的距离，谈判的成功才会向我们走来。

（二）PRAM 模式的构成

（1）制订谈判计划（plan）。在制订谈判计划时，首先要做到知己知彼，即先要弄清本方在该次谈判中的目标。然后，要通过各种渠道，设法去搞清对手的谈判目标。明确了双方的谈判目标之后，要进一步仔细分析双方的目标构成，通过对比，分析出双方利益一致的地方和有可能产生分歧的地方，以便在进入正式谈判时采取不同的对策。在正式谈判开始时，应先把双方利益一致之处提出来，并请双方核实确认。这样做的好处是，能够提高和保持双方对谈判的兴趣，也能增强双方积极投入谈判的信心，为谈判的成功打下良好的基础。对于双方利益需求不一致的地方，则要在制订谈判计划阶段加以周密思考，想好一切对策，并在谈判过程中通过双方"交锋"，充分发挥各自的思维创造力和想象力，来寻求使双方都能满意的方案，实现各自的谈判目标。

（2）建立谈判关系（relationship）。在正式谈判之前，就要与对手建立良好的关系。这种关系不是比较浅显的表层关系，而是一种有意识形成的，能够使双方谈判者在谈判过程中，都感到顺畅、融洽、自然、舒展的关系，这种关系是使谈判顺利进行的保障。

通常情况下，人们都愿意与自己比较了解、信任的人做生意，而不愿意同自己一无所知，更谈不上信任的人达成协议。如果同一个从未见过或听过的人打交道、做生意，那么人们就会十分谨慎、层层设防，在谈判中肯定会小心从事，不轻易许诺。因此，当双方已经建立了一定程度的信任关系时，就会减少双方之间的戒备心理，从而使谈判难度大为降低，成功的可能性就相应地大大提高。

建立谈判双方之间的相互信赖关系

（3）达成谈判协议（agreement）。在谈判双方已经建立起良好的信赖关系之后，即可进入实质性谈判阶段。为了达成使双方满意的协议，首先应该核实对方的谈判目标，对彼此意见一致的问题加以确认，而对彼此意见不一致的问题，则通过双方充分的磋商互相交流，寻求一个有利于双方利益需求的满足，并且双方都能够接受的方案来解决问题。

作为谈判人员，应清醒地认识到达成协议并不是业务谈判的最终目标。商务谈判的最终目标应该是达成协议后，协议的内容能够得到圆满的贯彻和执行。如果双方由于某种原因不履约，虽然可以依法提起诉讼，但真正解决起来要花费许多的时间和精力。更重要的是，己方所希望的利益需求没有得到满足。作为企业，有可能影响生产、经营活动，对企业的损失是无法估量的。作为个人，其损失就更加惨重了。因此，为了防止这种现象，PRAM模式为我们安排好了第四步。

（4）履行谈判协议与关系维持（maintenance）。因为事情总是千变万化的，从协议签订到实施，不知会有什么因素影响协议的履行。为了促使对方履行协议，必须认真做好以下几件工作。

对对方遵守协议约定的行为，应给予适时的、良好的情感反应，是最能鼓舞其干劲的。同时，也要向对方汇报自己的履约实情，向对方证明自己的诚实守信，从而加速双方的履约进程。

当某项谈判结束后，不能认为万事大吉，只能认为是暂告一段落。谈判结束的一项重要工作，就是维持与对方的良好关系。在实际业务交往过程中，商务谈判人员都有一个切身体验：与某业务往来对手之间的关系，如果不积极地、有意识地加以维持的话，就会逐渐淡化，慢慢地双方就会疏远起来，有时由于某些外因，还会导致关系的恶化。而一旦疏远了或者恶化了，再想重新将关系恢复到原来的水平，则需要花费很多的时间和精力，甚至比与一个新的对手建立关系还要复杂，而且还可能无法恢复到过去的友好程度。

其实，维持与对方关系的方法也很简单，主要是保持与对方的接触和联系，特别应注意个人之间的接触。另外，还可在对方有重要纪念意义的日子发去祝贺，以表达自己的问候，这就很自然地维持了双方的关系。

上面"成功模式"的四个组成部分，就构成了进行一场成功谈判所要经过的四个步骤，如图1-1所示。

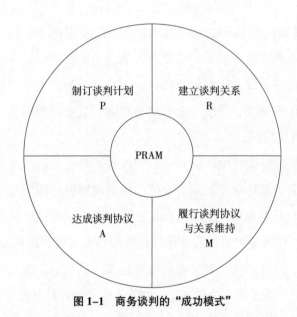

图1-1 商务谈判的"成功模式"

PRAM模式的巧妙之处，不仅在于它经过了这几个步骤，更重要的是进行这个循环，就可能获得谈判的成功。而且，本次循环可为下次循环打下坚实的基础。从以上介绍不难看出，这四个步骤是相互联系的，前一个步骤为后一个步骤打下了基础，从而乐意实现循环发展，形成一个连续不断的过程。

对商务谈判认识不深的人，习惯把谈判看作一个个独立的、互不联系的、单独的过程，往往认为从初次见面到签订协议是整个谈判的过程。PRAM模式则认为，谈判是一个持续不断的过程，即本次交易的成功将会导致下次交易的不断成功，这就是"成功模式"能够成功的秘诀。

PRAM模式指明了通往谈判成功的光明之路，如果商务谈判人员能够认识这条路，那么必然能够达到成功的彼岸。同时，许多经济纠纷都有可能避免，对整个经济顺畅发展起到促进作用。但遗憾的是，在实际的商务谈判过程中，并非所有的谈判人员都认识到这条道路,而且愿意走这条路。因此,真正想要争取商务谈判的成功往往艰难,有时甚至一方用此方法去同另一个不懂此方法的人相谈,还会得到相反的效果。但是,将商务谈判知识真正应用到实践中,并且科学地指导谈判工作,使经济交往中的这个重要环节得到健康发展,是不容置疑的。

本章小结

本章通过对商务谈判的概念和特征的学习,了解了商务谈判是什么,商务谈判以经济利益为核心目的的特征等内容,在此基础上,对真诚守信、平等自愿、就事论事等谈判原则的理解也更深刻。商务谈判对于企业自身发展和国家经济发展都有促进作用。公司在进行商务谈判时,可以根据自身情况进行不同类型的谈判,并深入了解谈判内容,以免出现谈判中的失误。PRAM模式为谈判人员提供了一种可行的思路,但是需要根据自身的实际情况判断模式的适用性。

思考题

1. 什么是商务谈判?如何理解商务谈判的概念?
2. 商务谈判有什么特点?
3. 商务谈判有哪些构成要素?
4. 商务谈判有哪些作用?
5. 商务谈判应坚持哪些原则?

思政案例分析

完达山与代理商的合作谈判

罗总多年从事BJ市牛奶品牌代理,和大多数乳品代理商一样,在这一个食品行业多事之秋,在品牌更替、洗牌的年代,随时关注着乳品行业的动态和风向标。

他判断到乳品行业要整合、要洗牌。而他自己手里的品牌全是区域性乳品品牌,市场销售渠道日渐艰难。出路在哪儿?前几天,一条本地坊间的消息震动了他。

国内婴儿奶粉一线品牌BYM的4个经销商一周之内在本省四个地区签约MN婴儿奶粉。MN婴儿奶粉多年来在国内市场一直毫无起色,但液奶却是名列前茅。这次签约,行内人一看就是为了抓住一个机遇。通过这则消息,一直苦于品牌破局的罗总开始考虑优化自己所代理的品牌了。

蒙牛、伊利液态奶在BJ市的经销商体系已经很完善，对于罗总来说，根本没有合作机会，所以罗总将目光锁定了完达山这个品牌。

他通过互联网联系上了完达山液奶西南客服，接电话的服务人员——他至今还记得，是名叫李茗的营销人员，声音甜美、热情。

经过沟通，李茗迅速告诉他区域负责人刘立家的联系方式。通话结束时，还热情洋溢地说了一句："欢迎罗总加盟完达山！"

刚挂上电话，区域负责人的联系方式便以短信形式发到罗总手机上。

还没等罗总拨电话，完达山区域负责人刘立家的电话就打过来了。询问了情况后，刘立家马上承诺，明天负责区域的业务员会到罗总所在城市，谈判代理事宜。

事后，罗总深有感慨地说："就凭这热情的态度、高效的作风，完达山不管啥条件，我都要代理！"

第二天，完达山业务员张云会（以下简称张）如期而至。宾主落座以后，开始切入主题。以下是谈话纪要。

张：您好！罗总，我是完达山负责西南业务的小张。很高兴认识罗总！

罗总：您好！没想到你们来得这么快。我想代理完达山液态奶系列，不知公司对经销商有啥要求吗？

张：罗总能给我们打电话要求代理完达山，这点就足够了。这就代表罗总认可完达山、相信完达山。不知罗总想签贵区域的哪些市场呢？

罗总：那就整个BJ市吧。

张：我建议罗总只签BJ市自己熟悉的区域，这样在运营时能突出重点。其他区域，在没有别家代理商签约的情况下，只要您能做好自己的区域，都可以开拓，以后也可以优先补签。

罗总：这样也好。那我就签市区的JT区、WB区。不知咱们完达山对代理商首单发货有啥要求没有？

张：据我所知，上述两个区域，伊利的有效网点数量是1 253个。以这些网点数量为基准，以单点单品项陈列数量是伊利的1/3为标准计算，最后订货数量再乘以1.2，便是最终订单。这20%是你预留在大库的库存。

罗总：这样是否有点保守呀？

张：不会。伊利是成熟品牌，我们处于导入期，虽然我们是一线品牌，但我们还要有自己的营销手法，不能跟着跑。再说，为了市场后期良性发展，罗总如果首单出现结构性滞销、折价处理，我们是要承担滞销品项亏损部分50％以上的。

罗总：这样太好了，我预留50％库存吧，以免万一断货。

张：罗总，还是20％吧。

罗总：你们准备怎样启动BJ市场？

张：以罗总多年运作BJ市场的经验，你觉得怎样才能稳妥、快速地启动BJ市场？如果按照罗总的方案，需要什么样的支持？这种支持我们到位后，以罗总的经验，最低能达到什么样的效果？

罗总自信而高兴地思考了一下，说……（涉及完达山的具体运营，略去）

张不停地认真记录，并在最后再次与罗总确认，接着打了一个电话。

张：罗总，你的方案很好，我向领导沟通汇报后，大的问题没有，小的细节和逻辑调整如下……

罗总：好，签约！哦，对了，你们的任务怎么定，返利是什么政策？

张：我们不定任务！只要罗总库房别断货，零售终端不缺货就可以。至于销量，以罗总刚才提的方案，肯定比我们领导预期的结果要好。至于返利，完达山不做画烧饼的事，可以采用月月激励、季度激励等短期激励方式。这种激励也是在您罗总预期与有把握的情况下，扎实落实好营销政策自然就能享受得到的激励。

双方顺利签约。

罗总：下午我就按照指定账户先把货款办了。

张：好呀！谢谢罗总的信任和支持！我们领导刘总已安排过，一定要宴请罗总，以庆祝我们合作成功！

目前，罗总的货已在路上。他新租了库房，扩充了销售队伍，整理了渠道。据他自己说，这两天，与原来合作的品牌业务谈话时，都不再那么憋屈了。

资料来源：杨晶.商务谈判[M].2版.北京：清华大学出版社，2016.

案例思考：

1.本案例中的商务谈判涉及的基本原则有哪些？

2.此次合作谈判为什么如此顺利？

第二章 商务谈判心理研究

本章学习目标

1. 熟悉马斯洛需求层次理论。
2. 掌握谈判需要理论的概念与方法。
3. 熟悉商务谈判心理的概念及特点。
4. 了解商务谈判心理的作用。
5. 熟悉商务谈判心理素质。
6. 掌握商务谈判心理挫折。

本章关键词

需要谈判　需要商务谈判心理　心理素质　心理挫折

思政案例导入

放下等于大心量

一个贫穷的年轻人经过几年的努力奋斗终于有了成就，但他的心中依然是一片黑暗。于是，他决定去寻找一位很有名的智者帮助自己拨开心中的迷雾。经过长途跋涉，年轻人终于找到了智者，但他的双脚已经被荆棘割破，双手也开始流血，而且嗓子已经沙哑："大师，我在成功之前特别希望自己能够成功，但为什么我成功之后还是那么孤独、痛苦与寂寞？"

智者并没有急于回答，而是仔细打量着这位年轻人，发现他背着一个大包裹，于是智者问道："你的大包裹里装的是什么？"年轻人说："里面装的是我每一次跌倒时的痛苦，每一次受伤后的哭泣，每一次孤寂时的烦恼……它们对我非常重要，也正是因为它们，我才坚持到今天，才走到您这儿来。"

于是，智者带着年轻人来到河边，他们坐船过了河。上岸后，智者说："你扛着船赶路吧！""什么？扛着船赶路？"青年很惊讶："它那么重,我扛得动吗？""是的，你扛不动它。"智者微微一笑，说："过河时，船是有用的。但过河后，我们就要放下船赶路，否则它会变成我们的包袱。痛苦、孤独、寂寞、灾难、眼泪，这些对人生都是有用的，它能使生命得到升华。但须臾不忘，就成了人生的包袱。放下它们吧！孩子，生命不能太负重。"

年轻人恍然大悟，放下包袱，继续赶路，他发觉自己的步子轻松而愉悦，而且比以前也快乐很多。

"放下等于大心量"，在智者的开导下，年轻人终于知道了生命是可以不必如此沉重的道理。每一个谈判高手往往都是具有胸襟宽广的谈判者。他们不仅懂得如何放下人生道路上遭遇的痛苦、孤独、寂寞、灾难等，让自己轻装前进，而且在精神上、思想上树立了具有鼓舞性、激励性、前瞻性的远大目标。因此，要使谈判获得成功，就必须研究谈判者的心理。学习与研究商务谈判心理，既有助于培养自身的心理素质，又有助于揣摩对手心理，实施心理策略，促成交易。

资料来源：杜海玲，许彩霞 . 商务谈判实务 [M].3 版 . 北京：清华大学出版社，2019.

商务谈判心理影响着谈判的进行，谈判双方在协调彼此利益的过程中所进行的交流和磋商，都是心理活动的反映。学习与研究商务谈判的心理，既有助于培养自身的心理素质又有助于揣摩对手心理，从而更好地进行谈判。本章将学习在商务谈判中的心理活动的特征以及作用，帮助谈判者培养良好的心理素质。

第一节　商务谈判需要理论

所谓商务谈判需要，就是商务谈判人员的客观需要在其头脑中的反映。在商

拓展阅读 2.1
正确认识人们的需要

务谈判中，谈判是由于人们共同存在尚未满足的需要引起的，双方都想得到自己想要的东西。为此，商务谈判要想取得成功，就必须了解谈判者是由哪些谈判需要引起的。商务谈判需要理论是指导商务谈判的重要理论。

一、马斯洛的需求层次理论

（一）需求层次的核心观点

需求层次理论是研究人的需求结构的一种理论，由美国心理学家马斯洛教授首创。他在 1943 年出版的《人类动机理论》一书中提出了需求层次论，将人的需求按由低级到高级的顺序分为五个层次，如图 2-1 所示。

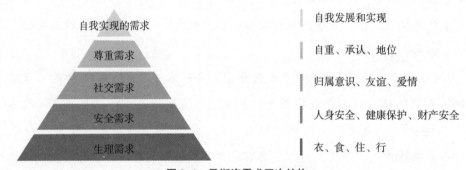

图 2-1 马斯洛需求层次结构

（1）生理需求（physiological need）。生理需求是指人类对维持生存和延续生命的基本的物质需求，如对衣、食、住、行和其他生理机能的需求。这类需求的级别最低，人们在转向较高层次的需求之前，总是尽力满足这类需求。一个人在饥饿时不会对其他事物感兴趣，他的主要动力是寻找食物。即使在今天，还有许多人不能满足这些基本的生理需求。谈判中的生理需求体现为对衣、食、住、行等方面的要求。谈判是一项要消耗大量体力、脑力，劳动强度很大的活动。如果这个方面的需要得不到满足和保证，就会极大地影响谈判人员的精力、情绪，影响谈判艺术和技巧的发挥，甚至举动失常，难以完成谈判的任务。

（2）安全需求（safety need）。安全需求是指在生理及心理方面免受伤害，获得保护、照顾等安全感的需求，如要求人身的健康、安全、有序的环境，稳定的职业和有保障的生活等。安全需求包括对人身安全、生活稳定以及免遭痛苦、威胁或疾病等的需求。和生理需求一样，在安全需求没有得到满足之前，人们关心的就是这种需求。对许多人而言，安全需求表现为安全、稳定以及有医疗保险、失业保险和退休福利等。

谈判中，安全需求主要体现在人身安全和地位安全上。在客场谈判时，由于对当地风俗习惯、社会治安、交通状况缺少了解，常常感到缺少安全感，而陷入孤立无援的氛围之中。虽然集体谈判多少有一个可以归属与依赖的集体，但与整个陌生的环境相比，这个集体仍然是孤零零的。在这种情况下，作为东道主的谈判一方，应该尽力在谈判之余多陪伴，如专车接送谈判、陪同参观游览等。这样做，不知不觉地使对方把你看作可以接受、可以依赖的人，这无疑对谈判是有利的。地位上的安全需要是指谈判者总是把谈判看作一项任务，能否顺利地实现谈判目标完成任务，往往会影响谈判者原有职位的保持和晋升。

（3）社交需求（social intercourse need）。社交需求，也称归属和爱的需求，是指希望给予或接受他人的友谊、关怀和爱护，得到某些群体的承认、接纳和重视。例如，乐于结交朋友，交流情感，表达和接受爱情，融入某些社会团体并参加它们的活动等。当生理需求和安全需求得到满足后，社交需求就会突现出来，进而产生激励作用。当社交需求成为主要的激励源时，工作被人们视为寻找和建立温馨、和谐人际关系的机会，能够提供同事间社交往来机会的职业会受到重视。谈判中，社交需求体现在对友情、建立双方友好关系的希望；对本组织的依赖，并希望加强组织内部的团结与凝聚力。前者是对外的希望与要求，后者是对内的希望与要求。

谈判从一定意义上讲，是对双方利益的划分，因而常常使谈判双方的关系处于紧张或对立的状态之中。但是，人们是不愿意在一种紧张对立的环境中活动的，人们追求友情，希望在友好合作的气氛中共事。谈判人员应该持有友好合作的心态，利用一切机会促成和发展与对方的友情。一旦双方产生了友情，让步与达

成协议，就不是需要花费很大的气力才能办到的事情了。谈判双方虽然不属于同一组织，但也存在归属的需要，这在存在外部竞争时尤其突出。

（4）尊重需求（esteem need）。尊重需求是指希望获得荣誉、受到尊重和尊敬、博得好评、得到一定的社会地位的需求。尊重需求是与个人的荣誉感紧密联系在一起的，它涉及独立、自信、自由、地位、名誉和被人尊重等多方面的内容。有尊重需求的人，希望别人按照他们的实际形象来接受他们，并认为他们有能力，能胜任工作，关心的是成就、名声、地位和晋升机会，这是由于别人认识到他们的才能而得到的。他们赢得了人们的尊重，同时，就其内心，因对自己价值的满足而充满自信。不能满足这类需求，就会使他们感到沮丧，如果别人给予的荣誉不是根据真才实学，而是徒有虚名，也会对他们的心理构成威胁。尊重需求在谈判中具体体现为：在人格上得到尊重，在地位、身份、学识与能力上得到尊重和欣赏。

对人格的尊重，主要是不能使用侮辱性的语言，言辞有礼貌，不能对谈判人员进行人身攻击，谈判中对事不对人。对身份、地位的尊重，是接待的礼节要符合一定的规格要求，特别是在双方谈判人员的级别职务上，要讲究对等。在某些国家和地区，等级观念是根深蒂固的。对学识与能力的尊重，主要是在谈判过程中，对方可能会在某些概念上进行混淆，或者搅乱谈判的程序和思路。在谈判中尊重对方，使对方获得自尊的需要得到满足，这对你来说，是有好处的。一个为别人所尊重的人，会竭力保持自尊。他会受到尊重的束缚而不能去做不令人尊重的事情。在某些情况下，因为你非常尊重对方，以至于你提出某些本来他可以拒绝的要求时，他为了受人尊重而不得不接受。

【趣味阅读2.1】国内某企业为了引进一套先进的技术设备，同时与几家外国公司接触谈判，其中一家是国际上著名的公司。中方在与这家公司谈判时，对对方说：贵公司在国际上的知名度很高，我们很信得过你们，也很想与你们做成这笔交易，但令人遗憾的是，贵公司在谈判中提出的交易条件与其他几家相比，实在不具备竞争力，看来我们只好找其他公司了。这笔交易本身做成与否不是什么大问题，关键是，对贵方来讲，在声誉上的损失可是大事。请考虑一下，以贵公司的实力和在金融界所享有的声誉，居然在这笔交易中败于其他无名的公司，其影响和后果是可想而知的。

中方的这番话非常敬重对方，并从对方的角度指出了其目前行动的后果。最后，该公司权衡再三，为了维护企业的声誉和受人尊重，大幅度降低了交易条件。

资料来源：庞岳红. 商务谈判中需要层次理论的运用探讨 [EB/OL].[2020-10-23].https://www.docin.com/p-2479839212.html.

（5）自我实现的需求（self-actualization need）。自我实现的需求是指希望充分发挥潜能、实现理想和抱负的需求。自我实现是人类最高级的需求，它涉及求职、审美、创造和成就等内容。达到自我实现境界的人接受自己也接受他人，解决问题的能力在增强，自觉性提高，善于独立处理事务，要求不受打扰地独处。当然，自我实现的人可能过分关注这种最高层次需求的满足，以至于自觉或不自觉地放弃满足较低层次的需求。

自我实现的需要是人类最高层次的需要，也是最难满足的需要。从谈判的角度看，要在谈判中满足对方自我实现的需要是比较困难的，需要较高的艺术和技巧。

在谈判中满足对方自我实现的需要的困难在于，对方是以其在谈判中取得的成绩来体现和评价自我实现需要是否得到满足，以及得到多大程度的满足的，而谈判中的成绩，实际上主要是通过谈判获取的利益。成就大，意味着所获取的利益多。成就小，意味着所获取的利益少。在对方通过谈判可以取得较多的利益，或者实现了既定的利益目标时，其自我实现需要是得到满足的。而当其通过谈判没有达到既定的利益目标时，其自我实现的需要就只得到了部分满足。从另一个角度看，这实际上意味着，对方自我实现的需要是与我方的利益相矛盾的。争取尽可能多的利益，是每一个谈判人员所追求的。在一般情况下，除了策略上的需要以外，任何人都不会放弃自己的利益，去满足对方自我实现的需要。

由此，可以想到，在对方通过谈判只能获取较少利益的情况下，可以通过强调种种客观上对他不利的条件，赞赏他主观上所做的勤奋努力和过人的能力，使他在面子上和内心里得到平衡，从而也使自我实现的需要得到满足。

马斯洛提出的五个层次的需求，是按照从低级到高级的顺序来排列的，也就是说，只有在低级需求得到满足以后，才会产生高一级的需求，即所谓"衣食足而知荣辱"。但绝不等于产生了高一级的需求，低级需求就不存在了。一般情况下，高层次需求是与低层次需求并存的，只不过在并存的状况下，低层次需求所产生的动力和强度以及影响力会有所下降。在需求层次理论的基础上，马斯洛又提出了相互性原则理论：如果对方对我们表示出尊重、喜欢与亲密，那么，他也会得到我们的尊重、喜欢与亲密。反之，他必将会受到我们的敌视。在相互尊重、喜欢与亲密的心理基础上，对话者常常不会那么固执己见，而容易改变立场和态度。

（二）需求层次在商务谈判中的应用

需求层次理论不仅揭示了商务谈判对人类生存发展的必然性和必要性，同时，也是人们在商务谈判中获胜的理论依据。

（1）必须较好地满足谈判者的生理需求。谈判当事人的生理需求并不是进行谈判的直接动力和原因，但却直接关系着谈判成功与否。对谈判者而言，如果最基本的生理需求都得不到很好的解决，一边进行谈判，一边还要考虑如何解决吃饭及住宿问题，谈判结果是可想而知的。

（2）尽可能地为商务谈判营造安全的氛围。安全既包括谈判者的人身、财产安全，更重要的是谈判内容本身的风险情况。谈判者人身、财产安全的保证，是使谈判者全身心投入谈判活动，并积极促成谈判的必要保证。局势动荡或战乱等不能较好地保证人身、财产安全的地区，商务谈判往往无法顺利进行。对一般的商务谈判而言，除了要满足谈判者对人身、财产的安全需求外，更重要的是在具体经济项目上，给谈判当事人以安全、稳定、可靠的感觉。这一点，对一些安全需求比较高的谈判者而言，意味着谈判成功了一半。

（3）在商务谈判中，注重关系的建立和维护。在进行商务谈判的过程中，与谈判者建立互相信任、依赖的长期和谐的关系，可以使双方联合起来，共同处理分歧，为把冲突和对立转化为满意结果打下良好的基础。

（4）谈判时要使用谦和的言语和态度，注意满足谈判对手尊重和自尊的需求，促使谈判圆满成功。

（5）对于谈判者的最高要求，在不影响自己需求的同时，也尽可能使之满足。

总之，在谈判的过程中，要注意谈判者各个层次的需求，并尽可能地从低层次到高层次给予满足。当然，这是要在满足自己需求的前提之下进行的。只有这样，才能使谈判不至于陷入僵局并得以顺利进行，为最终的胜利创造良好的环境和条件。

二、尼尔伦伯格的主体需要理论

人们进行谈判，是由于人们共同存在尚未满足的需要，因为谈判的实质是双方都想要得到想要的东西。为此，商务谈判想要取得成功，就必须了解谈判是由哪些需要引起的。主体需要理论是指导商务谈判的重要理论之一。

（一）主体需要理论的核心观点

谈判活动的主体是人，无论谈判的客体是什么，都必须通过人来进行。如果谈判者只注意到谈判内容的重要性，而忽视了对参与谈判的人的研究，就很难全面把握谈判的主动权。尼尔伦伯格将需求层次理论总结应用到谈判领域，提出了谈判的主体需求理论。

谈判的主体需求理论认为，谈判各方都希望从谈判中得到某些东西。否则，一方会对另一方的要求充耳不闻、熟视无睹，各方当然不会再进行谈判了。所以，谈判者在谈判前、谈判中，甚至谈判后，都必须关注、发现与谈判各方相关的需要。谈判者对对方的各种需要，必须加以重视并充分利用。

根据马斯洛的需求层次理论，结合谈判的特殊性，尼尔伦伯格将谈判分为三个层次：个人与个人之间的谈判、大的组织之间的谈判、国家与国家之间的谈判。在任何一种非个人的谈判中，都有两种需求同时起作用：一种是组织（或国家）的需求；另一种是谈判者个人的需求。

由于自居作用[①]，在某些情况下，个人将会在一定程度上失去作为自然人的特征，而在精神上成为某一组织或群体的一部分，这时，组织或群体的需求在表面上将会显得高于个人的需求。谈判主体需要理论强调，当自居作用出现时，并不意味着个人的需求不再起作用，而应努力通过一定的方式和方法，去发现和诱导个人的需求，进而影响其立场、观点和看法，使谈判朝着有利于实现己方目的的方向发展。

尼尔伦伯格强调，依照人们需求层次的高低，谈判者能抓住的需求越低，在谈判中获得成功的可能性就越大。他认为，就大多数人类行为而言，这个顺序是成立的。但是，这种需求层次顺序绝非一成不变。尼尔伦伯格提请人们注意的是：在不同的物质生活条件下，人们的抱负水准可能存在反差。在物质生活条件好的人看来，追求高层次的需求只是最基本的东西，如一位学者愿意以牺牲身体健康为代价，换取事业成功所带来的精神上的满足。然而，在物质生活条件较差的情况下，一个人也可能因其价值观和抱负水准的作用，视安全为其最高需求而"安居乐业""知足常乐"。

谈判的主体需求理论得出了下面三点结论。

（1）依照人们的需求层次的高低，谈判者专注的需求越低，在谈判中获得成功的可能性就越大。

（2）对每一个谈判主体而言，满足基本需求并非一定要以生理需求、安全需求等为起点。否则，就等于否认了人的受教育程度、价值观念、抱负水准等对人的需求层次在调节上的能动作用。

（3）谈判中，要关注对方"自我实现的需求"——人们渴望成为一个与自己

[①] 心理学术语，是指个人以某个自以为理想的对象（个人、群居）自居，以此掩饰自身弱点的一种自我防御机制。

能力或愿望相称（而不是与社会要求相称）的人。所以，一定要将谈判的组织和谈判的个人区分开来。

（二）谈判中需求的发现

需求是谈判活动的动力和目的，但它不是纯粹的、单一的。在商务谈判中，可以通过以下四种方法和渠道，全面了解对方多方位、多层次的潜在需求并想方设法给予满足。

（1）适时提问。获得信息的手段就是提问，提问是表达思想的窗口。例如，你希望通过这次谈判得到什么，你期待的是什么，你想要达到什么目的等问题。通过这种直截了当的试探，除了能得到其他信息，还能发现对方的需要，知道对方追求的是什么，并能以此来主导以后的谈判。在谈判中适当地进行提问，是发现需求的手段。提问中应该注意三点，即提问什么问题、如何表达问题、何时提出问题。此外，对这些问题对方会产生什么反应，也是一个重要的考虑因素。

（2）恰当叙述。巧妙的提问，能够揭示某种激起强烈反应的隐蔽假设。在对方提出异议的情况下，最好简短地说一句"我理解你的感受"，这种陈述还可以避免对抗。因为这是在告诉对方，你已经注意到了他的意见、理解了他的观点，并认为他的看法是有道理的。而且，这也是告诉对方，你已经洞察了他的心思，所以，你就能让他也来揣摩你的意图。

恰当的陈述，不仅能控制谈判的发展，而且能把你想让对方知道的信息传递出去。不管怎样陈述，都要力求完全控制情绪。当然，不用忌讳有感情因素的陈述，但一定要使这种陈述有力地推动谈判，而不是中断谈判。在谈判处于僵持不下的情况时，最好直截了当地说一句"在目前情况下，我们最多只能做到这一步了"。这一陈述表明对对方的认识和理解，促使他重新考虑眼前的情况。在这种情况下你也可以说："我认为，如果我们能妥善解决那个问题，那么这个问题也不会有多大的麻烦。"这一陈述明确表示，愿意就第二个问题做出让步，这就有利于谈判的进展，这种陈述心照不宣地传递了信息，既维护了立场，又暗示了适当变通的可能。

正确的陈述，选词、造句和文法都要十分讲究。要在言出之前，再三思考，每句话都要深思熟虑、审慎斟酌，千万不能信口开河。陈述之前要知己知彼，陈述时要明了概括、措辞得当。

（3）悉心聆听。除了提问和陈述，发现需要的另一个方法是虚心聆听对方的发言，注意他的措辞、表达方式、语气、声调，去发现对方一言一行背后隐蔽的需求。

对于聆听，必须注意人与人之间的谈话或谈判，可以在不同层次的意义上进行。一个人的谈话在许多情况下也具有多层次的意义。例如，对于一项陈述，在第一层次上可以表明，他想要交换意见。在第二层次上，可以根据他的表达方式和措辞推知某些信息。在第三层次上，可以根据探讨的方式，得知他的意思。在谈判中，听在一定程度上占有相当重要的位置。任何一个谈判者，都应该在善于听和乐于听上下功夫。

我们常常听到"顺便提一下"的说法，说话的人试图给人一种似乎他要说的事情是刚巧想起来的印象，但实际上，他要说的事情恰恰是非常重要的。先说这么一句话显得漫不经心、轻描淡写，其实不过是故作姿态而已。当一个人用这样一些词句来提起话头，如"老实说""坦率地说""说真的"等，可能正是此人既不坦率也不诚实的时候。这种词句，不过是一个掩饰而已。因此，只要对方有所言，你就应该留神听，随时注意从他那些似乎出于无意的重要词句中，发现隐蔽的动机和需求。

（4）注意观察。为了了解对方的意愿和需求，不仅要注意聆听对方的言辞，而且要注意观察对方的举止，如在一次气氛友好的会谈中，要是突然有人往椅背上一靠，粗鲁地叉起手臂，你马上会意识到麻烦发生了。举止非常重要，传达着许多微妙的意思，有着种种心理上的暗示。要注意观察对方的举止，从中发现其思路，掌握谈判的脉络。

"举止"一词，就其广泛的意义而言，不只是指一般的身体动作，咳嗽、脸部表情、手势和眨眼等，也能为你提供无言的信息。从脸部表情上看，脸红、面部肌肉紧绷、烦躁不安、过分专注、强笑、冷笑或者只是默默地凝视，所有这些都反映出他的紧张情绪。当然，有时也会碰到那种毫无表情的"扑克脸"，这种极其缺乏表情的神态告诉我们，此人一点也不愿意让别人知道他的感情。咳嗽，也有其含义，有时它是紧张不安的表现，谈判人员借此稳定情绪，以使自己能继续讲下去；有时它被用来掩饰谎话；有时倘若有人自吹自擂，听的人会以此来表示怀疑或惊讶。

总之，老练的谈判家始终不会让对方逃过自己的眼睛和耳朵。如果充分注意谈判中的姿势和举动带来的信息，在谈判中获得成功的可能性也就越大。如果对方采用一项相关的策略，那你就还之以一种更基本的需要，这样就能增加获得谈判成功的机会。需要理论犹如一条主线，贯穿于一切谈判之中，只有善于发现需要、利用需要，才能成为一名老练的谈判者。

（三）主体需求理论的六种基本方法

尼尔伦伯格在分析了谈判者需求的层次后，提出了主体需要理论六种不同的适用方法和三个谈判层次。

（1）谈判者顺从对方的需求。谈判者从对方需要出发去说服对方，对方在接受说服的同时，也满足了说服者的需求。例如，警察劝说自杀者不要自杀，要珍惜生命，这是顺从了对方生理的需求。自杀者接受劝说，放弃了自杀的念头，同时也满足了警察挽救生命的任务。

（2）谈判者使对方服从自身的需求。这是一种诱导策略，谈判者在谈判中使用各种策略，说服对方满足己方的需求，所有的谈判活动都是从满足自身需求出发的，这种方法在谈判中比较常见。例如，推销员与顾客之间的"谈判"方式：推销员表面上用种种热情的方法满足顾客的需求，实际上是为了推销商品，从而实现自身的利益。

（3）谈判者同时服从对方和自己的需求。这是一种容易导致双赢的方法，是指谈判双方从共同利益出发，为满足双方的共同需要进行的谈判，所有的谈判活动都是从满足双方需求出发的。所以，这种方法比较容易成功，但难点在于如何寻找平衡双方需求的方案。

（4）谈判者违背自己的需求。这是谈判者为了争取长远利益的需求，抛弃眼前利益或无关紧要的利益和需求的谈判策略。谈判者违背或者损害自己的需求似乎荒谬，但这并不是一种非理性的行为，而是经过深思熟虑，为了实现预定目标而采取的一种有效的谈判手段。

（5）谈判者损害对方的需求。谈判者只顾自己的利益，不顾他人的需求和利益，是一种你死我活的谈判方法。采用这一方法的谈判者往往凭借自身的强者地位，以强凌弱，不仅违背了平等互利的谈判原则，而且会导致激烈的对抗，最终使谈判陷入僵局。

（6）谈判者同时损害对方和自己的需求。这是一种损人不利己的做法，除非有特殊的目的，一般是不采用的。例如，在市场竞争中总是发生的竞相压价现象，有时是小企业迫不得已,有时是大企业为了挤垮小企业的一种手段。

尼尔伦伯格认为,对谈判者来说,运用第一种方法时比较容易控制局面,运用第六种方法时最难控制。上述六种不同类型的谈判方法,都显示了谈判者如何满足自己的需求,谈判的控制力量从第一种到第六种依次减弱,谈判桌上的危机逐渐加重。尼尔伦伯格的谈判谋略模型,如图2-2所示。

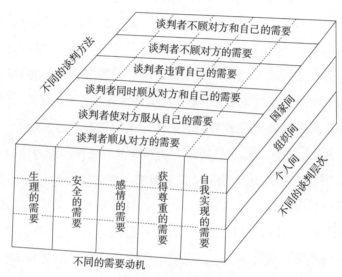

图2-2 谈判谋略模型

在这个模型中,每个小方块代表一种谈判谋略,这些小方块还可以进一步分解组合。其谈判成功的难易程度是:从左下角开始,越往右上角方向,谋略的难度越大,谈判危机就越大,成功的希望就越小。例如,进行满足生理需求的谈判,同时,谈判者也仅仅从对方的生理需求着想,这种谈判谋略最容易采取,也最容易成功。

图2-2告诉我们:谈判谋略反映的人类需要越基本,成功的概率就越大。谈判前,了解到对方使用反映较高层次需求的谈判谋略,我方就可以采用反映较低层次需求的谋略,以增大谈判成功的可能性。按照这个模型,谈判双方都可以在谈判之前,考察分析谈判人员需求的层次、种类和内容,计算出谈判谋略的难易程度,以尽可能地调整己方的需求层次,灵活改变谈判谋略。

谈判的主体需求理论尚处于初级发展阶段,但这个理论所揭示的某些基本原理,无疑对包括商务谈判在内的所有谈判,乃至人类生活中所有问题的处理,都有重要的指导意义。谈判是很复杂的交际活动,它的复杂性,一方面来自复杂的谈判环境;另一方面来自谈判的需要。

(四)主体需求理论在谈判中的运用

谈判主体需求理论在实际应用中,有两个关键问题:一是探寻需求,二是引导和满足需求。这两个问题是制定谈判策略与战术的基础。尼尔伦伯格认为,策略和战术是两个含义显然不同的概念。谈判策略是在实际谈判过程中采用的各种技巧的组合,战术是为了实施策略而使用的手法。但在实际的谈判中,某一特定行为究竟是策略性的还是战术性的,往往很难划分清楚。许多行为从其近期和远期目的上看,既有达到近期目的的战术性,又有为远期目的的实现创造条件的策略性。在谈判中运用主体需要理论,要注意做好以下几方面的工作。

(1)要为谈判者准备好必要的物质条件。在物质上,要为对方创造一个良好的谈判环境。例如,居住、饮食、通信、谈判地点的选择,都应使对方感到满意,使之具有安全感,满足其生理需求和安全需求。商务谈判是一种精神高度集中、体力和脑力消耗都很大的活动,不管在客场谈判还是主场谈判,谈判人员都要求吃得可口、穿戴整齐、住得舒服、出行方便。否则,就会极大地影响谈判者的精力、情绪,影响谈判效果。作为东道主,也要十分注意给对方提供各种生活和工作上的方便,建立一个友好、信任、合作的氛围。

物质条件,从广义来说,还包括样本、合同文本、有关技术资料、谈判场地、通信设备等方面的条件,它们也是使谈判得以顺利进行的物质基础。安全需要,在谈判中主要表现在谈判人员的人身安全、财产安全和地位安全上。谈判双方至少有一方会到一个陌生的地方谈判,既可能是对方也可能是己方。这时,由于不熟悉当地的风土人情和社会治安状况,因此在心理上便十分关心自身的安全,寻求一种心理上的保障。这时,作为东道主的一方,应该尽好职责,消除对方在这方面的担忧。

(2)谈判人员之间要注意建立良好的人际关系。在交往过程中要注意礼仪、礼节,力求创造良好的谈判气氛。无论会议内外,在与对方接触中都要为人热情、坦率、友好,力戒以我为主、居高临下、盛气凌人。要注意与对方进行平等协商,在讨论利益问题时,不要忘了进行个人感情交流,即使达不成协议,也不要做有损双方友谊的事,应满足其社交需要。谈判过程是双方利益交锋的过程,涉及利益,就难免会使双方处于紧张或对立的状态之中。但是,谈判人员并不是只讲求物质利益的"经济动物",而是一个有感情的人,也需要友谊与关爱。因此,努力创造一个友好合作的气氛，往往是谈判成功的关键。同时，在内部也要建立起互谅互让、团结协作的关系，满足谈判人员的归属需要。一个有凝聚力的谈判小组对于谈判目标的顺利实现，往往有着十分重要的作用。

（3）要注意尊重谈判对手。在谈判中，不要轻易否定对方的意见和建议。说话不要绝对，言谈举止要表现出对对方人格、能力的充分尊重，注意满足对方的自尊的需求。每个人都需要受到他人的尊重，同时也要主动去尊重他人。

获得尊重的需求，在谈判中具体体现为：不仅要求在人格上得到尊重，而且在地位、身份、学识与能力上得到尊重和欣赏。某些国家和地区，等级观念是根深蒂固的。将身份、地位较低的人派出，与对方身份、地位较高的人进行谈判，这是对对方的严重冒犯和不尊重，会严重影响双方的关系与谈判的结果，甚至导致谈判的破裂。反之，如果对方派出的人员在职务与资历上较浅，而本方派出职务高、资历深的人员也不合适，给人以自我贬损的感觉。对学识与能力的尊重，就是不要有意或无意地指责或轻视对方。在谈判过程中，当对方有意无意地在某些概念上进行混淆，或者扰乱谈判的程序与思路时，不要直接或间接地指责对方学识浅薄、能力低下或胡搅蛮缠，只要将被其搞乱的事情进行澄清、理顺就行了。当在谈判中占到上风或者得到较多利益时，应注意不要喜形于色，甚至讥讽对方的无能，要对对方的努力予以肯定。

（4）适时地对对方所做的努力和工作成果表示赞赏。谈判人员有自我实现的需求，他们要追求谈判目标的实现，希望自己的工作富有成果，并得到别人承认。这种需求是人类最高层次的需求，也是最难满足的需求。在谈判中既要满足对方自我实现的需求，也要争取我方最大利益，兼顾满足我方的自我实现需求，这需要较高的艺术处理技巧。在谈判中，不要在枝端末节上与对方争论不休，有时，在争论时也可以树立一种"弱者"形象，以满足对方在谈判中希望成为"强者"的心理需要，在不违背原则的条件下达成谈判的协议，满足自我实现的需求。

掌握主体需求理论，可以找出与谈判双方都相联系的需要，并对对方的需求加以分析和重视。一般来说，人们的需求有先后，首先要满足生理和安全需求，其次才是满足其他需求，但不意味着一定要百分之百满足后，才可能产生下一层次的需求。人们的需求可以交叉出现，在同一时刻，大多数人的各种基本需求，都是部分得到满足，部分尚未得到满足，谈判人员不仅要重视己方需求，而且要注意对方的需求。作为一名高明的谈判者，在寻求满足己方需求的同时，也要设法满足对方的需求，并努力使谈判顺利地通过较低层次的需求，到达较高层次的需求。只有在这种情况下，谈判才有成功的希望。否则，必然会使谈判在不和谐的气氛中草草收场。

第二节　商务谈判心理概述

商务谈判心理，同样对商务谈判行为有着重要的影响。认识掌握商务谈判心理在商务谈判中的作用，对于培养良好的商务谈判心理意识、正确地运用商务谈判的心理技巧，有着十分重要的意义。

一、商务谈判心理的概念

商务谈判心理是指在商务谈判活动中谈判者的各种心理活动，它是商务谈判者在谈判活动中对各种情况、条件等客观现实的主观能动反映。例如，当谈判人员在商务谈判中第一次与谈判对手会晤时，对方彬彬有礼、态度诚恳、易于沟通，就会对对方有好的印象，对谈判取得成功抱有希望和信心。反之，如果谈判对手态度狂妄、盛气凌人，难以友好相处，谈判人员就会对其有不好的印象，从而对谈判的顺利开展存有忧虑。

二、商务谈判心理的特点

与其他心理活动一样，商务谈判心理有其特点和规律性。一般来说，商务谈判心理具有以下特点。

（1）内隐性。商务谈判心理的内隐性是指商务谈判心理藏之于脑、存之于心，别人是无法直接观察到的。但尽管如此，由于人的心理会影响人的行为，行为与心理有密切的联系，因此人的心理可以反过来，从其外显行为加以推测。例如，在商务谈判中，对方作为购买方，对所购买的商品价格、质量、售后服务等方面的谈判协议都感到满意。那么，在双方接触中，谈判双方会表现出温和、友好、礼貌、赞赏的态度反应和行为举止。如果很不满意，则会表现出冷漠、粗暴、不友好、怀疑，甚至挑衅的态度反应和行为举止。掌握这其中的规律，就能较为充分地了解对方的心理状态。

（2）相对稳定性。商务谈判心理的相对稳定性是指人的某种商务谈判心理现象产生后，往往具有一定的稳定性。例如，商务谈判人员的谈判能力，虽然会随着谈判经历的增多而有提高，但在一段时间内却是相对稳定的。正是由于商务谈判心理具有相对稳定性，才可以通过观察分析去认识它，而且可以运用一定的心理方法和手段去改变它，使其有利于商务谈判的开展。

（3）个体差异性。商务谈判心理的个体差异性是指因谈判者个体的主客观情况不同，谈判者个体之间的心理状态存在一定的差异。商务谈判心理的个体差异性，要求人们在研究商务谈判心理时，既要注重探索商务谈判心理的共同特点和规律，又要注意把握不同个体心理的独特之处，以有效地为商务谈判服务。

三、商务谈判的心理机制

（1）文饰与投射。文饰是指一个人试图通过合理的途径，使不可能被接受的情境合理化。文饰是一种以隐瞒自己的真实动机或愿望，从而为自己寻求解脱，以求内心安宁的心理防卫机制。当个体行为未达到所追求的目标，或不符合社会的价值标准时，为了减少和免除因挫折而产生的焦虑和痛苦，保护自尊，就以种种理由或借口替自己辩护，这就是文饰。这些理由或借口未必是真的，而且在别人看来，往往是不合逻辑的，但其本人却能以此说服自己，并感到心安理得。

拓展阅读2.4

文饰常见的几种表现形式

一场谈判结束之后，尤其当谈判失败之后，为了自我安慰，掩饰失败感，谈判人员可能会找些对自己最有利的理由去解释，为谈判结果文饰一番，如"我们根本就不想同她做生意""那个人太不懂行了！"这是失败后最常见的反应。又如，在谈判遭受挫折又受同行白眼的人，极有可能因文饰心理，力争在下一次的谈判中获得意外的成功，在"让他们瞧瞧看"的心理驱使下所做的欣慰感，属于文饰心理支配下的行为。

投射是指一个人试图把自己的动机归于他人，不自觉地把自己的过失或不为社会认可的欲念加诸他人，借以减轻内心的焦虑，掩饰自己冲动的根源。也就是说，把自己的失当行为、工作失误，或内心存在的不良动机和思想观念转移到别人身上，认为别人有这样的动机和行为，以此减轻自己的内疚和焦虑，逃避心理上的不安。投射是人们理解外部事物最普通的方式之一。在商务谈判中，有的人谈判能力很低，却往往大谈对手如何无能。在谈判中以权谋私的人，大多认为从来就

拓展阅读2.5

投射是移情的一种内在心理机制

没有克己奉公的人。例如，为了赚钱而参与商务谈判，由此把赚钱的动机移植给对方,强加于任何一个参加谈判的人。倘若遇到谈判对手不是把赚钱看得高于一切，而是把自己的商业信誉和尊严看得比赚钱更重要，此时仍然怀着"人人都想赚钱"的想法去谈判，显然就不合适了。人常常对不相干的人或事物发泄怒气，如采取攻击行为，这就是典型的心理学上的"移置作用"。作为谈判人员，应该注意在谈判中对手出现的莫名其妙、平白无故的情绪变化，如语调升温等,那可能是因为"移置作用"引起的。

（2）反向行为与理性行为。反向行为的表现是压抑心中最强烈，甚至最不为社会容纳的欲望，做出与这种欲望相反的行为，或者说相反的话。人有不少的欲望和冲动，由于自身和社会的约束会被压抑，可是这种欲望和冲动始终存在，而且具有极大的动力，会找机会显现。这种内在的冲突，会造成人的反向行为。反向行为有多种表现方式，有的人内心憎恶某人，但生活中却会对此人爱护备至。有的人非常不喜欢某件事，可表现出来的是对这件事的过分热衷。在商务谈判中，应该学会区别个人的行为是否为反向行为。

理性行为是指按理性规范行动的行为方式。如果一个人能考虑到可以采取的每一项行动方案，可能带来的不同后果，如果能明辨这些不同后果的轻重优劣，如果能根据自己的预测，选择有可能导致理想结果的行动方案。那么，就把他看作是一个理性的人。反之，他的行动就是非理性的。

在谈判中,在你看来,你的对手有时会"非理性"地勃然大怒，但是，在这背后，也许正隐藏着他的一种理性策略，他勃然大怒是做给你看的，好让你相信他真的是在威胁。由于看不透人们"非理性"的表现背后隐藏着的理性策略，而把他们的行动称为非理性的，这完全是一种人为的障碍。我们要冷静地分析，区别对手的理性行为和非理性行为，不要被对手的策略所左右。

（3）自我意象和角色扮演。自我意象是指一个人关于自身的综合看法。每个人都会从个人经验、期望和别人对他的评价中，总结出自我意向。人们的许多关于自己的决断，都是为了维护或加强这种自我意象。因此，假如知道了一个人的全部经历、思想轨迹，就可以推断他做某件事的动机和他对未来事件的反应。然而，在一场谈判中，不大可能将一个人的自我意象暴露出来，这样就需要了解他过去的行为和经历，以便比较清楚地了解他的自我意象。

角色扮演是一个人试图通过某种有意识地扮演角色的行为，来表现自我意象的一种行为方式。这种有意识的行为，即扮演角色的行为，在很大程度上，源于个人过去的生活经验。例如，当一个人扮演父亲的角色来惩罚他的"孩子"时，他的行为方式往往会仿照当年自己的父亲，或恰恰相反，这主要取决于他在孩提时形成的对于惩罚的看法。一般来说，人们会构想出一个自己满意的角色来扮演，他的许多行为都可以从"角色扮演"中找到出处。在谈判中了解了这一点，有利于把握对手的行动。

【趣味阅读2.2】2011年3月24日晚7点，百度文库与国内出版界代表为解决侵权而进行的正式谈判，宣告破裂。会后，一位参与谈判的百度方代表向记者表示了"遗憾"，并称百度为此次谈判做出了巨大努力，但版权方提出的条件过于"苛刻"。

但在由磨铁图书总裁沈浩波、万榕书业总经理路金波、读客图书董事长华楠等组成的出版界谈判代表来看，百度并未体现出应有的诚意，"以儿戏待之"。路金波在会后表示，双方在对于百度文库侵权的事实、逻辑、法律与解决之道等诸多关键点上，存在不可弥合的差异，终致无功而返。例如，百度提出的解决方案，是应用其开发的新技术系统清除文库中网友已经上传的侵权作品。版权方则认为，这是对权利人的"绑架"，应先赔偿已被侵权的版权费用，而后以"先审核、后使用"的原则运营百度文库。对此，双方无法达成一致意见。

根据出版界代表此前透露的打算，一旦谈判破裂，中国文字著作权协会将寻求更有社会影响力的人士继续维权，并同时组织网络作家和律师组成维权团队。沈浩波则隔空向百度总裁李彦宏"喊话"。

破裂结果传出后，百度公关公司在回复记者的邮件中，重申百度的企业宗旨不会改变："未来，百度仍然会坚持我们的理念，帮助人们便捷地获取信息，找到诉求。"一位百度高层人士，在接受本报记者采访时的话透露出玄机："我们只是与路金波、沈浩波谈崩了，他们并不能代表中国所有的作家和写作人，我们会与其他版权方保持良好的沟通与运作。"

资料来源：吴越. 文汇报[EB/OL].[2011-03-25].http://culture.ifeng.com/gundong/detail_2011_03/25/5362200_0.shtml.

四、商务谈判心理的作用

商务谈判既是商务问题的谈判，又是心理的较量。它不仅被商务实际条件所左右,也受到商务谈判心理的影响。

在商务谈判中,运用谈判心理知识对谈判进行研究,分析"对手的言谈举止反映什么?""其有何期望?""如何恰当地诱导谈判对手?"等,对成功地促进谈判很有必要。掌握商务谈判心理现象的特点,认识商务谈判心理发生、发展、变化的规律,对于商务谈判人员养成优良的心理素质、保持良好的心态、正确判断谈判对手的心理状态及行为动机、预测和引导谈判对手的谈判行为,有着十分重要的意义。

研究和掌握商务谈判心理,对于商务谈判有以下几个方面的作用。

(1)有助于培养谈判人员自身良好的心理素质。谈判人员良好的心理素质,是谈判取得成功的重要基础条件。谈判人员相信谈判成功的坚定信心、对谈判的诚意、在谈判中的耐心等,都是保证谈判成功不可或缺的心理素质。良好的心理素质是谈判者抗御心理挫折的条件和铺设谈判成功之路的基石。

(2)有助于揣摩谈判对手心理,实施心理诱导。谈判人员对商务谈判心理有所认识,经过实践锻炼,可以通过观察分析谈判对手的言谈举止,弄清谈判对手的心理活动状态,如其个性、心理追求、心理动机和情绪状态等。在谈判过程中,要仔细听对方的发言,观察其神态表情,留心其举止,以了解谈判对手的心理,了解其深藏于背后的实质意图、想法,识别其计谋或攻心术,防止掉入对手设置的谈判陷阱,并正确做出自己的谈判决策。

了解谈判对手的心理,可以针对对手不同的心理状况采用不同的策略。了解谈判对手的谈判思维特点、对谈判问题的态度等,可以开展有针对性的谈判准备和采取相应的对策,把握谈判的主动权,使谈判向有利于我方的方向转化。

(3)有助于恰当地表达和掩饰我方心理。了解商务谈判心理,有助于表达我方心理,可以有效地促进沟通。如果对方不清楚我方的心理要求或态度,必要时,我方可以通过各种合适的途径和方式向对方表达,以有效地促使对方了解并重视我方的心理要求或态度。

作为谈判的另一方,谈判对手也会研究我方的心理状态。我方的心理状态往往蕴含着商务活动的重要信息,有的是不能轻易暴露给对方的。掩饰我方心理,就是要掩饰我方有必要掩饰的情绪、需要、动机、期望目标和行为倾向等。在很多时候,这些是我方在商务谈判中的核心机密,失去了这些秘密,也就失去了主动权。这些秘密如果为对方所用,撤出谈判的胁迫、最后期限的通牒或是拖延战术的采用等，都是以一方了解了另一方的某种重要信息为前提，是与一方对另一方的心理态度有充分把握有关的，因此不能掉以轻心。

为了不让谈判对手了解我方某些真实的心理状态、意图和想法，谈判人员可以根据自己对谈判心理的认识，在言谈举止、信息传播、谈判策略等方面施以调控，对自己的心理动机（或意图）、情绪状态等做适当的掩饰。例如，在谈判过程中被迫做出让步，不得不在某个已经决定的问题上撤回，为了掩饰在这个问题上让步的真实原因和心理意图，可以用类似"既然你在交货期方面有所宽限，我们可以在价格方面做出适当的调整"等言辞加以掩饰。如果我方面临时间压力，为了掩饰我方重视交货时间的这一心理状态，可借助多个成员提出不同的要求，以扰乱对方的视线，或在议程安排上有意加以掩饰。

（4）有助于营造谈判氛围。商务谈判心理知识，有助于帮助谈判人员协调与对方的互动，形成良好的交际和谈判氛围。

为了使商务谈判能顺利达到预期目的，需要适当的谈判氛围的配合。适当的谈判氛围，可以有效地影响谈判人员的情绪、态度，使谈判顺利推进。商务谈判高手，也是营造谈判氛围的高手，会对不利的谈判气氛加以控制。对谈判气氛的调控，往往根据双方的谈判态度和采取的策略、方法而变。一般地，谈判者都应尽可能地营造友好、和谐的谈判气氛，以促成双方的谈判。但谈判氛围并不都意味着温馨和谐的气氛，出于谈判利益和谈判情景的需要，必要时也会有意地制造紧张甚至不和谐的气氛，以对抗对方的胁迫，给对方施加压力，迫使对方做出让步。

第三节 商务谈判者的心理素质与心理挫折

一、商务谈判者的心理素质

什么是成功的谈判者需要具备的良好心理素质？有众多的谈判研究人员和实践者，对这一问题进行过孜孜不倦的探讨。然而，由于心理因素在多大程度及可能性上会影响谈判的成功，是一个难以被数量化衡量的问题，因此可能永远也无法获得一致的结论。本书根据以往谈判的研究总结和实践经验总结，探讨作为成功的谈判者所应具备的自信、乐观、诚意、耐心、变通和果断等基本心理因素。

（一）自信

自信是成功的动力与源泉。谈判是一项艰难的工作，缺乏自信的人是很难战胜对手的。谈判桌上各抒己见，常常互不相让，你若表现出充分的自信，就会给对方造成很大的精神压力，对方会觉得你是难以战胜的，因而往往会在希望成交的前提下主动放弃一些努力。所以，在商务谈判中，不管遇到什么样的困难和压力，都要有坚持到底的决心和必胜的信心，就算想求和，也要不卑不亢地表达己方的想法。

因此，作为一名优秀的谈判者，必须具有良好的心态，这是取得谈判成功的重要心理因素。在谈判桌上只有具备积极的、必胜的信念，才能使谈判者的能力得到发挥，潜力得到释放。不过，自信的表露，不可以给人以自傲、自负、难以接近的感觉。越是在热情亲切、平易近人中体现出自信，越是有着不可抗拒的力量。

这种力量会使他人更信任、更敬佩，这在谈判中对己方是十分有利的。

在形形色色的谈判活动中，无论哪一方都有其所追求的目标和所想达到的目的，并且双方都力图不断调整需求的心理强度，巧妙地利用谈判艺术和应变策略，以达到自己的目标。

（二）乐观

谈判往往是一场旷日持久的较量。谈判过程中充满了变数，常常是谈了几天几夜，可到最后关头却突然因为一个小小的问题而导致谈判破裂。因此，就要求谈判者在谈判过程中不屈不挠，保持一种积极、乐观的态度。

（三）诚意

谈判不仅是双方的竞争，也是双方之间的合作，而合作能否顺利进行、能否获得成功，还取决于双方合作的诚意。谈判需要诚意，诚意应贯穿于谈判的全过程。受诚意支配的谈判心理，是保证实现谈判目标的必要条件。可以说，诚意是谈判的心理准备，只有在双方致力于诚意合作的基础上，才会尽力地考虑双方合作的可能性和必要性，才会合情合理地提出自己的要求和认真考虑对方的要求，才会合理地运用各种谈判策略与技巧。诚意能够使谈判人员的心理和行为处于相互信任、相互理解的最佳状态，进而达到有效合作。所以说，诚意是合作的基础。

诚意，也是谈判的动力。希望通过洽谈来实现双方合作的谈判人员，会进行大量细致、周密的准备工作，拟订具体的谈判计划，收集大量的信息情报，全面分析谈判对手的个性特点，认真考虑谈判中可能出现的各种突发情况。诚意不仅能够保证谈判人员有良好的心理准备，而且也使谈判人员的心理活动始终处于最佳状态，在诚意的前提下，是求大同、存小异，相互理解，以求达到最佳的合作，取得最佳的谈判效果。

（四）耐心

耐心是在心理上战胜对手的一种战术与谋略，它在谈判中表现为不急于谈判的结果，而是通过自己有意识的言论和行动，使对方知晓合作的诚意与可能。耐心是提高谈判效率、赢得谈判主动权的一种手段，让对方了解自己，又使自己详尽地了解对手。只有双方互相了解、彼此信任的谈判，才能获得成功，才能不因为某一句话或某一个要求，而导致谈判夭折。如果谈判双方都通过细致踏实的准备工作，让对方了解自己、相信自己，并且不厌其烦地倾听对方陈述诉求，就可以精诚合作、默契配合，并在较短的时间内签署谈判协议。谈判人员的这种耐心，就是产生谈判效益的一种直接原因。

（五）变通

谈判既复杂又变幻莫测，这就需要谈判者具备良好的应变能力，善于与人相处，能够从复杂多变的谈话中把握动向、随机应变。谈判者的变通能力还表现在能够从利益分歧的争论、障碍和僵局中，创造性地提出变通的、对双方都有利的解决问题的方案，从而破解障碍，达成双方的合作。

（六）果断

果断是指一个人善于适时地、坚决地完成某件事情，以及适时决策的能力、特点。谈判中的果断建立在信息准确可靠、于己方有利的基础之上，该断不断、不该断也断，均有后患。成功的谈判者，总是把果断作为自己的基石。

果断，是一个优秀谈判者良好的心理素质、战略眼光、领导能力和专业知识等因素的综合反映。具有果断能力的谈判者，才能更好地动员各种内在和外在的力量，团结协作、夺取胜利。

二、对谈判者心理的影响因素

商务谈判属于集体配合项目，是全体参与者综合素质的竞争，在谈判陷入艰苦的僵持阶段时，更体现为双方心理素质的较量。参与者心理素质的好坏，直接影响谈判能力的强弱，意志品质坚强、心理素质过硬的一方，往往能够取得更大的收获。可以说，坚韧、乐观的心态是适应商务谈判的必备因素，良好、稳定的心理素质是成为优秀商务谈判者的必备条件。因此，探讨心理稳定性规律，克服焦虑心态是研究商务谈判的一个主要内容。

（1）谈判规模。当谈判规模大且重要时，外部对谈判的目标期望值较高。如果谈判者对达成目标的把握不大，往往会过多地考虑谈判的重要性，承担过大的心理压力，并盲目地进行各种幻想，出现谈判前失眠、坐卧不宁等，产生焦虑情绪，直接影响谈判能力的发挥。

（2）谈判环境。谈判环境是影响商务谈判效果至关重要的因素。谈判环境一般分为谈判场地环境和社会环境两方面。

在商务谈判中，客方谈判者常常感到自己置身于不利的谈判场地中，明知是主方故意设计的用来干扰和削弱己方的谈判力，可客方往往会默默忍受，不及时提出更换场地的要求。例如，谈判室灯光强弱失衡，看不清对方的表情；谈判环境纷乱嘈杂，时有噪声影响思路；谈判场地温度、湿度不适宜，使谈判者精力分散，产生急躁和反感情绪等。

商务谈判都是在一定的政治、经济、文化和科技等环境中进行的，这些社会环境，都会直接或间接地影响谈判者的心理状态。例如，我国知识产权代表团首次赴美谈判时，纽约好几家中资公司都"碰巧"关门，忙于应付所谓的反倾销活动，美方企图以此对我方代表团造成一定的心理影响。

（3）谈判双方实力。谈判双方的实力相差悬殊时，无论是相对强的一方还是相对弱的一方，其谈判心理都会受到一定的影响。在谈判对手实力较强、谈判水平较高、谈判优势较大的情况下，谈判者往往会产生畏谈、畏难情绪，对实现期望值缺乏信心，对解决谈判中的困难缺乏主动性和积极性，临场表现出精神状态不高、言行不果断、束手无策等现象。当谈判对手较弱时，容易产生麻痹的思想，主要表现在对预期困难的准备不足，如在谈判比较顺利时，谈判者往往会忽视细节、举止傲慢、处理问题随意。若遇到困难，特别是出现意料之外的情况时，可能会产生急躁情绪、言行失态，从而导致成功率降低。

当谈判双方实力相当时，谈判者容易产生想赢怕输的不良心态，是一种"怕"的情结。一是怕自己在谈判中发挥不好而影响谈判预期值；二是怕肩负重任辜负了期望。如何克服困难，谈判者想得少、不愿想、不敢想，顾虑重重，怕言语不慎让对方掌握有利信息、怕发问不当让对方抓住有利时机。

（4）谈判进程和时间。商务谈判不仅具有对抗性，还具有复杂性和多样性。在双方不停地主、被动转换中，会呈现出暂时的冷场、相持、激烈等不同气氛，这些都将直接干扰和影响谈判者的情绪。在谈判取得主动时，谈判者容易陶醉、沾沾自喜，情绪兴奋水平过高，从而导致知觉能力下降、放松警惕、陷入对方的布局，给对方以可乘之机，致使本方情绪发生较大波动而影响谈判效果。在谈判处于被动时，又想尽快扭转局面，谈判者更加谨小慎微，极怕自己失误，又担心别人失误，相互之间产生消极情绪，造成谈判准备和临场配合不好，因而不能积累成果、扭转局势，反而越谈越被动。

谈判进程越趋向结束，谈判越接近预期的最后时限，谈判气氛就越紧张、难以琢磨，对谈判者的心理冲击就会越强烈。在谈判的最后阶段，谈判者思想过于集中，思路容易僵化，往往会出现意想不到的失误。另外，由于谈判接近尾声，谈判出现需负最终责任的行为，谈判者的心理压力持续增大，情绪上的拘谨导致行为上的犹豫、缺乏胆识，往往会发生失误、失掉良机。

三、商务谈判中的心理挫折

（一）心理挫折的含义

心理挫折是指在某个行动过程中，人们认为或感觉自己遇到难以克服的障碍和干预时，在心理上形成的一种挫折感，并由此产生的焦虑、紧张、激动、愤怒等情绪。总的来说，心理挫折就是指活动过程中人们的一种心理感受，或者说是一种感觉，包括由这种感觉所引起的心态及情绪的变化。

不同于我们一般所说的挫折，心理挫折是人们的一种主观感受，它的存在并不能说明在客观上就一定存在挫折或失败，也就是说，心理挫折的存在并不一定意味着挫折的客观存在。反过来，客观挫折也不一定都会对每个人造成挫折感。由于每个人的心理素质、性格、知识结构、生长环境等都不同，因此对同一事物活动的反应也就不同，有的人可能会由于困难引发较大的挫折感，有的人则可能会对困难、障碍没有什么反应。同样的挫折感，不同的人所产生的情绪变化也是不同的。例如，有的人在感到挫折后沮丧、退缩，甚至一蹶不振；有的人恰恰相反，遇到困难反而更有信心，更加全力以赴。

（二）心理挫折对行为的影响

（1）言行过激。言行过激是谈判人员在受到挫折时最常见的一种表现。人们在感到挫折时,最容易产生也是最常见的反应,莫过于生气、发泄愤怒的情绪等。在这种情况下,人们的言行就会超出其原有的正常范围,有时会说出一些极端的话,如"你买就买,不卖就算了""我不卖给你了,你上别的地方买去",或者做出过激的动作,如动手推拉,甚至打人等现象。这种言行过激行为的出现,往往会激化本来就处在谈判困境中的谈判双方的矛盾,容易导致谈判双方矛盾升级。

(2)畏惧退缩。畏惧退缩主要是由于在谈判中受到挫折后对自己失去信心、缺乏勇气造成的。此时,人的敏感性和判断力都会下降,最终影响目标的实现。例如,一位刚毕业的律师与一位名律师打一场官司,这位刚毕业的律师很容易产生心理挫折,缺乏应有的自信,在法庭上时,无论是他的判断力还是思辨能力,甚至语言表达能力都会受到影响,这实际上也为对手的胜利提供了条件。

(3)盲目固执。盲目固执是指谈判者在受到心理挫折后,不愿面对现实去认真思考、判断,而是非常顽固地坚持一种错误的思想或意见,盲目地重复这种行为的表现,具体表现为心胸狭窄、思路不开阔等。这种行为,会直接影响谈判者对具体事物的判断、分析,最终导致谈判失败。

以上是几种较为常见的和普遍的心理挫折的行为反应。此外,不安、冷漠等也是心理挫折的表现。人们在心理挫折时的情绪反应,都是非正常的状态,无论对谁来讲,都是不适的困扰甚至是苦恼的折磨。但心理挫折对人的行为的影响也因人而异,并不是所有人在遭受心理挫折时,都会对行为产生消极、反面的影响。相反,对于一些非常振奋、善于在逆境中存在的人来讲,心理挫折以及客观的活动挫折,反而更能激发他的进取心,激励他不断前进、不断成功。这一点正是我们所追求的,也是谈判者应具备的心理素质。

(三)商务谈判与心理挫折

(1)商务谈判心理挫折产生的原因。在商务谈判中,谈判者会遇到各种各样的问题、困难和阻碍。因此,谈判人员心理有波动,产生挫折是不可避免的。在商务谈判中,比较容易造成或形成谈判人员心理挫折的因素,主要有以下几点。

①谈判者对谈判内容缺乏应有的了解,掌握的信息不够,制定的谈判目标不合理或者不可行,这种情况对谈判者容易造成心理挫折。例如,你非常喜欢一件衣服,于是暗自决定如果价钱不超过500元就买下,你请售货员帮你取下来,然后,一边看衣服一边向售货员问价钱,"2 600元,"售货员漫不经心地答道。此时对你来讲,就会产生很大的心理挫折,从而失去谈判的信心和勇气,最终很不情愿地

将衣服还给售货员。

②由于惯例、经验、典范的影响，谈判者容易形成思维定式，将自己的思维和想法禁锢起来。对于出现的新情况、新问题，仍然按照经验、惯例去解决，这样既影响谈判的结果，也容易产生心理挫折。例如，你是一家商店的营业员，你们这个商店为"不二价商店"，即从不讨价还价。有一位顾客找到你提出打折，你不同意，顾客找出商品存在的缺点，如果你仍然不同意打折，谈判就很容易陷入僵局，甚至被中断。

③谈判者自身的某些需求，特别是社会需求和自尊、自我实现需求没有得到很好的满足或受到伤害时，容易造成心理挫折。假设你是公司业务部门的负责人，为公司要新上的某个项目进行论证，收集了大量的统计资料，做了充分的准备。在论证会上，当你满怀信心地讲完你的理由、论据之后，向大家征求意见时，你的一名下属站起来，当众指责你的统计数据中存在的逻辑错误。在这种情况下，你的自尊心受到了伤害，必然会产生诸如气愤、沮丧、懊悔等情绪反应。

这些只是商务谈判中容易造成谈判者心理挫折的常见因素，除此之外，导致谈判者心理挫折的原因还有很多，有来自谈判过程的，还有来自谈判者本身的，如谈判者的知识结构、自身能力等。

（2）商务谈判心理挫折的防范。在商务谈判中，无论什么原因引起的消费者的心理挫折，都会对谈判的圆满成功产生不利的影响。谈判是人与人之间斗智斗勇的交际活动，需要谈判者全力以赴，始终保持高度的敏感性和思辨能力。任何行为的心理挫折、情绪激动，都必然分散谈判人员的注意力，造成反应迟钝、判断能力下降。而这一切，都会使谈判人员不能充分发挥个人潜能，从而无法取得令人满意的谈判结果。因此，要克服心理挫折对商务谈判的不利影响，就必须积极地采取措施预防和化解心理挫折的出现。

①要消除引起客观挫折的原因。商务谈判中，谈判者的心理挫折是随着谈判过程中客观挫折的产生而产生的。因此，如果能减少引起谈判过程中客观挫折的影响因素，谈判者的心理挫折就会相应地减少。

②要提高谈判人员的心理素质。谈判中，一个人受客观因素影响时会不会遭受挫折，与他对客观挫折的容忍力有关，容忍力较弱者比容忍力较强者，容易感受到心理挫折。人们对挫折的容忍力又与意志品质、承受挫折的经历，以及个人对挫折的主观判断的影响有关。有着坚强意志的人能承受较大的挫折，有较多承

受挫折经历的人，对挫折有较高的承受力。因此，为了预防心理挫折的产生，就要尽力提高谈判人员的意志力，提高其对挫折的容忍力。具体的训练措施，可以有意识地设置成功和失败的情境，通过心理适应和自我锻炼来增强意志力。

（3）商务谈判心理挫折的应对策略。在商务谈判中，如果某种未能提前预防的心理挫折出现时，谈判者就必须采取积极的应对和化解策略，以保证谈判的顺利发展。

①勇敢面对挫折。进行一场商务谈判，往往要经过曲折的谈判过程，通过艰苦的努力，才能到达成功的彼岸。商务谈判人员对于谈判中所遇到的困难甚至是失败，要有充分的心理准备，以提高对挫折的承受力，并能在挫折的打击下，从容应对变化的环境和情况，做好下一步的工作。

②摆脱挫折情境。相对于勇敢地面对挫折，这是一种被动地应对挫折的方法。当挫折出现后，商务谈判人员在无法面对挫折情境时，可以通过脱离挫折的环境情境、人际情境，或转移注意力等方式来让情绪得到修补，使之能以新的精神状态迎接新的挑战。

情绪发泄是一种利用合适的途径、手段，将挫折的消极情绪释放、排泄出去的办法。其目的是把因挫折引起的一系列生理变化产生的能量发泄出去，消除紧张状态。情绪发泄有助于维持人的身心健康，形成对挫折的积极适应，并获得应对挫折的适当办法和力量。

 本章小结

商务谈判中的心理复杂多变，随着谈判环境、谈判内容和谈判目的等内容的不同而有所不同。把握对方在谈判中的需要，通过对方的行为判断对方的谈判心理对于谈判的成功至关重要。在谈判过程中的挫折心理也是谈判中经常出现的一种心理现象，能够了解这类心理产生的原因，并通过合理的方法进行承受力锻炼，也是一种能力的体现。

通过本章的学习，读者可以了解商务谈判心理的由来及相关概念，以便于在谈判过程中更好地利用谈判心理，达到谈判目的。

思考题

1. 怎样理解需要的特点？

2. 简述马斯洛需求层次理论的内容。它对商务谈判有什么作用?
3. 尼尔伦伯格的主体需求理论的核心观点有哪些?
4. 谈判人员应具备哪些心理素质?
5. 商务谈判中心理挫折产生的原因及应对措施有哪些?你觉得自己应怎么摆脱挫折?

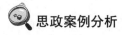 思政案例分析

成功回应心理战

中方某公司向韩国某公司出口丁苯橡胶已有一年。第二年中方又向韩方报价,以继续供货。中方公司根据国际市场行情,将价格从前一年的每吨成交价下调了120美元(前一年为1 200美元/吨),韩方感到可以接受,建议中方到韩国签约。

中方人员一行两人到了首尔该公司总部,双方谈了不到20分钟,韩方说:"贵方价格仍太高,请贵方看看韩国市场的价格,3天以后再谈。"

中方人员回到饭店后感到被戏弄,很生气,但人已到首尔,谈判必须进行。中方人员通过有关协会收集到韩国海关丁苯橡胶的进口统计数据,发现从哥伦比亚、比利时和南非等国进口量较大,从中国进口也不少,中方该公司是占份额较大的一家。南非价格较低但高于中国。哥伦比亚、比利时价格均高于南非。在韩国市场的调查中,批发和零售价均高出中方公司现报价的30%~40%,市场价格虽呈降势,但中方公司的报价是目前最低的。

为什么韩国人员还这么说?

中方人员分析,对方以为中方人员既然来了首尔,肯定急于拿合同回国,可以借此机会再压中方一手。

那么,韩方会不会不急于订货而找理由呢?

中方人员分析,若不急于订货,为什么邀请中方人员来首尔?再说韩方人员过去与中方人员打过交道,签过合同,且合同执行顺利,对中方工作很满意。这些人会突然变得不信任中方人员了吗?从态度上看不像,他们来机场接中方人员,且晚上一起喝酒,保持了良好的气氛。

经过上述分析,中方人员共同认为:韩方意在利用中方人员心理再压价。根据分析,中方人员决定在价格条件上做文章。首先,态度应强硬(因为来之前对方已表示同意中方报价),不怕空手而归。其次,价格条件还要涨回市场水平。最后,

不必用两天给韩方通知，仅一天半就将新的价格条件通知韩方。

在一天半后的中午前，中方人员电话告诉韩方人员："调查已结束，得到的结论是：我方来首尔前的报价低了，应涨回去年成交的价位，但为了老朋友的交情，可以下调20美元。请贵方研究，有结果请通知我们，若我们不在饭店，则请留言。"

韩方人员接到电话后一个小时，即回电话约中方人员到其公司会谈，韩方认为中方不应把报价再往上调。

中方认为这是韩方给的权力。我们按韩方要求进行了市场调查，结果应该涨价。

韩方希望中方多少降些价，中方认为原报价已降到底。经过几个回合的讨论，双方同意按中方来首尔前的报价成交。

这样，中方成功地使韩方放弃了压价的要求，按计划拿回了合同。

资料来源：杨晶.商务谈判[M].2版.北京：清华大学出版社，2016.

案例思考：

1.韩方谈判人员采取的策略主要针对中方人员的什么心理特点？

2.中方谈判人员是如何破解对手策略并取得成功的？

第三章　商务谈判的准备

本章学习目标

1. 了解谈判所需信息收集的方法。
2. 掌握安排谈判人员的要求。
3. 掌握制定谈判方案的策略。
4. 熟悉模拟谈判。
5. 了解物质条件的准备。

本章关键词

谈判信息　谈判方案　模拟谈判

思政案例导入

中美机床谈判

山东省济南市第一机床厂厂长来到美国洛杉矶，同美国卡尔曼公司进行机床谈判，双方在价格问题上的协商陷入了僵持状态。这时，我方获得了重要信息：卡尔曼公司原与我国台商签订的合同不能够兑现，因为美国对日、韩等国及我国台湾地区提高了关税，使得我国台商迟迟不肯发货。而卡尔曼公司又与自己的客户签订了供货合同，交货的最后期限已经临近，卡尔曼公司实则陷入十分被动的境地。我方根据掌握的情报，在接下来的谈判中沉着应对。我方告诉对方：我方的货源不多，产品的需求量很大，台湾厂商又不能及时供货。对方立刻意识到我方对这场交易的背景非常了解，卡尔曼公司终于沉不住气，最后按照我方的价格，在订货合同上签订了购买 150 台机床的协议。在谈判中，不仅要注意自己方面的相关情报，还要重视对手的环境状况。

资料来源：刘园. 国际商务谈判 [M]. 北京：中国人民大学出版社，2015.

通过本案例我们可以看出，在谈判中，中方之所以会成功，关键在于中方在谈判前进行了调查，掌握了谈判信息，从而在谈判中从容不迫，掌握了谈判的主动权。由此可见，商务谈判前的准备工作做得如何，将决定着谈判能否顺利进行以及能否达成有利于己方的协议。因此，谈判前的准备是整个谈判方案的重要组成部分。

第一节 谈判信息收集

一、了解谈判环境

谈判是在一定的法律制度和特定的政治、经济、文化背景下进行的，它们会直接或间接地对谈判产生影响。特别是涉外商务谈判，其相关环境因素甚至会对谈判产生决定性的影响。因此，在谈判准备阶段，应认真搜集、整理这方面的信息资料。

在进行谈判前，充分了解谈判环境，不仅能够使谈判人员在谈判过程中放松心态、充满自信，而且能够在谈判过程中有效地掌握主动地位，主导谈判的进程，使谈判朝着有利于己方的方向进行。相反，若事先对谈判环境准备不足，不仅在谈判中无的放矢，而且可能引起谈判对方的不满，最终导致谈判的破裂。

因此，谈判环境是首先需要了解的。谈判环境分为政治环境、法律环境、文化环境、商业环境、经营环境五类。

（一）政治环境

商务谈判中的政治环境是指对商务活动具有重要影响的国家政局、政策等，这些因素作为重要的背景性因素，对企业的商务活动具有重要的影响。一个国家政局稳定、政策合理，其经济就会迅速发展。企业在稳定的政治环境中，活力明显增强，活动频率明显增加，商务活动的风险也会相对降低。相反，政局不稳、政策多变，往往容易造成人心惶惶、市场混乱，企业在这种环境下，活力就会下降，商务活动的风险也会随之增加。

　　了解当前的政治环境，是进行谈判前准备的第一步，也是谈判环境中最关键的部分。政治环境不仅直接影响本次商务谈判的成功与否，而且对于在谈判中采取哪种合适、精准的谈判策略，如何把握谈判的方向等，也十分重要。

　　（1）政局的稳定性。一个国家的政局稳定，对于市场的运行机制有足够的保障体系，这是双方能够进行商务谈判的前提条件。否则，若双方就谈判达成一致意见，但由于国家动荡，没有统一的政府领导，甚至处于内战之中，那么双方签订的协议，将不存在任何法律效力。政局的稳定性，不仅表示谈判双方所在谈判地点的政局是否稳定，更重要的，表示谈判协议实施地点的政局是否稳定。这种情况，大多出现于跨国公司间的谈判中。一个国家政局的稳定与否，是政治环境中最容易了解到的，但也是最重要的。容易是指在新闻广播等媒体渠道便能轻松了解到该国是否动荡。重要是指因为政局稳定与否，是保证谈判协议能否顺利实施的最重要的一环。若国家处于动乱之中，国家体系尚不能保存完整，就不会有保证谈判协议实施的法律和行政依据。

　　（2）经济的运行制度。经济的运行制度主要分为两类：①计划经济体制下，有无计划的指标。②市场经济体制下，企业自主的交易内容。在进行谈判前，充分了解该国经济的运行制度，有助于谈判一方针对经济运行制度的特点，灵活准备谈判方案，从而在谈判的过程中占据主动。

　　（3）国家对企业管理的程度，即企业自主权力的大小。若国家对企业管理的程度高，则可能干预谈判的内容及结果，从而影响谈判的进程和协议的实施，很多谈判中的关键性问题，企业没有权力决定。谈判中，对方也许模棱两可，无法自主决定某项协议是否可行。谈判后，国家可能干预，使协定无法落实。在进行谈判前，对国家管控企业程度的了解，不能以国家为主要对象进行了解，而需以谈判所涉及的项目或行业为主要对象进行了解。因为，如果谈判所涉及的项目与国家战略或特殊行业无关，国家不会干涉其谈判协议的实施。反之，若政府认为协议的实施会对国家有关行业造成不利影响，那么再民主的国家也会动用强制权力，阻止协议的实施。

　　（4）政府与买卖双方之间的政治关系。政府与买卖双方之间的政治关系，需要在谈判前进行了解和收集。政治关系良好，谈判受到的限制就少，谈判就会顺利，成交的可能性较大。有些企业，由于历史悠久，企业理念与国家战略较为接近，且在发展过程中注重慈善与公益事业，未来的发展战略符合国家构想，属于政府支持的行业。在对外交往中，俨然成为国家形象的一张名片。

（二）法律环境

法律制度对商务活动具有重要的影响，也是企业活动明显的控制性力量。一般来说，企业的商务活动必须要在法律规定的范围内，以法律允许的方式展开，否则其活动就必然受到制约。正因为如此，企业必须对国家的法律制度有所了解，也只有这样，才能在商务活动中降低风险发生的可能性。

了解法律环境，主要是了解对方所处国家的法律情况，如劳动法、经济法、合同法和税法等，是否有健全的法律体系，所需的法律程序等。对于这些法律的了解，不仅可以使企业在制定和实施谈判方案的过程中，以适应当地法律的方式进行，少走弯路，而且也能够通过法律，间接地了解当地民众的基本情况。

（三）文化环境

文化是人们生活的方式，是人类继承的行为模式、态度和实物的总和。人们的宗教信仰、价值观念和生活准则，都受到社会文化的强烈影响。对社会文化环境的研究，便于谈判者更快、更好地理解对方的谈判行为，避免因价值观念不同而引起不必要的冲突和误会。

了解谈判对方所处的文化环境至关重要。有时，在谈判中，尊重对方的礼仪、迎合对方的饮食，这些看似微不足道的细节，往往可能成为谈判成功与否的关键。因为这些习俗上的改变，于对方而言，代表着尊重，代表着重视，代表着文化的认同，谈判开始的氛围便十分融洽。掌握并了解谈判对手所在国家和地区的社会文化信息，会有利于谈判双方的沟通和交流，对谈判产生推动作用。

（1）社会习俗。社会习俗是指一个国家或地区人们经过长期的历史发展而形成的生活习惯，并且经过长期的文化积淀形成，具有明显的独特性，很难改变。事先对谈判对方社会习俗的了解和准备，能让谈判对方就好像在和自己家乡的人谈判一样，使谈判进程始终在一种友好、轻松的氛围中进行。这需要关注社会习俗的很多方面，如衣着、称呼方面，什么才是合乎规范的标准？是否只能在工作时间谈业务？在业余时间是否也可以谈业务？社交场合中是否应该带妻子？送礼的方式、礼品的内容有什么习俗？等等，都是需要在谈判前进行充分了解的，以便在谈判过程中应对自如。

（2）宗教信仰。宗教信仰对于人们的思想、行为有着直接的影响。在谈判前，研究对方的宗教信仰，有助于在谈判中避免因触碰宗教禁忌而导致谈判破裂。宗教信仰往往涉及民族尊严，在某些国家和地区，宗教对政治制度、法律制度、经济体制有很大的影响，人们的日常行为也要符合宗教教义。在谈判过程中必须尊重对方的宗教信仰，这就要求谈判人员对谈判对手所信仰的宗教的礼仪礼节、宗教禁忌有充分的了解。

（四）商业环境

由于文化差异，不同的国家和地区往往在长期的商务活动中，形成了具有不同特点的商业环境。作为合格的商务谈判人员，必须了解商务活动所在国的商业环境，只有这样才能在商务活动中采取有效的对策，保证业务活动的正常进行。不了解商务活动所在国的商业环境，商务活动中就会出现不适应与不和谐，这会极大地影响商务活动的正常开展。

商业环境在国际贸易中显得更为重要，几乎每一个国家和地区都有其特定的贸易规则和习惯，如果不了解就很有可能产生误解，影响谈判的顺利进行。弄不好，还会落入对方的"习惯"陷阱，造成重大的损失。

（1）企业的决策程序。企业与企业之间，虽同处一个国家，甚至一个地区，但决策程序却可能天差地别。对方的决策权力是集中于高层，还是权力分散，需要沟通协商，这些都需要提前了解，从而能在谈判中有的放矢。

（2）商务谈判的当地语言。在进行谈判前，需要提前联系、准备可靠安全的翻译人员。在对谈判语言精准翻译的同时，能够对谈判进程和成果进行保密，防止泄露。另外，还需提前考虑合同文件是否需用两种具有同等法律效力的文字表述，从而方便谈判各方下一步的实施。

（3）是否需要见诸文字。根据行业和企业规模的不同，有时谈判是十分正规的，需要将各项达成的协议见诸文字。但有时，由于行业的特殊性，或者一人就可以说了算的情况下，只需达成口头协议便可。国外也是如此，有些国家必须以文字为准，有些国家以个人的信誉与承诺为准。

（4）律师的作用。在谈判和协议签订过程中，律师是否必须在场审核合同的合法性，这一点也是需要考虑的。大型的谈判过程，如跨国公司间的谈判，一般需要双方公司的律师在场，进行合同合法性的审核。现在很多协议的签订，只需双方代表签字，即代表协议生效，而不需要律师到场。

（五）经营环境

当地的经营环境决定着达成协议后，对方是否具备实施协议的基础性条件。例如，当地的人力资源情况、劳动力的数量和质量、相关基础设施和后勤系统的配备情况，这些都需要在谈判前了解清楚。如果一些硬性条件不符合实施协议的要求，那在谈判前就应对这些因素进行考量。

（1）人力资源情况。当地劳动力的数量和质量，关系着企业能否充分利用当地的人力资源，从而达到成本的相对最低。人力资源过剩，可能造成劳动力素质不高，只能适应基础性的工作，而高端领域的人才供给则相对较少。人力资源不足，则企业难以进行大规模的生产。

（2）建筑材料、建筑设备及维修设备。建筑材料是在建筑工程中应用的各种材料，大致分为无机材料、有机材料和复合材料三种。建筑设备是建筑物的重要组成部分，包括给水、排水、采暖、通风、空调、电气、电梯、通信及楼宇智能化等设施设备。维修设备则是指为了保持、恢复以及提升设备技术状态，进行技术活动的检查和维修设备。

（3）通信设施的状况和发展。通信设施是通信设备和通信机构的统称，分为固定通信设施和野战通信设施、民用通信设施和军用通信设施。民用通信设施在战时也可以用于军事通信。通信设施的状况和发展尤其重要，因为这关系到是否能进行顺畅的通信和沟通。一般来说，现在大多数地区的通信设施都已具备，只有在贫困山区时需要注重这一因素，防止因通信不良而造成延误的情况发生。

（4）交通运输情况。当地的交通运输情况，一定程度上与当地的经济发展状况相关联。在当代社会，竞争激烈的情况下，交通运输情况已不仅仅是"引进来""走出去"的问题，而是"进得快""出得快"的关键问题。

经营环境中还有很多因素组成，以上四点只是较为常见和重要的四项因素。在实际的生活中，还有许多细小的环境因素需要仔细考量。

二、信息创造价值

市场资料是商务谈判可行性研究的重要内容，在目标市场基本确定的情况下，对目标市场的相关资料进行搜集和整理，也是信息准备的重要环节。市场方面的信息资料十分丰富，市场信息的准备主要是调查目标市场的供求情况、竞争情况。

（一）需求情况

需求情况，包括目标市场上该产品的市场需求总量、需求结构、需求的满足程度、潜在需要量等方面的情况。市场需求情况研究是指对市场需求的真相、性质、规律等情况的探求。市场是集中买卖货物的固定场所。市场需求情况的研究，具体来说，就是研究用户需要什么产品、需要多少、对产品有什么要求等。一是用户在客观上存在的，但尚未意识到的需要。二是用户自己意识到，但由于种种原因还不能购买的需要。把这种潜在需要转化为现实需要，对促进生产的发展具有重要意义。此外，研究市场对某种产品需要多少时，还有两项需要注意的内容：①市场容量，即整个市场吸收某产品的能力。②市场占有率，即本单位某种产品销售额占该种产品全部销售总额的比重。市场需求状况的研究，是改善经营决策外部环境的一个重要内容。

（二）销售情况

销售是指以出售、租赁或其他任何方式向第三方提供产品或服务的行为，包括为促进该行为进行的有关辅助活动，如广告、促销、展览和服务等活动。或者说，销售是指实现企业生产成果的活动，是服务于客户的活动。

销售情况，包括该类产品在近几年的销售量及销售量变动趋势，销售价格及价格变动趋势。该类产品及替代产品的进出口情况等。要了解某个市场的销售状况，需了解整个产品在当前市场的规模，消费者群体的年龄、性别、职业、学历、收入、家庭结构，公司当年产品的财务损益等。

（三）竞争情况

竞争情况是指在同一目标市场内竞争对手的积聚程度和竞争状况。市场的竞争情况是影响企业制定产品价格的重要因素。产品的最低价格取决于该产品的成本费用，最高价格取决于产品的市场需求状况，而在上限和下限之间，企业能把这种产品价格定多高，则取决于市场竞争状况。

竞争情况包含：目标市场上竞争对手的数量；主要竞争对手的生产规模、产品性能和价格水平等；竞争对手所使用的销售渠道、销售组织形式、优惠措施和售后服务；竞争产品的市场占有率等。具体表现为，竞争品牌的销售量与销售额的比较分析，竞争品牌市场占有率的比较分析，各竞争品牌产品优缺点的比较分析，公司产品的优劣与竞争品牌之间的优劣对比分析，等等。

三、搜集对手情况

对谈判对手信息的搜集和分析研究,是信息准备工作中最为关键的一环。谈判对手的信息资料,也是谈判信息中最有价值和最难搜集的信息。在商务谈判中,如果不设法最大限度地获取谈判对手的信息,就很难深入地分析了解谈判对手,就会冒较大的风险。

(一)客商身份情况

(1)知名跨国公司。如果对方是在世界范围内享有一定声望和信誉的跨国公司,在谈判前提供的资料要准确完整,做好充分准备,要有充足的信心和高超的谈判技巧。并且,将其作为很好的贸易伙伴,积极发展合作关系。

(2)享有一定知名度的企业。要看到对方比较讲信誉,占领我国市场比较迫切,技术服务和培训工作比较好,对我方在技术方面和合作生产的条件比较易于接受,是较好的贸易伙伴。

(3)没有知名度的企业。只要确认其身份地位,深入了解其资产、技术、产品、服务等方面的情况,也是我方很好的合作伙伴,在进行企业成分调查和了解的前提下,可以考虑进行合作,开展贸易往来。

(4)知名母公司的下属公司。不要被其母公司的光环迷惑,很多母公司对下属公司的管理较为松散,下属公司呈现各自为政的局面,只要求下属公司定期进行汇报,而对其关键的财务信息、销售信息等毫不过问,这就给了子公司钻空子的机会。

【趣味阅读3.1】内地某公司拟从香港一家贸易公司购买冷轧钢板,给香港公司开立信用证以后,迟迟不见香港公司发货,内地公司数次催办,港方以各种理由搪塞,直至过了信用证有效期也未见港方交单。后经核实,港方是一家只有两名工作人员的贸易公司,同几十家公司共同租用一间办公室,平时做中介业务,见钢材市场火爆,内地市场需求强劲,于是用一些货物照片骗取内地公司的信任,实际并不是货主。之后,香港公司利用信用证做抵押,套取银行贷款进行资金周转,而内地公司并没有对香港公司进行调查了解,反因开立信用证占压资金,损失了利息和手续费用及与其他客商交易的机会。

资料来源:程英春,李娟.商务谈判[M].北京:清华大学出版社,2018.

(二)资信情况

对谈判对手进行资信状况的调查研究,是谈判前准备工作极其重要的一步。

（1）对客商合法资格的审查。参加商务谈判的企业组织形式，主要有公司、合伙企业、个体户三种。要求提供法人资格证明：注册登记证明，法人所属资格证明，营业执照。如果谈判对手主体资格不合格或不具备与合同要求基本相当的履约能力，那么所签订的协议就是无效协议或者是没有履行保障的协议，谈判就会前功尽弃，甚至会蒙受巨大的损失。

（2）对方资本和商业信誉的调查。审查谈判对手资本，主要是审查对方的注册资本、资产负债状况、收支状况、销售状况、流动资金状况等有关事项。对方具备了法律意义上的主体资格，并不一定具备很强的行为能力。因此，应该通过公共会计组织审计的年度报告，以及银行、资信征询机构出具的证明来核实。

（三）谈判时限

谈判的时限，即谈判的截止时间。每一场谈判总不可能没完没了地进行下去，总有一个结束谈判的具体时间。在同一场谈判中的谈判对象，由于所处的环境不同，其确定的谈判截止时间是不一样的。谈判的截止时间是确定谈判策略的重要因素之一，谈判时间的长短，往往直接决定着谈判者是选择轻松舒缓的谈判策略还是速战速胜的谈判策略。

（四）谈判权限

谈判的一个重要法则，是不与没有决策权的人谈判。不了解谈判对手的权力范围，将没有足够决策权的人作为谈判对象，不仅在浪费时间，甚至可能会错过更好的交易机会。一般来说，对方谈判人员的规格越高或者与企业核心领导人的关系越密切，权限也就越大。如果对方参加谈判的人员规格较低，己方就应该弄清楚，对方参加谈判的人员是否得到授权、在多大程度上能独立做出决定、有没有决定是否让步的权力等。如果对方是代理商，必须弄清其代理的权限范围及对方公司的经营范围。

（五）了解对手的调查方法

（1）文案调查法。文案调查法又称资料查阅寻找法、间接调查法、资料分析法或室内研究法。它是围绕某种目的，对公开发表的各种信息、情报进行收集、整理、分析研究的一种调查方法，主要分析和研究谈判对手的商品名录、报价单、企业情况简介、产品说明书等文件。

（2）实地调查法。实地调查法是应用客观的态度和科学的方法，对某种社会现象，在确定的范围内进行实地考察，并搜集大量的资料以统计分析，从而探讨社会现象的一种调查方法。实地调查是在传播研究范围内，研究分析传播媒介和受传者之间的关系和影响的一种调查，其目的不仅在于发现事实，还在于将调查经过系统设计和理论探讨形成假设，再利用科学方法到实地验证形成新的推论或假说。该方法由谈判人员通过直接或间接接触来收集整理信息，研究分析谈判对手，主要有通过前期交往的人员了解、函电联系、正面观察、展示己方的诚意及观点等方法。

（3）购买法。购买法就是通过小批量采购对手的产品来了解对方的产品情况。小批量采购是基于时间采购的一个基本特征，一般用于短期的应急方案，或者公司需要对购买的产品进行更加细致和深入了解的情况。

（4）专家顾问法。专家顾问法是对市场调查法的一种模拟。它是将专家设定为潜在购买者，利用其知识、经验和分析判断能力，对价格、鉴证、标的进行评估的一种方法。主要聘请大专院校、研究机构、学术协会的专家，借助外脑进行调查。

第二节　安排谈判人员

一、谈判团队构成

谈判的主体是人，筹备谈判的第一项工作就是人员准备，即组建谈判团队。谈判团队的素质及其内部分工与协作，对于谈判的成功是非常重要的。

【趣味阅读3.2】司马光在《资治通鉴》中记载过这样一件事：晋国的智宣子立智瑶为继承人，智果说："智瑶有超越他人的五项长处，才艺双全，能写善辩，坚毅果敢。虽然如此但很不仁厚。如果他以五项长处来制服别人而行不义之事，谁能和他相处？立智瑶，晋氏宗族一定灭亡。"智宣子去世，智瑶当政，在兰台宴饮，席间戏弄、侮辱韩康子，之后无缘无故强索韩、魏、赵领地，最后，三家联军将智家族人全部诛灭。

从上面的案例中我们可以看出，用错了人会引致恶果，谈判中选错了谈判人员，同样会造成不良后果。因此，我们一定要引以为鉴，慎重选择谈判人员。

资料来源：程英春，李娟.商务谈判[M].北京：清华大学出版社，2018.

（一）谈判团队的规模

组建谈判团队首先碰到的就是规模问题，即谈判团队的规模多大才是最为合适的。根据谈判的规模，谈判可分为一对一的个体谈判和多人参加的集体谈判。通常情况下，谈判班子的人数在一人以上，但具体人数的多少没有统一的标准。多人组成班子，可以满足多学科、多专业的知识需要，知识结构上的互补，而且能够进行分工合作、集思广益，形成集体的进取与抵抗的力量。需要记住的是，在进行谈判时，在谈判桌落座的人数不宜过多，各个部门或专业领域有一人代表即可。

（二）谈判团队的结构

好的谈判团队，应该具有合理的成员结构。在较为正规、复杂的中大型商务谈判中，应尽量配齐各方面的人才，组成一个结构合理、长短互补的谈判团队。

（1）知识结构。在商务谈判中，由于交易标的和交易条件的不同，谈判所涉及的知识面很广，应根据谈判的需要，在谈判团队中配备有关的专业人才。

（2）性格结构。组建谈判班子时，还应考虑合理的性格结构，即讲究谈判人员性格的协调，通过性格的互补作用，达到优化谈判团队的目的。

（3）年龄结构。组建谈判团队时，还应考虑谈判人员的年龄结构。不同年龄段的人群由于阅历不同，其知识的宽度、深度、时代感，以及经验的多寡、处事的方法、体力和精力等相差很大。

二、谈判人员的素质要求

人是谈判的行为主体，谈判人员的素质是筹备和策划谈判谋略的决定性主观因素，直接影响整个谈判过程的发展，影响谈判的成功与失败，最终影响谈判双方的利益分割。可以说，谈判人员的素质是事关谈判成败的关键。

拓展阅读3.1

要克服内心的恐惧

（一）良好的气质和意识

（1）良好的气质和性格。良好的气质和性格给谈判对方的第一印象便十分美好。衣着得体、大方果断，能始终在谈判过程中营造融洽的气氛，推动谈判的进行。

（2）高尚的思想意识。这是谈判人员必须具备的，也是谈判成功的必要条件。它表现在谈判人员必须遵纪守法、廉洁奉公，忠于国家、组织和职守。谈判人员还要具有强烈的事业心、进取心和责任感。

（二）良好的心理素质

从来就没有一帆风顺的谈判。谈判过程，特别是讨价还价阶段，是一个非常困难的过程，其中充满了困难和曲折。有时谈判会变成一项马拉松式的较量，这不仅对谈判人员的知识技能、体力等是考验，而且也要求他们有良好的心理素质。健全的心理素质是谈判者主体素养的重要内容之一，表现为谈判者主体应具备坚韧、顽强的意志力和良好的心理调适能力。

商务谈判过程中，对方会设置更多的阻力和对抗，而且也会有各种突发情况的出现，在这种情况下，需要谈判人员具有良好的心理素质，能够在各种压力和挑战面前沉着冷静，从而在谈判中取得胜利。

（1）自信心。自信心的获得建立在充分调查研究和对双方实力科学分析的基础上。这种自信不是盲目的自信，更不是藐视对方、轻视困难、固执自己错误的所谓"自信"。

（2）自制力。商务谈判桌就好比战场，只是这是一场没有硝烟的战争，在谈判过程中出现紧张、对立和争执，都是无法避免的。在这种局面出现时，如果谈判者不具有良好的自制力，无法控制自己的情绪，则会导致举止失态、言行不当，从而破坏谈判的气氛，导致谈判的失败。

（3）懂得尊重。商务谈判中，双方谈判的目的是为了能够进行更好的合作，所以谈判应该建立在相互尊重、平等相待的基础上，只有互相尊重、平等相待，才能保证合作成功。这就要求，谈判人员要懂得自尊，不为了交易成功而出卖尊严。在确保自尊的基础上，还要尊重对手的尊严和利益，尊重对方的民族信仰和生活习惯。

（三）较高的知识素质

拓展阅读 3.2
善用外部专家

一名优秀的谈判人员，不仅需要具备扎实的基础知识，而且还要具备较强的专业知识。因为基础知识是一块基石，可以充分发挥出一个人的智慧和才能，专业知识则代表其能够胜任这项工作，所以越优秀的谈判人员，其知识越广博，不仅具有良好的适应能力，而且具有较强的工作能力。谈判人员在谈判桌上要时刻面临突发局面，这就需要其具有良好的应变能力。应变能力的高低与知识面的宽窄具有直接的关系，而且随着谈判人员知识面的扩大，其对谈判需求的适应能力也就越强。

商务谈判人员必须掌握经济学、民俗学、行为科学、地理知识和心理学等丰富的基础知识。同时，具备必要的商贸理论和经济理论知识，掌握商务谈判的有关理论和技巧，熟悉商品学、市场营销学、经营策略、商品运输、贸易知识和财务经营管理知识等，熟悉并了解本专业范围内的产品性能、维修服务和成本核算等专业知识。熟悉各国的文化习俗和谈判思维，熟悉WTO规则，能够解决贸易争端，善于组织国际商务谈判。

所以，谈判者必须具备丰富的知识，不仅要有广博的知识面，而且要有较深的专业学问，两者构成一个"T"字形的知识结构。

（1）横向知识结构。横向方面，要求谈判人员具备：有关对外经济贸易的方针政策，了解我国政府颁布的有关涉外法律和规则；某种商品在国际、国内的生产状况和市场供求关系；价格水平及其变化趋势的信息；产品的技术要求和质量标准；国际贸易和国际惯例有关知识、各国各民族的风土人情和风俗习惯等。

（2）纵向知识结构。纵向方面，要求谈判人员具备：丰富的商品知识，熟悉商品的性能、特点及用途；了解某种（些）商品的生产潜力或发展的可能性；有丰富的谈判经验与应付谈判过程中出现的复杂情况的能力；最好能熟练地掌握外语，直接用外语与对方进行谈判；了解国外企业、公司的类型和不同情况；懂得谈判的心理学和行为科学；熟悉不同国家谈判对手的风格和特点等。

（四）较强的谈判能力

谈判能力是指谈判人员具备的能更好地完成谈判工作的特殊能力，包括思维能力、观察能力、反应能力和表达能力。谈判能力可以分为一般能力和特殊能力，一般能力是指多种活动必需的能力，特殊能力是指在专业活动中所需要的能力，如数学能力、专业鉴赏能力、谈判沟通能力、组织管理能力等。

谈判能力是指谈判人员驾驭商务谈判这个复杂多变的"竞技场"的能力，是谈判者在谈判桌上充分发挥作用所应具备的主观条件。

（1）运筹、计划能力。谈判进度如何把握；谈判在什么时候、什么情况下，可以由准备阶段进入接触阶段、实质阶段，进而到达协议阶段；在谈判的不同阶段将使用怎样的策略等，这些都需要谈判人员发挥其运筹的作用。当然，这种运筹和计划，离不开对谈判对手背景、需要、可能采取策略的调查和预测。

（2）洞察力。洞察力是指深入事物或问题的能力，是人们通过表面现象精确判断出背后本质的能力。通过对方的手势、眼神、面部表情等，判断对方的内心活动，洞察对方的心理世界。随机应变，迅速掌握其真实意图，综合分析其言谈举止，进行合理判断。要提高洞察力，先要通过个性化科学食疗提高智力水平，智力是决定洞察力的前提条件，还要学习和研究哲学，哲学是研究真理的科学，哲学素养高，看问题入木三分，不容易被表象所迷惑。同时，必须有好奇心，没有好奇心就没有洞察力。

（3）语言表达能力。语言表达能力是指在口头语言（说话、演讲、做报告）及书面语言（回答、申论问题、写文章）的表达过程中，运用字、词、句的能力，二者均以语言为基础媒介。虽然书面语言是对口头语言的归纳总结，但是两者并无直接关系，口才不好，不一定文笔也不好。语言表达能力具体指用词准确、语意明白、结构合理、语句简洁、文理贯通、语言平易、合乎规范，能把客观概念表述得清晰、准确、连贯、得体，没有语病。

（4）灵活应变能力。灵活应变能力是人所具有的、随着变化了的情况立即采取不同应对措施的技能和本领。应变能力是人类共有的一种生理能力，是人类延续下来的基本条件。灵活应变能力是人类在一般应变能力的基础上，通过社会实践和自身修养培育起来的、带有社会性的技能和本领。在实际的商务谈判中，既不能轻易退让，又要善于适当妥协，要发挥创造力、想象力，并在制定与选择方案上灵活应变。灵活应变能力有三个特点：① 综合性，它把人的认识能力、判断能力、决断能力、创新能力、优化能力结合起来。②随机性，它没有固定模式，需要因人制宜、因事制宜、因时制宜、因势制宜。③时效性，它要求在很短的时间内，拿出应对措施并付诸实施，时间延误就会失去良机。灵活应变能力在决策活动中，有运用的广阔场所。它促使每一个决策主体要审时度势，针对不同的决策对象、下属、内外关系、决策环境，灵活机动，随机处置。灵活应变能力在发挥时，要注意把灵活性与原则性结合起来，把可变性与稳定性结合起来，防止在决策中随心所欲、变化无常的非正常现象发生。

（五）谈判人员选拔的方法

（1）经历跟踪法。经历跟踪法是指对某个有意向成为谈判团队成员的人员，了解他过去到现在的工作情况、受教育程度、个人专长等情况。目的是为了对可能成为谈判人员的人进行系统、全面的了解。尤其需要了解其在以往的工作经历中是否有类似的谈判经历，在那次谈判中是否表现良好，以作为参考依据。

（2）观察法。观察法即在挑选谈判人员时进行有针对性的观察。这种观察是在考核人员设置了特定的情景下，如将候选人带入某个特定的环境、面试时主动设置不同的难题或障碍等，目的是对候选人的行动、语言、表情等，有计划、有目的、有系统地观察。可以根据候选人在不同场景、不同情境下的特定反应，从而推断他当时的各种心理变化和表现出的能力，进而判断该候选人是否具备出色的能力和符合谈判条件的性格等。

（3）谈话法。顾名思义，谈话法就是考核人员通过与候选人进行相关话题的语言交流，在整个过程中能够运用事先设计好的提问方式，考察候选人的各种能力和心理特点。

（4）谈判能力测试法。谈判能力测试法即以问卷的形式，了解候选人的知识、能力、心理等，这种方法较为直接、干脆、简便，但缺点也很明显。要想全面、系统地考察一个候选人，对问卷设置问题的合理性和科学性具有非常高的要求。更多的情况是，问卷只能反映候选人部分的能力和素质，而对候选人的一些潜在能力，如临机应变能力、创造性思维等考察不足。

三、谈判团队成员的分工与合作

一场成功的谈判，往往可以归结为谈判人员所具有的良好个人素质，然而单凭个别人高超的谈判技巧，并不能保证谈判获得预期的结果，还需要谈判班子人员的功能互补与合作。这就好像一场高水准的交响音乐会，之所以最终能赢得观众雷鸣般的掌声，离不开每位演奏家的精湛技艺与和谐配合。

（一）谈判人员的分工

谈判人员的分工是指每一个谈判者都有明确的分工，都有自己的角色，各司其职。对于商务谈判来说，合理的分工是很重要的。

（1）洽谈技术条款的分工。在洽谈合同技术条款时，专业技术人员处于主谈地位，相应的商务人员、法律人员则处于辅谈人的地位。技术主谈人要对合同技术条款的完整性、准确性负责，在谈判时，对技术主谈人来讲，除了要把主要的注意力和精力放在有关技术方面的问题上以外，还必须从全局的角度考虑技术问题，要尽可能地为后面的商务条款和法律条款的谈判创造条件。商务人员和法律人员的主要任务是从商务和法律的角度，向技术主谈人提供咨询意见，并适时地回答对方涉及商务和法律方面的问题，支持技术主谈人的意见和观点。

（2）洽谈商务条款的分工。很显然，在洽谈合同商务条款时，商务人员应处于主谈人的地位，技术人员与法律人员则处于辅谈人的地位。合同的商务条款在许多方面，是以技术条款为基础的，或者是与之紧密联系的。因此，在谈判时，商务人员需要技术人员给予密切的配合，从技术角度给予有力的支持。

(3)洽谈合同法律条款的分工。事实上,合同中的任何条款都是具有法律意义的。不过,在某些条款上法律的规定性更强一些,尤其是涉及专业性的法律条款时,法律人员以主谈人的身份出现,对合同条款的合法性和完整性负主要责任。

(二)谈判人员的配合

谈判人员的配合是指谈判人员之间思路、语言、策略的互相协调,要确定各类人员之间的主从、呼应和配合关系。具体来讲,就是要确定不同情况下的主谈人与辅谈人、他们的定位与职责以及他们之间的配合关系。单凭个人高超的谈判技巧不能保证预期结果,需要团队人员的功能互补与合作。

主谈人是指在谈判的某一阶段,或针对某些方面议题时的主要发言人,或称谈判首席代表。主谈人是谈判工作能否达到预期目标的关键性人物,其主要职责是将已确定的谈判目标和谈判策略在谈判中得以实现。主谈人要做到:深刻理解各项方针政策和法律规范,深刻理解本企业的战略目标和商贸策略,具备熟练的专业技术知识和较广泛的相关知识,有较丰富的商务谈判经验,思维敏捷,善于分析和决断,有较强的表达能力和驾驭谈判进程的能力。主谈人必须与辅谈人密切配合,才能真正发挥主谈人的作用。辅谈人要配合主谈人,起到参谋和支持作用。

作为班子的灵魂,主谈人应具有上下沟通的能力,较强的判断、归纳和决断能力,能够把握谈判的方向和进程,设计规避风险的方法。主谈人一旦确定,本方的意见、观点都应由他来表达,一个口径对外。同时,在主谈人发言时,自始至终都应得到本方其他人员的支持。

(三)谈判团队的组建

我们需要建立起商务谈判团队的管理模式。商务谈判团队是指人们为了协调彼此之间的商务关系,满足各自的商务需求,以团队为基本形式,以管理学为基本理论,在商务谈判的整个过程中,处理各种已知和未知事件的一整套完善的方法和机制的总和。

(1)以团队合作为核心。团队合作是指团队成员通过合作完成某项事情。1994年,斯蒂芬·罗宾斯首次提出了"团队"的概念,即为了实现某一目标而由相互协作的个体所组成的正式群体。在随后的十年里,"团队合作"的理念风靡全球。当团队合作是出于自觉和自愿时,它必将产生一股强大而且持久的力量。坚持团队合作的整体性,能够在气势上给对方以压迫感,能够拓宽谈判思路,设法从其他利益因素上争取应得的利益。

（2）注重成员合作的适当性和准确性。在某个模式下过分的一致、完全的同意并不是好的现象，说明各个成员的潜力没有充分发挥。在内部讨论时，团队成员的意见反馈，一定不能只是遵从最高谈判代表的决定。最佳的讨论气氛，应该是各自发表看法，这些看法允许是一致的，允许是补充的，也允许是截然不同的。但最终对外谈判时，需要拿出一份统一的谈判方案和观点。

（3）以经济利益为最终目的。在谈判团队的模式中，需要以经济利益为最终目的，需要以公司或组织实现经济利益最大化为谈判目标。不讲求经济效益的商务模式，便失去了价值和意义。

第三节　制定谈判方案

谈判方案是指针对即将展开的商务谈判，根据客观的可能性，运用科学方法，从总体上对谈判目标、谈判策略、谈判时间等做出的决定和选择，是企业从全局出发对谈判活动进行的总体谋划和部署。谈判方案的可行、正确与否，直接关系谈判的成败，是谈判前期准备的关键所在。

商务谈判方案是指企业最高决策层或上级领导就本次谈判的内容所拟定的谈判主体目标、准则、具体要求和规定。谈判方案的制定，可根据谈判的规模、重要度的不同而定。内容可多可少、可简可繁，可以是书面形式的，也可以是口头交代。

谈判方案中应明确主要或基本交易条件的可接受范围、保证标准和理想标准，规定谈判期限，明确谈判人员的分工及其职责以及对联络通信方式及汇报制度的规定。

一、确定谈判原则

（1）科学性原则。科学性原则是谈判方案制定的重要原则，谈判方案的制定要用科学的谈判理论做指导，用科学的方法进行择优，切忌不切实际的凭空臆造。具体来说，应做到：①要进行谈判方案的可行性分析。②要充分考虑影响谈判方案制定的各种因素。③必须进行谈判方案的反馈工作，及时进行谈判方案的优化调整。

（2）择优性原则。该原则是指决策者通过优化、筛选，从所有的可行性方案中选择最优方案。其要求是，在决策的过程中，要充分论证所制定的谈判目标的合理性，充分探讨谈判策略的可实施性和有效性，从而选择出操作性最强、效率最高的谈判方案。

（3）系统性原则。系统性原则包括合理性、先进性、合法性、有效性等方面。其中，合理性要求谈判方案适应谈判的情势和双方在技术、商业习惯、财务等方面的例行准则。先进性要求谈判目标是需要经过努力才能达到的、在现实基础之上的高目标。

（4）创新性原则。该原则要求决策者在制定谈判方案时，要有创新、开拓精神，敢于探索新的谈判模式，提出崭新的谈判思路和方法，从而做出高质量的谈判方案。

二、制定谈判目标

谈判目标是指谈判要达到的具体目标，它指明谈判的方向和要达到的目的、企业对本次谈判的期望水平。商务谈判的目标主要是以满意的条件达成一笔交易，确定正确的谈判目标是保证谈判成功的基础。

谈判目标是在主观分析基础上的预期与决策，是谈判所要争取和追求的根本因素。谈判目标以某种利益的满足为目的，是建立在人们需要的基础上的，这是人们进行谈判的动机，也是谈判产生的原因。

根据实现的可能性，谈判目标可分为三个层次。

（1）最低限度目标。这是在谈判中己方必须达到的目标，是谈判的最低要求，无论对方做出什么样的压力、威胁等，宁愿谈判破裂也不讨价还价、妥协让步。否则，就算谈判成功了，也是牺牲了相当多的利益所换取的，这部分牺牲是无益的。

（2）可接受的目标。可接受的目标即可交易目标，是经过综合权衡、满足谈判方部分需求的目标，对谈判双方都有较强的驱动力，经过努力可以实现。但要注意的是，不要过早暴露，被对方否定。这个目标具有一定的弹性，谈判中都抱着现实的态度。可接受的目标是谈判人员根据各种主、客观因素，经过科学论证、预测和核算之后，所确定的谈判目标。同时，也是己方可努力争取或做出让步的范围，该目标的实现意味着谈判的成功。

（3）最优期望目标。它是对谈判者而言最有利的理想目标，这种目标是单方面可望而不可即的。一般来说，最优期望目标是谈判进程开始的话题，实现的可能性很小，因为双方都不会轻易放弃立场，心甘情愿地将利益让给别人。但不能因为这种目标实现的可能性小便不确立,因为确立最优期望目标,可以激励人员尽最大努力去实现。

三、评价谈判方案

由于商务谈判的规模、重要程度不同,商务谈判内容有所差别。内容可多可少,要视具体情况而定。尽管内容不同,但其要求都是一样的。一个好的谈判方案要求做到以下几点。

(1)简明扼要。所谓简明扼要,就是要尽量使谈判人员很容易记住其主要内容与基本原则,使他们能根据方案的要求与对方周旋。要尽量能容易记住其主要内容与基本原则,随时根据方案与对方周旋。必须清晰地记住谈判的主题方向和方案的主要内容,文字表述高度概括。谈判方案越是简单明了,照此执行的可能性就会越大。

(2)明确具体。谈判方案要求简明、扼要,也必须与谈判的具体内容相结合,以谈判的具体内容为基础,否则会使谈判方案显得空洞和含糊,因此谈判方案的制定也要求明确、具体。具体,不等于把细节都包括在内,事无巨细、样样俱全,执行起来就会非常困难。

(3)弹性灵活。谈判过程中各种情况都有可能突然发生变化,要使谈判人员在复杂多变的形势中取得比较理想的结果,就必须使谈判方案具有一定的弹性。谈判人员在不违背根本原则的情况下,根据情况的变化,在权限允许的范围内灵活处理有关问题,取得较为有利的谈判结果。谈判方案的弹性表现在:有几个可供选择的目标;策略方案根据实际情况可供选择某一种方案;指标有上下浮动的余地;还要把可能发生的情况考虑在计划中,如果情况变动较大,原计划不适合,可以实施第二套备选方案。

第四节　模拟谈判场景

所谓模拟谈判,也就是正式谈判前的"彩排",它是商务谈判准备工作中的最后一项内容。它是从己方人员中选出某些人扮演谈判对手的角色,提出各种假设和臆测,从对手的谈判立场、观点、风格等出发,和己方主谈人员进行谈判的想象练习和实际表演。

一、模拟谈判的必要性

在谈判准备工作的最后阶段，有必要为即将开始的谈判举行一次模拟谈判，以检验自己的谈判方案，而且也能使谈判人员提早进入实战状态。

（一）检验谈判计划是否周密可行

谈判方案是在谈判小组负责人的主持下，由谈判小组成员具体制定的。它是对未来将要发生的正式谈判的预计，本身就不可能完全反映正式谈判中出现的一些意外事情。同时，谈判人员受到知识、经验、思维方式、考虑问题的立场和角度等因素的局限，谈判方案的制定难免会有不足之处和漏洞。事实上，方案是否完善，只有在正式谈判中方能得到真正检验，但这毕竟是一种事后检验，往往发现问题为时已晚。模拟谈判是对正式谈判的模拟，与正式谈判比较接近。因此，能够较为全面、严格地检验谈判方案是否切实可行，检查谈判方案存在的问题和不足，从而及时修正和调整谈判方案。

在模拟谈判中，不用担心谈判的失败，直接检验效果，发现问题并及时修改完善。要注意原本被忽略或被轻视的问题，找到失误环节及原因。通过换位思考，站在对方的角度考虑问题，能预测对方提出的问题，具有针对性。

（二）使谈判人员获得实践经验

模拟谈判可以使谈判者获得实际性的经验，提高应对各种困难的能力。很多成功谈判的实例和心理学研究成果都表明，正确的想象练习不仅能够提高谈判者的独立分析能力，而且在心理准备、心理承受、临场发挥等方面都是很有益处的。在模拟谈判中，谈判者可以一次又一次地扮演自己，甚至扮演对手，从而熟悉实际谈判中的各个环节，这对初次参加谈判的人来说尤为重要。

（三）训练和提高谈判人员的能力

模拟谈判的对手是自己的人员，对自己的情况十分了解，这时，站在对手的立场上提问题，有利于发现谈判方案中的错误，并且能预测对方可能从哪些方面提出问题，以便事先拟定出相应的对策。对于谈判人员来说，能有机会站在对方的立场上进行换位思索，是大有好处的。正如美国著名企业家维克多·金姆说的那样："任何成功的谈判，从一开始就必须站在对方的立场来看问题。"这样的角色扮演技术，不但能使谈判人员了解对方，也能使谈判人员了解自己，为谈判人员提供了客观分析自我的机会，发现一些容易忽视的失误。

二、模拟谈判的主要任务

（一）检验己方工作是否到位

模拟谈判可以检验己方的工作是否到位，通过模拟谈判场景中可能出现的种种状况，能够较为清楚、系统地发现自己的准备工作中所出现的漏洞，及时应对。

（二）准备各种应对策略

谈判中的情况瞬息万变，这些情况并不是事先思考就可以想到的。模拟谈判通过模拟真实的谈判场景，能够对各种可能进行预测，从而针对每种可能出现的情况，制定班子合作的最佳组合及其策略。

（三）确定交流的暗号

暗号在商务谈判中十分常见，因为实际谈判的一些特定情况，需要本方同事协同密切配合，但是有些话很难当着对方的面直接交谈，有必要事先商定暗号。这些暗号可以是语言性的，具有特定含义，在外人看来是普通的语言，也不容易被对方察觉。可以是动作性的，如一个眼神、一个手势等。对暗号的合理运用，可以帮助在谈判中协调配合，遇到特殊情况时不至于应对不暇。

第五节　谈判场景设计

一、谈判地点的选择

商务谈判地点的选择十分讲究，各种不同的谈判地点存在不同的优劣势，根据谈判地点的不同主要分为主场谈判、客场谈判、中立谈判三种类型。

（一）主场谈判的优缺点

主场谈判有以下几个优点。

（1）谈判者在家门口谈判，有较好的心理态势，自信心比较强。己方谈判者不需要耗费精力去适应新的区域环境和人际关系，从而可以把精力更集中地用于谈判。

（2）可以选择己方较为熟悉的谈判场所进行谈判，按照自身的文化习惯和喜好布置谈判场所。作为东道主，可以通过安排谈判之余的活动，主动掌握谈判进程，并且从文化上、心理上对对方施加潜移默化的影响。

（3）"台上"人员与"台下"人员的沟通联系比较方便，谈判人员的心理压力相对较小。

（4）谈判人员以逸待劳，可以饱满的精神和充沛的体力参加谈判。节省去外地谈判的差旅费用和旅途时间，提高经济效益。

同时，主场谈判也有以下几个缺点。

（1）由于身在单位所在地，不易与工作彻底脱钩，经常会由于单位事务需要解决而干扰谈判人员，分散谈判人员的注意力。

（2）由于离高层领导近，联系方便，会产生依赖心理，一些问题不能自主决断而频繁地请示领导，也会造成失误和被动。

（3）作为东道主，己方要负责安排谈判会场以及谈判中的各种事宜，负责客方人员的接待工作，安排宴请、游览等活动。所以，己方负担比较重。

（二）客场谈判的优缺点

客场谈判有以下几个优点。

（1）己方谈判人员远离家乡，可以全身心地投入谈判，避免主场谈判时来自工作单位和家庭事务等方面的干扰。

（2）在高层领导规定的范围，更有利于发挥谈判人员的主观能动性，减少谈判人员的依赖性和频繁地请示领导。

（3）可以实地考察对方公司的产品情况，获取直接的信息资料。

（4）己方省去了作为东道主必须承担的招待宾客、布置场所、安排活动等事务。

同样，它也存在以下几个缺点。

（1）由于与公司本部相距遥远，某些信息的传递、资料的获取比较困难，某些重要问题也不易及时磋商。

（2）谈判人员对当地环境、气候、风俗、饮食等方面会出现不适应，再加上旅途劳累、时差不适应等因素，会使谈判人员的身体状况受到不利影响。

（3）在谈判场所、谈判日程的安排等方面处于被动地位，己方也要防止对方过多地安排旅游景点等活动而消磨谈判人员的精力和时间。

（三）中立谈判的优缺点

拓展阅读3.3
新加坡——备受青睐的第三方谈判地点

中立谈判，也称"第三地谈判"，是指谈判双方选择在第三地进行洽商。这种情况，多见于立场对立、互不相让的两方的军事谈判、外交谈判等。国际商务谈判，除两国商务人员同时在第三国从事商务活动，如参加国际博览会外，这种方式较为少见。第三地点谈判，通常被相互关系不融洽、信任程度不高的谈判双方所选用。

中立谈判的优点主要有：由于在双方所在地之外的地点谈判，对双方来讲是平等的，不存在偏向，双方均无东道主优势，也无作客他乡的劣势，策略运用的条件相当。缺点也同样明显：双方首先要为谈判地点的确定而谈判，地点的确定要使双方都满意也不是一件容易的事，在这方面要花费不少的时间和精力。

二、谈判场所的布置

关于谈判场所的布置，较为正规的谈判场所有三类房间：主谈室、密谈室和休息室。选择谈判环境，一般看自己是否感到有压力，如果有，说明环境是不利的。不利的谈判场所包括嘈杂的声音、极不舒适的座位、谈判房间的温度过高或过低、不时有外人搅扰、因环境陌生而引起心力交瘁以及没有与同事私下交谈的机会等。这些环境因素会影响谈判者的注意力，从而导致谈判失误。

从利益的角度讲，应为合作或谈判者布置好谈判环境，使之有利于谈判的顺利进行，一般来说，应考虑以下几个因素。

（1）光线。可利用自然光源，也可使用人造光源。利用自然光源即阳光，应备有窗纱，以防强光刺目。使用人造光源时，要合理配置灯具，使光线尽量柔和一些。

（2）声响。室内应保持宁静，使谈判能够顺利进行。房间不应临街，不在施工场地附近，门窗应能隔音，周围没有电话铃声、脚步声等噪声干扰。

（3）温度。室内最好能使用空调机和加湿器，以使空气的温度与湿度保持在适宜的水平之上。一般情况下，至少要保证空气的清新和流通。

（4）色彩。室内的家具、门窗、墙壁的色彩力求和谐一致，陈设安排应实用、美观，留有较大的空间，以利于人的活动。

（5）装饰。谈判活动的场所应洁净、典雅、庄重、大方。宽大整洁的桌子，简单、舒适的座椅，墙上可挂几幅书画，室内也可装饰有工艺品、花卉、标志物，但不宜过多、过杂，以求简洁、实用。

针对主谈场所、密谈场所、休息场所的布置，也有具体的要求。

（一）主谈场所的布置

主谈场所的布置，应当宽大舒适、光线充足、色调柔和、空气流通、温度适宜，使双方能心情愉快、精神饱满地参加谈判。谈判桌位于房间的中间，不宜装设电话干扰谈判的进程。同样，也不可安装录音设备，否则会产生心理压力，难以畅言。

（二）密谈场所的布置

密谈场所是供谈判双方内部协商机密问题单独使用的房间。它最好靠近主谈场所，有较好的隔音性能，室内配备黑板、桌子、笔记本等物品，窗户上要有窗帘，室内光线不宜太亮，且绝不允许安装录音设备。

拓展阅读3.4 精心的会场布置

（三）休息场所的布置

休息场所是供谈判双方在紧张的谈判间隙休息用的，应该布置得轻松、舒适，以便能使双方得以放松。可考虑适当布置一些鲜花，播放一些轻柔的音乐，准备些许茶点，以缓解紧张的气氛。

三、谈判场外安排

（一）食宿

谈判场外的食宿安排应该周到细致、方便舒适。谈判是一项艰苦复杂、耗费体力精力的交际活动。所以，用餐、住宿安排也是应该注意的内容。不需要过分奢华，按照国内或者当地标准接待即可，根据谈判人员的饮食习惯，尽量安排可口的饭菜。

（二）娱乐

相关文娱活动可以安排在谈判之前或之后。安排在谈判开始前，可以使对方心情愉悦，带着轻松的心情参加谈判，给人留下一种礼貌、诚恳的态度。安排在谈判结束后，使对方放下谈判沉重的负担参加，也会给对方留下美好的印象。

适当地组织参观游览和文娱活动，能够很好地调节客人的旅行生活。同时，在轻松环境下的私下接触，能使双方的关系更加融洽。

（三）考察

谈判场外的考察主要是针对需要进行实地考察的情况进行的安排。为了给谈判对方充分展示，同时，也是为了保证对方能充分了解相关情况，需要有考虑地为对方提供实地考察。

（四）专题会议

专题会议是指围绕一个专题展开的会议，为攻破、商讨、交流某一事例、某个案件、某个领域、某个技术等问题而召开的会议。谈判中可能出现双方争议的条款，需要在谈判场外展开专题会议专门讨论。

本章小结

本章从信息收集、谈判团队和谈判方案的确定等方面,详细介绍了商务谈判前需要的准备工作。而在完成这些工作后,谈判团队还需要进行谈判场景的模拟,以保证谈判的顺利进行。本章强调了商务谈判准备的重要性,对进入正式谈判有着至关重要的导向性作用,成为整个商务谈判过程的风向标。

思考题

1. 谈判环境具体包括哪些?
2. 什么是谈判时限?它对于谈判有何重要意义?
3. 用于了解对手的调查方法有哪些?
4. 选择谈判人员时,有哪些素质需要被考虑在内?
5. 在谈判的配合时,主谈人和辅谈人各自的职责是什么?

思政案例分析

一场"浑身湿透"的海外谈判

纬度接近赤道的吉隆坡,6月的室外犹如"铁板烧",让人有种要被烤化了的感觉。而此时,马来西亚最大的建筑巨头——金务大公司的谈判间里,冷气逼人。一场关系十几亿项目的谈判即将开始。为提升吉隆坡城市形象,缓解交通压力,马来西亚政府于2010年批准了兴建"大吉隆坡"的城市捷运项目计划。在政府组织的工程竞标中,38家世界各国的工程公司投标,最终,总承包商金务大公司选择了中国中铁,为此,双方进行了两年的磋商、交流。此次,谈判进入最关键、最重要的阶段——确定合作模式,谈判的结果不仅将关系中方能否拿下项目,而且对中国公司在马来西亚市场的下一步发展也至关重要。金务大公司聘请了10多位来自欧美、新加坡等地的顶尖职业经理人、谈判专家,他们在商务合同的管理、识别和把控上有着高超的水平和丰富的经验。而中方公司负责此次谈判的,却是一位看上去和善、有些胖乎乎的小伙子,他叫汪佑平,是中国中铁马来西亚公司的副总经理,年仅31岁。

2012年6月2日的这天早上,汪佑平和两位同事,面对着一群西方国际工程商务专家,坚定而自信地坐进了对手的包围圈。谈判伊始,金务大公司的谈判代表率先发言，阐明了自己的立场，表达想用分包的模式来运作 MRT（大规模快运系统）项目，且合同价格采用以实际工程量结算的方式。如果中国中铁不能满足其条件，还有其他企业在等着合作，如日本三井公司、韩国大宇公司。球踢了过来，大家在等着汪佑平接招。

与在座的谈判对手相比，汪佑平最年轻，虽然已经在海外工作了 10 年，但看上去，他仍然显得有些稚嫩。10 年前，我国加入世界贸易组织，中国企业开始尝试"走出去"，汪佑平跟随中国中铁国际化战略的脚步只身来到马来西亚，并先后辗转新加坡、印度尼西亚、泰国及中东等地。初到海外开辟市场，完全不是他想象中的样子。办公室只有几平方米，在炎热的高温中奔波一整天，回到住处，住处又小又旧……背井离乡、困难重重、收入不高，同事纷纷离职，只剩下汪佑平和其他两位同事留了下来。就在这种环境下，作为印度尼西亚南苏门答腊煤炭运输项目前期营销和商务负责人，他主持了和印度尼西亚方的商务谈判、合同协商及项目建议书的编制工作，逐渐挑起了海外商务谈判的重担。2010 年，他代表中国中铁与印度尼西亚巴克塔山泛太平洋铁路公司签订了煤炭运输项目合同，合同总额约 48 亿美元。更值得一提的是，该项目的合同模式采用了设计、建设、运营一体化的 DBO 模式。这种模式在中国中铁的海外项目中还是第一次被应用，不仅展现了企业的管理能力，更标志着中国铁路技术的规范和标准第一次输入印度尼西亚，对推动中国铁路技术规范和标准进入东南亚铁路市场具有里程碑意义。

如今，早已深谙国际工程合同玄机的汪佑平明白，此次金务大公司前期自定设计工程量、固定工程总价，并计划在随后的实施过程中优化设计，目的是要实现超额利润。

沉默片刻，汪佑平从座位上缓缓地站了起来。他推了推鼻梁上的眼镜，用故作轻松的语气，问了对手一个似乎与项目无关的问题："我们是什么关系？"对方有些出乎意料，眼睛齐刷刷地看着汪佑平。"我们是你们的分包商吗？"汪佑平继续发问。对方还是摸不着头脑，犹豫了一下答道："不是。"汪佑平进入主题，他开始说道："是的，我们不是你们的分包商，我们是合作伙伴，寻求的是互利共赢，我们认为，采用总价合同对双方都有好处，既可以锁定金务大公司的风险，同时也可发挥我方设计施工集成优势，为项目最终成功实施提供保障，谈判应该在这个前提下再讨论其他条款。"顿了一顿，汪佑平使出了撒手锏："如果按照你们提出的分包方式，那就没有必要谈了！"中方的坚决态度，让谈判的气氛骤然升温。

围绕着项目合同确定，双方各自拿出测算的数据和图表……两个多小时过去了，金务大公司的代表提议稍事休息，于是双方都站了起来，但谁也没有离开谈判室，而是自然而然地走到一起，围成一个一个小圈子继续情不自禁地谈起来，一谈又是两个小时。

7月12日，距离上次谈判40天，金务大公司将MRT地下工程A标段，以"背靠背"（总承包商金务大公司将与业主签订的该部分合同责任和义务，平行地转移给承包商）合同方式，授予中国中铁马来西亚公司，合同总金额9亿马币（约合人民币18亿元），为企业赢得了巨大的利益。而其他选择了分包和以实际工程量计算方式参与该项工程的企业，最终，合同从最初签订的近4亿马币缩水到1.5亿马币。该项目不仅是中国中铁承建的第一个海外城市地铁工程，也是第一次承建海外的集工程设计、采购和工程建造总承包（EPC）的综合性地铁工程。中标后，汪佑平再次主动出击，说服业主和总承包商购买了两台具有自主知识产权的中国中铁装备生产的盾构机，实现了中国盾构机走向海外"零的突破"。

回忆这场谈判，汪佑平说："谈判时，我的心脏紧张得几乎要停跳！从谈判桌下来后，浑身都湿透了……如果这次谈崩了。那就意味着两年多的奋斗前功尽弃。不过，总算挺过来了！"2014年5月，中国中铁集团首次表彰奋战在海外的员工，汪佑平从几万名职工中脱颖而出，荣获中国中铁"海外十大优秀员工"荣誉称号。

资料来源：杜海玲，许彩霞. 商务谈判实务[M]. 3版. 北京：清华大学出版社，2019.

案例思考：

1. 该案例中，包含的谈判环境有哪些？
2. 在这场谈判中，汪佑平展现出了作为谈判者应该具有的哪些素质？
3. 汪佑平在这场谈判中采用的方式给了我们哪些启示？

第四章 商务谈判的过程

本章学习目标

1. 熟悉商务谈判的开局阶段。
2. 掌握商务谈判的磋商阶段。
3. 掌握商务谈判的交易阶段。

本章关键词

开局阶段　磋商阶段　交易阶段

思政案例导入

《财经》杂志专访龙永图:"入世"谈判是这样完成的

中国"复关"和"入世"谈判是在改革开放的历史进程中发生的。

1986年,改革开放使中国领导人认识到不重返关贸总协定,可能在经济上会遭受巨大损失。中国正式提出恢复在关贸总协定的席位之前,也参加了关贸总协定的一些谈判,其中主要是关于纺织品的谈判。当时,全球纺织品协定要分配配额,中国的纺织品在当时占整个中国出口份额的1/3。如果不参加关贸总协定组织的全球纺织品谈判,中国就不可能在全球纺织品配额中拿到自己的一份。因此,中国在1983年参加了纺织品谈判,并拿到了一部分全球纺织品配额。中国纺织品出口在随后的五年里几乎翻了一番，尝到了"复关"的甜头。

中国当时做出"复关"的决定，是出于对外开放的需要。

在过往的谈判中，最主要的谈判对手是美国。由于美国财大气粗，谈判非常强势。美国在关贸总协定历年谈判中的方式和态度都是：我要求一、二、三、四……你必须做到一、二、三、四……而且"在这些问题上没有谈判的余地"。美国人与我们谈判的时候，一开始口气也是这样的。美国这一套屡屡在关贸总协定谈判上得手，故他们认为，谈判就是这么一场游戏。

但中国人不吃这一套。谈判一开始并不是所谓实质性的谈判，而是对谈判态度的谈判。美国人花了五六年的时间，才适应了中国需要平等谈判地位的要求。我方谈判组这几年的一个很大的收获就是让外国人知道：与中国人相处需要平等的态度。这是经过了很大的努力才争取到的，很不容易。

美国在与我们进行谈判的时候，从某种意义上说，代表了关贸总协定大多数成员的利益。因此，与美国谈判的复杂和艰难也有其合理性。

1999年11月15日，中美达成协议之前六天的谈判，高潮不断。美国谈判代表的表演水平很高，很善于作秀，特别是女性谈判代表。当时我们确实也想达成协议，中国主要从中美关系大局考虑。1999年5月发生在我国驻南斯拉夫大使馆被炸事件后，中美关系很紧张，而中美若达成世贸协议，可能会成为中美关系的转机。

经过几天艰难的谈判，双方态度都很强硬。到了11月14日晚上7点以后，整个美国谈判代表团全部消失。中国代表团打他们的手机、饭店房间电话都找不到他们，打通的唯一一次电话，对方说他们现在都想休息，有些人到酒吧间去了，有些人逛商场去了，准备次日早上启程回国。他们还给礼宾部门打了一个电话，说是人很多，要求安排一辆开道车，并在机场上给予一定的礼遇。一切迹象都表明，他们明天肯定是要走了。

11月14日晚上11点，龙永图打电话给美国驻华使馆代表表示，作为常识，在经历这么一个世界瞩目的谈判以后，双方总得见一次面吧，至少需要商量一下如何对新闻界发布此次谈判的结果。大概一个小时以后，美国贸易代表的电话来了，她说，出发之前见一见是必要的，能不能4点半见。凌晨4点半，龙永图在心里就笑了：如果你们打算走，为什么要4点半见我们，你们不是10点的飞机吗？七八点钟见一下，半个小时不就解决问题了吗？龙永图问，是不是太早了？她说，不早，我们还是习惯于美国的时间。

我方知道他们绝对是想要谈成的。4点半到7点有近3个小时的时间，足以把最后的文本全部解决。谈判小组很快就将情况报告上级，认为谈判成功的可能性很大。果然，我们的谈判小组4点半去了以后，他们把谈判的协议文本全部准备好了。然后我们就开始一页一页地核对文本，最后剩下七个问题。美国女谈判代表表示，这七个问题，中方必须接受，如果不能接受，前面谈的上百页协议都不能作数，谈判还将以失败告终。龙永图也表态：很抱歉，如果要签订协议，那七个问题免谈。这七个问题是他们在这几天谈判过程中施加强大压力一直想要解决的。

在最后关头，龙永图利用对方也急于谈成的心理，当机立断决定：这七个问题，有两个问题我们可以让步，其他的你们必须让步。如果接受，马上可以签订协定。如果不接受，我们的合作也将终止。五比二应该说是不错了，而且让的那两个问题也不是什么特别要害的问题。作为谈判代表，把这七个问题作为底线把了这么多年，所以一旦要让的时候，大家虽然心里不太情愿，但大家都知道谈判就是妥协的艺术。美方拿到这两个让步，喜出望外。这实际上是给了美国代表一点面子，给了一个台阶，使大家有了签订协议的可能性，美方很快就答应了。中方以两个问题的让步，换来了五个问题的不让步，同时换来了整个中美协议。

15年的谈判是一个非常困难、艰苦的过程，"黑发人谈成了白发人"。

资料来源：甄珍. 商务谈判 [M]. 北京：首都师范大学出版社，2016.

商务谈判是一个双方合作或者多方合作的活动，为了使这种复杂活动顺利进行下去，就需要遵循一定的程序，在不同的阶段做不同的事。本章介绍商务谈判的过程，包括开局阶段、磋商阶段和交易阶段。

第一节　开　局　阶　段

谈判的开局，又称非实质性谈判阶段，是指从谈判人员见面到进入具体交易内容的磋商之前，相互介绍、寒暄以及就一些非实质性的问题进行讨论的阶段。它是指双方彼此熟悉并就会谈的目标、计划、进度和参加人员等问题进行讨论，并尽量取得一致意见，以及在此基础上，就当次谈判的内容分别发表陈述的阶段。

谈判的开局阶段对整个谈判过程起着至关重要的作用，不仅决定着双方在谈判中的力量对比、采取的态度和方式，而且决定着双方对谈判局面的控制，进而决定着谈判的结果。开局阶段中的谈判双方,对谈判尚无实质性的认识,谈判开局关系双方谈判的诚意和积极性,关系谈判的格调和发展趋势。一个良好的开局,能奠定良好的谈判基础。

一、开局阶段的工作

开局阶段的工作,主要是对谈判程序和相关问题达成共识。双方人员相互交流,创造友好合作的谈判气氛,分别表明己方的意愿和交易条件,摸清对方的情况和态度,为实质性磋商打下基础。为达到以上目的,开局阶段主要有以下三项基本工作。

(一)确定流程

在开局阶段,双方需要商议、确定谈判的程序以及主要议题,这是最先进行的,也是最重要的工作。确定了谈判的流程,就如同为整个谈判过程制定了"纲领",双方按照所制定的流程按部就班地进行,能够使整个谈判过程顺利进行,不杂乱无章,更不会出现谈判内容遗漏的情况。双方在制订议事日程和议题时,可能会有一定的分歧,可以求同存异,尽量接受对方的意见。

谈判流程需要根据谈判的主题和各自的谈判目标确定,双方确定谈判流程的目的,是为了使谈判按照步骤进行,避免出现谈判太过急促、重要内容没有讨论好,或者谈判过于拖沓、超过预定谈判期限等问题。

(二)初步介绍

正式的商务谈判,一般从互相介绍谈判小组成员开始。相互介绍是为了体现双方的礼貌和友好,显示对于谈判的重视。相互介绍一般从主队的主谈判者开始,主队成员介绍完毕后,再介绍客队成员。

在谈判正式开始前,相互介绍成员的阶段至关重要。不仅能使双方通过介绍的过程相互了解、相互熟悉,迅速建立起关系,使谈判在友好的氛围中进行,而且能够根据对方的言谈举止、精神面貌、礼仪礼节等,推断出对方的个性,从而灵活地选择自己的谈判策略。除此之外,这种介绍也能有效地缓解谈判的紧张气氛,能够主动掌握谈判的节奏。

(三)营造气氛

谈判气氛是指谈判双方通过各自表现的态度、作风建立起来的谈判环境。开局阶段的气氛,是谈判双方在非实质性谈判阶段的相互态度。经验证明:在非实质性谈判阶段所创造的气氛,能够改变整个谈判过程的先行状态,并影响谈判人员的心理、情绪和感觉。每一次谈判都因谈判内容、形势以及地点的不同,而有其独特的气氛。

营造谈判气氛是开局阶段的重要工作,会影响整个谈判进程。实践证明,轻松、和谐的环境相比紧张的气氛而言,更有利于相互谅解、友好合作。好的谈判气氛,能够为后续的谈判打下良好的基础。轻松和谐的气氛不仅传递着友好合作的信息,还能让双方谈判者尽可能地放松自己。得体的服饰、亲切的眼神,显示着谈判者对于谈判的诚意和深厚的文化修养,能够让双方更好地进行沟通、协商。在追求互惠互利谈判结果的现代商务谈判中,开局气氛起到了"润滑剂"的作用。

二、开局气氛的营造

在商务谈判的开局阶段,谈判者初次接触,一开始往往存在相互提防与戒备的心理,谈判气氛呈现不活跃的消极状态。在整个谈判过程中,谈判人员往往对于表示热情、友好、诚恳与合作的谈判意愿是欢迎的,而对于那些表现出攻击迹象或对抗态度的谈判意愿则非常敏感和警惕,并随时准备自卫和反击。所以,客观上要求谈判双方在开局之初,就做出共同的、积极的努力,创造一种有利于谈判进展的建设性的谈判气氛。因此,通常情况下,谈判者都把力求实现双方坦诚合作、互谅互让,积极创造和维护融洽的谈判气氛,作为谈判开局目标设计的方向。总的来说,这一热烈、友好、积极与建设性的谈判气氛,通常表现出诚挚、合作、轻松和认真的特点。诚挚,就是有要达成交易的迫切愿望,有同对方做成生意的诚意。合作,就是双方为实现各自的目标,相互配合、相互支持。轻松,就是双方谈判者处于不拘谨、不对立、应对自如的状态。认真,就是以严谨负责的态度,积极主动地搞好商务谈判,力争交易实现。

【趣味阅读 4.1】有一天,一位旅居美国的学者正在家里看报。忽听有人敲门,开门一看,原来是一个八九岁的女孩和一个五六岁的女孩。大孩子非常沉着地说:"你们家需要保姆吗?我是来求职的。"学者好奇地问:"你年纪这么小,会做些什么呢?"大孩子解释道:"我已经9岁了,而且已有14个月的工作史,请看我的工作记录单。我可以照看您的孩子,帮助他完成作业、和他一起做游戏……"大孩子观察出学者没有聘用她的意思,又进一步说:"您可以试用我一个月,不收工钱,只需要您在我的工作记录上签个字,它有助于我将来找工作。"学者指着那个五六岁的孩子说:"她是谁？你还要照顾她吗？"他听到了更令人惊奇的回答:"她是我的妹妹,她也是来找工作的,她可以用手推车推您的孩子去散步,她的工作是免费的。"

虽然小女孩求职时直接迅速地切入主题,但如此赏心悦目的开局充满了真诚和友好,营造出温馨的洽谈气氛,很容易在谈判双方之间建立趋同的愿望,从而搭建达成一致的桥梁,进入下一阶段的实质磋商几近无碍。

资料来源：杜海玲,许彩霞.商务谈判实务[M].3版.北京：清华大学出版社,2019.

（一）礼貌、尊重

在开局阶段,需要营造尊重对方、彬彬有礼的气氛。礼貌、尊重的气氛,是双方能够平等谈判的前提。如果谈判的一方趾高气扬,甚至对对方爱搭不理,那么谈判也不会成功。

为了显示尊重,可以考虑邀请高层领导参加。同时,服饰仪表整洁大方,表情、动作和语气表现出礼貌。不能流露出轻视对方、以势压人的态度,也不能以武断、蔑视、指责的语气讲话,保证双方能够在文明礼貌、相互尊重的气氛中开始谈判。

（二）自然、轻松

开局初期,通常被称为"破冰"期,双方抱着既定的立场和目标,容易出现冲突和僵持。过分的紧张和僵硬会使思维偏激、固化和僵化,不利于灵活地运用谈判策略。美国总统杰弗逊曾经针对谈判环境,说过这样一句意味深长的话:"在不舒适的环境下,人们可能会违背本意,言不由衷。"英国政界领袖欧内斯特·贝文则说,根据他平生参加的各种会谈的经验,他发现,在舒适明朗、色彩悦目的房间内举行的会谈,大多比较成功。

因此,开局阶段要营造平和自然、轻松的气氛,可选择一些轻松或中性的话题,语气自然平和,表情要轻松亲切,不要过早与对方发生争执。可花点时间就一些双方感兴趣,但与谈判无关紧要的话题随意聊聊,以这种沟通来调整相互之间的关系。试想,如果双方初次见面就急于进入实质性洽谈,不仅容易冷场,而且可能引起紧张的气氛,不利于谈判者灵活思维,进行谈判。所以,双方不妨先谈谈运动、论论天气,根据具体情况给彼此一个相互沟通的机会,营造自然轻松的环境。

(三) 友好、合作

开局要使双方有一种"有缘相识"的感觉。大多数的谈判双方都愿意友好合作,都愿意在合作中共同受益,可以真诚地向对方表达友好愿望和对合作成功的期望。热情的握手、热烈的掌声、信任的目光、自然的微笑,这些都有助于营造友好、合作的良好氛围。营造友好合作的气氛不仅是谈判策略的需要,更是双方长期合作的需要。

(四) 积极、进取

在开局阶段营造积极、进取的谈判气氛也十分重要,双方肩负着重要的使命,应该在积极进取的气氛中认真工作。积极进取的氛围,不仅能够使自己朝着对本方有利的谈判结果努力,激励谈判成员的合作与努力,也能带动对方的谈判气氛,使对方迅速融入谈判过程当中,使谈判富有成效。

在谈判时,要表现出追求进取、追求效率、追求成功的决心。准时到达谈判场所,精力充沛,充满自信,坐姿端正,发言响亮有力。不论双方存在多大分歧,相信一定会获得双方满意的结果,保证谈判在积极进取、紧张有序、追求效率的气氛中开始。

三、开局行为的禁忌

开局阶段关系之后整个实质性谈判过程的走向,所以至关重要。在开局阶段,存在一些行为禁忌,有些行为禁忌是非常微妙的,需要非常细心才能注意到。一旦触碰某个禁忌,很有可能导致谈判的直接破裂。

(一) 实质谈判过快

实质性谈判阶段,又称谈判阶段或正式谈判阶段,是指开局阶段结束以后到最终签订协议或败局为止,双方就交易的内容和条件进行谈判的时间和过程,是整个谈判过程的主体。

在开局阶段,不能因为谈判任务繁重或谈判目标难以达成,便迅速进入实质性谈判阶段。建立友好气氛和相互合作的洽谈气氛需要一定的时间,所以开始时选择的话题,最好是松弛的、非业务的,应该给双方都留有一定的协调时间,为良好的心理沟通做好准备。

(二) 开场陈述不当

开场陈述是指在开局阶段双方就当次谈判的内容,陈述各自的观点、立场及其建议。开场陈述的任务,是让双方能把当次谈判所要涉及的内容全部提示出来。同时,使双方彼此了解对方对当次谈判内容所持有的立场与观点。并在此基础上,就一些分歧分别发表建设性意见或倡议。

开场陈述的内容有以下几点。

(1)己方对问题的理解。即己方认为本次会谈应涉及的主要问题,以及对问题的理解。

(2)己方的立场。即己方希望通过洽谈取得的利益,哪些是首要利益,准备采取何种方式为双方共同获得利益做出贡献。今后双方合作中可能出现的成效或障碍,以及表明合作的愿望等。

(3)倡议和对对方倡议的基本态度。双方提出各种设想和解决问题的方案。

在进行开场陈述时,一些不当的行为也会引起谈判对方的不满,主要有以下几个方面。

(1)猜测对方的立场和目标。在进行开场陈述时,只需陈述己方预期达到的目标和收益,如果主动猜测对方的立场和目标,对方会认为这是一种不尊重的行为,会认为自己受到了轻视,这是一种极其危险的行为。

(2)发言过于冗长烦琐。开场陈述需要明确关键点,简练地表达需要完成的某几项任务。如果开场陈述过于冗长烦琐,会搞得对方头昏脑涨,不仅失去了倾听的兴趣,也会失去接下来进入谈判的心情。

(3)不认真倾听对方陈述。这是一种极其不尊重对方的行为。如果在对方陈述时,表现出漫不经心的状态,甚至与己方人员交头接耳,容易让对方反感,甚至失去信任。

(4)对对方陈述观点发表异议。双方进行开场陈述,本身就应该根据陈述的观点进行接下来的谈判。如果对方陈述结束之后,立即发表异议,对方可能会恼羞成怒,认为谈判没有意义、没有诚意。

【趣味阅读4.2】开场陈述示例

我国某出口公司的一位经理在同东南亚某国商人洽谈大米出口交易时,开场陈述是这样的:"诸位先生,首先让我向几位介绍一下我方对这笔大米交易的看法。我们对这笔出口买卖很感兴趣,我们希望贵方能够现汇支付。不瞒贵方说,我方已收到了某国其他几位买方的递盘。因此,现在的问题只是时间,我们希望贵方能认真考虑我方的要求,尽快决定这笔买卖的取舍,当然,我们双方是老朋友了,彼此有着很愉快的合作经历，希望这次洽谈会进一步加深双方的友谊。这就是我方的基本想法。"

资料来源：杜海玲，许彩霞. 商务谈判实务[M]. 3版. 北京：清华大学出版社，2019.

（三）要求过高（低）

拓展阅读4.1
双赢的报价

在开场陈述时，双方往往会对价格提出相关的要求，以便就价格的话题迅速进入谈判阶段。但是，报价必须合情合理，要能够讲得通，不能过高也不能过低。如果要求过高，对方会认为这是一种冒犯，如果毫无理由地漫天要价，讲不出道理，那么势必会影响谈判进程。并且，在之后的谈判阶段中，对方提出相关疑问，也会无言以答，被迫让步。如果要求过低，价格已经确定，对方便不会接受更高的价格，在之后的谈判过程中，就不能提出更高的要求，使自己陷入被动的境地。

（四）权力分配失当

一般而言，在谈判开始时，由东道主首先进行开场发言。在谈判的过程中，需要考虑谁在洽谈中起主导作用，谈话的时间如何在双方之间分配。

双方享受均等的发言机会，要努力做到谈话时间与倾听时间基本相当。在谈判时，提问与陈述要尽量简洁，双方轮流进行简短的陈述，切忌一方滔滔不绝。只要是合理可行的，尽量接受对方的意见和建议。要本着合作精神，给对方足够的机会发表不同的意见和设想。

四、开局重在破题

破题，是一个汉语词汇，泛指文章的起首处须用几句话说破题目要义。

商务谈判中的破题是指双方由寒暄转入议题的过程，其时间根据谈判的性质和谈判时间的长短来确定。破题期一般控制在全部谈判时间的2%~5%为宜。破题期是走向正式谈判的桥梁，掌握好破题的火候，是谈判的内在艺术。

第二节 磋 商 阶 段

谈判磋商阶段，又称实质性谈判阶段或讨价还价阶段，是指双方就各交易条件进行反复磋商和争辩,最后经过一定的妥协,确定一个双方都能接受的交易条件的阶段。一般而言,因为磋商阶段主要商讨的是价格问题,所以又称报价阶段。

报价并不仅指双方在谈判中提出的价格条件,而是泛指谈判一方向对方提出自己的所有要求或交易条件。报价阶段一般是商务谈判由横向铺开转向纵向深入的转折点。报价以及随之而来的磋商,是整个谈判过程的核心和最重要的环节。报价标志着商务谈判进入实质性阶段,也标志着双方的物质性要求在谈判桌上"亮相"。

一、确定报价标准

(一)影响报价的因素

影响报价的因素各种各样,在谈判时,需要多方面进行参考,主要有以下六个方面。

(1)商品自身价值。商品价值是凝结在商品中的、无差别的人类劳动或抽象劳动,是商品的基本因素之一。具有不同使用价值的商品之所以能按一定的比例相互交换,是因为它们之间存在着某种共同的、可以比较的东西。这种共同的、可以比较的东西,就是商品生产中无差别的抽象劳动。而商品的价值是由生产该商品的社会必要劳动时间决定的。例如,对一辆汽车的报价会比一个苹果的报价高出很多。

(2)市场价格。在现代社会的日常应用中,价格一般是指进行交易时买方所需要付出的代价。按照经济学的严格定义,价格是价值的货币表现,是商品的交换价值在流通过程中取得的转化形式,是一项以货币为表现形式,为商品、服务及资产所订立的价值数字。

(3)谈判者的需求情况。需求是指人们在某一特定的时期内,在各种可能的价格下,愿意并且能够购买某个具体商品的数量。具体的报价,需要根据谈判者具体的需求情况决定。如果一方追求盈利最大化,另一方追求市场占有率,可能是高价。如果双方追求的都是盈利最大化,价格就是协商后的中间价。如果双方追求的都是市场占有率,可能就是低价。

(4)交易量的规模。一般而言,单个商品的价格和交易量的规模成反比。所需要的交易量越大,商品单价越低;所需要的交易量越小,商品单价越高。如果是企业之间进行谈判，一般会有最低交易量的规定。

（5）支付方式。采用现金支付、对公转账，或者采用线上支付、线下支付，这些都会影响报价。

（6）附带条件和售后服务。一些附带条件和售后服务，如安装维修、定期检查等服务，也会影响报价。

（二）商定报价的原则

（1）开盘价必须是最高价。开盘价原指某种证券在证券交易所每个交易日开市之后的第一笔每股买卖成交价格。在商务谈判中，开盘价是指谈判一方根据己方需求最先报出的价格。开盘价应根据国际市场价和市场需求以及购销意图与报价策略等，确定一个符合情理的可行价，必须是自己谈判所期望的最高价格。开盘价高，意味着让步的余地较大，最终的成交价相对也较高。开盘价的高低会影响对方对己方的评价，进而影响对方的期望水平。

（2）开盘价必须合情合理。虽然开盘价必须是最高价，但是不可以漫天要价，要有足够的理由支持自己的观点。否则，不仅在接下来的谈判过程中，对方对于价格提出的疑惑解释不了，最终不得不做出让步，而且可能会使对方感到不受尊重，进而影响谈判的结果。

（3）报价坚决果断，清楚明确。报价时的坚决果断，会给对方严肃认真的印象。运用的词语要恰如其分，不含糊。涉及数字方面的，明确表述之后，提供相应的报价单。报价时犹豫不决，不仅会影响本方谈判团队整体的气势，还容易给对方造成不好的印象，影响双方的长期合作。

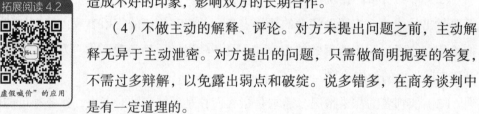

（4）不做主动的解释、评论。对方未提出问题之前，主动解释无异于主动泄密。对方提出的问题，只需做简明扼要的答复，不需过多辩解，以免露出弱点和破绽。说多错多，在商务谈判中是有一定道理的。

二、选择报价时机

在谈判中，最关键的就是报价环节。报价的时机至关重要，如何选择报价时机，是先进行报价，还是滞后报价，这就成为报价的艺术。

总的来说，如果预计谈判竞争激烈，就应当先报价，以争得最大的影响。如果我方的谈判实力明显较弱，且缺乏谈判经验，就让对方先报价，通过观察对方扩大思路，调整自己的方案。如果双方都是谈判专家或者有长期业务往来的老客户，则谁先报价均可。就惯例而言，一般由卖方先报价。

（一）率先报价的利弊

是否率先报价，需要根据实际情况决定。率先报价的好处有以下几点。

（1）能够使得双方在一个大致的框架内讨价还价，保证成交价在既定目标范围内达成。

（2）能够有主动权，对谈判全过程的磋商行为持续发挥作用。如果出乎对方的预料，会打乱对方原来的部署，甚至动摇对方原来的期望值，使其失去信心，并对谈判全过程的所有磋商行为，持续发挥作用。

（3）能够先声夺人，先报价比反应性报价显得更有力量、更有信心。

但是，率先报价也存在着一些不利之处。

（1）当己方对市场行情以及对手的意图没有足够了解时，贸然先报价，可以给对方提供调整原有想法的时间，往往可以使对方获得额外的好处。

（2）由于先报价的一方过早地暴露了自己的底线，对方会在磋商过程中，迫使我方按照他们的谈判思路谈下去。其最常用的做法是：采取一切手段，调动一切对其有利的因素，集中力量攻击我方报价，逼迫我方一步一步降价，而不透露他们自己的报价。

（二）滞后报价的利弊

滞后报价也存在着相关利弊，与率先报价恰好相反。滞后报价，对方在明处，自己在暗处，可以根据对方的报价及时修改自己的策略，以争取最大的利益。滞后报价容易被对方占据主动，必须在对方划定的框架范围内进行谈判，整个谈判过程中会陷入被动的不利境地。

拓展阅读4.3

超出的30多万元

（三）先后报价的原则

价格谈判中，报价时机是一个策略性很强的问题。有时，卖方的报价比较合理，但并没有使买方产生交易欲望，原因往往是此时买方正在关注商品的使用价值。所以，价格谈判中，应当首先让对方充分了解商品的使用价值和为对方带来的实际利益，待对方对此产生兴趣后，再来谈价格问题。经验表明，提出报价的最佳时机，一般是对方询问价格时，因为这说明对方已对商品产生了交易欲望，此时报价往往水到渠成。

有时，在谈判开始的时候对方就询问价格，这时最好的策略应当是听而不闻。因为此时对方对商品或项目尚缺乏真正的兴趣，过早报价会徒增谈判的阻力。这时，应当首先谈谈该商品或项目能为交易者带来的好处和利益，待对方的交易欲望已被调动起来再报价为宜。当然，如果对方坚持即时报价，也不能故意拖延，否则就会使对方感到不被尊重甚至反感，此时应善于采取建设性的态度，把价格同对方可获得的好处和利益联系起来。

（1）依据己方在谈判中占据的地位。如自身实力强于对方，或者在谈判中处于主动地位，尤其是对方对本行业不熟悉时，己方先报价为宜。反之，可考虑后报价，观察对方并适当调整期望目标。如果己方占据较有利的地位，但对本次交易的价格不是很清楚，也要争取先报价。如果对方实力较弱，可以让对方先报价，这样能了解对方的真实意图，以便调整策略。

（2）预期谈判过程的争辩程度。在冲突程度高的谈判场合，先下手为强，率先进行报价为宜。在合作程度高的场合，谁先出价则无所谓。如果预期谈判的过程会争辩得很激烈且互不相让，就应该先报价。先报价可以争取更大的主动权，从而争取更有利的谈判筹码。

（3）观察对方的谈判实力。如果对方是谈判高手，则可以让对方先报价，避免让对方利用报价中的漏洞不断杀价，持续压低价格。

商务性谈判的惯例，一般应由发起者先报价。投标者与招标者之间，一般应由投标者先报价。卖方与买方之间，一般应由卖方先报价。

（四）报价的方式

根据报价的方式分为书面报价和口头报价。书面报价通常是指谈判一方事先提供了较详尽的文字材料、数据和图表等，将本企业愿意承担的义务，以书面形式表达清楚。口头报价则通常指通过代表口头表达的价格，但这种形式的报价需要落实到文字才具有法律效力。

（五）报价的战术

报价的战术主要分为西欧式报价和日本式报价。

（1）西欧式报价。卖方报高价，买方报低价。优点是报价后逐步放宽交易条件，更容易达成协议。缺点是容易吓跑谈判对手，导致谈判破裂。

（2）日本式报价。卖方报低价，买方报高价。优点是可以排斥竞争对手，卖方可以把买方吸引过来，买方也可以把卖方吸引过来。缺点是不符合人们的买卖心理。

三、讨价还价合理

讨价还价原指买卖东西时双方对所提条件斤斤计较、反复争论。在日常生活中，讨价还价是十分常见的，只要是存在交易性质的场所基本都存在讨价还价。在商务谈判中，应当分为"讨价"和"还价"两个词进行解释。

（一）讨价的定义及方式

讨价是指谈判中的一方首先报价之后，另一方认为离自己的期望目标太远，要求报价方改善报价的行为，是评价方在对报价方的价格解释进行评论后，向其提出的技术及商务要求的行为。

在谈判中，买方的讨价一般分为三个阶段。第一阶段，讨价刚开始，对卖方价格的具体情况尚欠了解，讨价的方法是全面讨价，即要求对方从总体上改善价格。第二阶段，讨价进入具体内容，这时的讨价方法是针对性讨价，即在分析对方价格的基础上，找出水分较大的项目有针对性地讨价。第三阶段，讨价的最后阶段，讨价方法又是全面讨价，因为经过针对性讨价，水分较大的项目已降下来，这时只能从总体上要求对方改善价格。

讨价的次数取决于买方对卖方价格的评价，只要买方对卖方的报价还有分析降价的依据，讨价过程就不能结束。讨价的次数没有统一标准，但一般不止一次，多数谈判的讨价在 2~3 次。

从卖方的角度讲，做了两次价格改善后就会封门，要求买方尽快还价。这时，买方只要觉得卖方的价格没有明显改善，即对价格分析出的报价虚头没有做超过半数以上的修改，就不能停止讨价。此时，可以说对方的计算上有错误，应该重新核算后再报价。或者说对方价格中的水分太大，所报的价格仍高于竞争产品，因而还应继续改善。

讨价主要分为全面讨价和具体讨价两种方式。

（1）全面讨价。全面讨价是指讨价者根据交易条件全面入手，要求报价者从整体上改变价格，重新报价。全面讨价常用于分析报价后的第一次要价，或者较复杂交易的第一次要价。在这个阶段，讨价者都是从整体上压价，笼统地提出要求，不轻易暴露己方掌握的准确资料。

（2）具体讨价。具体讨价是讨价者对分项价格和具体的报价内容要求重新报价，常用于对方第一次改善报价之后，或者不宜全面讨价的方式。分析对方报价后，可以进入有针对性的、要求明确的具体讨价阶段，但仍然不把自己掌握的详细资料暴露出来。

（二）还价的定义及方式

还价，也称为"还盘"或"回价"，原指买方因嫌货价高而说出愿付的价格，在商务谈判中是指报价方在评价方讨价做出重新报价后，向评价方要求给出回价的行为，分为按比例还价和按分析的成本还价。还价之前，应该准确地弄清对方的报价内容，还价也应当是符合情理的可行价。在还价所涉及的提问过程中，必须使对方认识到，这些问题只不过是为了弄清他们的报价，而不是要求对方解释如此报价的原因。确定还价的起点也是一门学问，还价起点要低，力求使自己的还价给对方造成压力，影响或改变对方的判断。同时，还价起点要接近目标，还价起点的高度必须接近对方的目标，使对方有接受的可能性，能够保持价格磋商过程得以正常进行。从量上讲，谈判起点的确定有三个参照因素：报价中的水分、与目标价格的差距、准备还价的次数。同时，还应分析卖方在买方评价和讨论价格后，其价格改善的情况。

谈判中按每次还价项目的多少，还价可分为以下三类。

（1）单项还价。单项还价是以所报价格的最小项目还价，即对主要设备或商品逐项、逐个进行还价，对技术费、培训费、技术咨询费、工程设计费、包装费、运输费逐项还价。单项还价一般是与针对性讨价相对应的还价方式，是指按所报价格的最小单位还价，或者对个别项目进行还价。

（2）分类还价。分类还价是指把谈判对象划分成若干项目，并按每个项目报价中所含水分的多少分成几档，然后逐一还价。按照差距档次分别进行还价，贵的还价时便压得多，便宜的还价少，进行区别对待。

（3）总体还价。总体还价，又叫一揽子还价，是指不分报价中各部分所含水分的差异，均按同一个百分比还价。它是与全面讨价对应的还价方式。

拓展阅读 4.4
让步要有原则

除此之外，按照谈判中还价的依据，还可分为按可比价还价和按成本还价两类。按可比价还价是指己方无法准确掌握所谈商品本身的价值，只能以相似的同类商品的价格或竞争者商品的价格作参照进行还价。按成本还价是指己方能计算出所谈商品的成本，以此为基础再加上一定比率的利润作为依据进行还价。

（三）讨价还价的原则

磋商阶段，又称为讨价还价阶段或议价阶段，其实质是让步的过程。在谈判中，让步是指谈判双方向对方妥协，退让己方的理想目标，降低己方的利益要求，向双方的期望目标靠拢的谈判过程。

在这个阶段，需要做到以下几个方面。

（1）捕捉信息，探明依据。仔细检查对方开出的每一个条件并逐项询问其理由，在可能的情况下，尽力引导对方就各个条件的可变动、灵活性发表陈述，不要根据主观推测任意改变己方的原定计划与对策。仔细倾听并认真记录好对方的回答。当对方想了解我方报价或还价的理由时，原则上应尽量把自己回答的内容限制在最小的范围内，只告诉对方最基础的东西即可，不必多加说明与解释，切忌那种"问一答三"的回答方式。

（2）了解分歧，归类分析。在谈判中，双方出现各种各样的分歧在所难免，这时要做的并不是扩大双方的分歧，过于坚定自己的立场，这种方式无益于谈判的成果。需要做的是，针对某些关键分歧，找到双方都能接受的折中方案。可以对所有的分歧进行归类，进而了解双方是在哪几类问题上分歧较大，这些问题是否需要在这次谈判中就得以解决，是否是十分关键的。

（3）掌握意图，心中有数。在我方的报价（或还价）中，哪些条件可能为对方所接受，哪些条件又是对方不大可能接受的。从对方对我方的报价（或还价）所做出的评价中流露出来的迹象，和直接观察对方言行所得出的一些答案中，推断对方对其他问题所持反对意见的坚定程度。

（4）对症下药，选择方案。一般来说，通过对双方分歧的分析和判断对方的真正意图后，如果发现双方存在着很大的分歧，那么摆在谈判者面前的选择一般有三种：①建议终止谈判，全盘让步。②接受对方的条件，继续进行磋商。③寻求交易条件，在互相让步的基础上达成一致。

（5）控制议程，争取主动。在谈判中，进行归纳总结，让双方看清形势。明确谈判议程，检查洽谈的进展情况，同时强调双方的一致性。

让步应该是有原则的让步，不能做无谓的让步。让步要使获得的目标利益最大化，但不是所有目标价值最大化。否则，就违背了平等、公正原则。依照重要性和紧迫性建立优先顺序，优先解决重要及紧迫目标，首要的让步策略是保护重要目标价值的最大化。

让步的资源是有限的，让步策略的使用是刚性的，运用的刚度只能是先小后大，一旦让步力度下降，以往的让步就失去了意义。让步也要分轻重缓急，要让对方觉得，让步是十分艰难的，使这次让步具有实质性意义。一定要避免让步造成失误情况,否则让步就得不偿失,给对方留下攻击的漏洞,让自己陷入被动。并且,不要承诺与对方做同等幅度的让步,每次让步后,要检验效果。

让步的方式大致有以下四种。

(1)递减式让步。刚开始做出很大的让步,然后逐步减少让步幅度,向对方表示诚意和达成协议的强烈愿望。这种让步方式既能起到很好的效果,也能暗示对方,自己已经尽了最大的努力和牺牲,不能进一步退让。

(2)递增式让步。与有限式让步刚好相反,刚开始做很小的让步,然后,逐步增加让步幅度。这种让步的方式是较不可取的,会使对方的期望值越来越大,助长对方的谈判气势,使己方遭受意想不到的损失,尽量避免采用这种方式。

(3)均衡式让步。以相等或近似相等的幅度让步,使对方感到作风谨慎、步伐稳健。优点是不易让对方轻易占便宜。缺点是会诱发对方无休止的让步要求与欲望,一旦要求达不到,谈判可能会中止甚至破裂。

(4)一步到位式让步。刚开始阶段,不论对方如何表示,始终坚持最初报价,不做出丝毫让步。到了迫不得已的时候,做出大步的让步。特点是态度坚决果断。优点是能使己方获得较大利益和让对手有险胜感。缺点也是容易带来僵局。

第三节 交易阶段

随着磋商的深入,谈判双方在越来越多的事项上达成共识,彼此在立场与利益等方面的差异逐步缩小,交易条件的最终确立已经成为双方共同的要求。此时,商务谈判将进入成交阶段。

交易阶段是指完成正式谈判之后,谈判双方最终缔结协议的特定时期。在交易阶段,主要有两项任务:整理、总结谈判记录,审议、签订合同协议。

一、整理和总结谈判记录

(一)整理谈判记录

谈判记录是双方在谈判过程中达成共识的重要依据,也是防止谈判某一方撤回其所承诺事宜的有力凭证。在谈判过程中,每谈妥一个问题都要通篇检查双方的记录,查对一致。记录经双方确认无误后,作为起草合同的主要依据。

（二）总结谈判记录

在正式谈判结束后，双方人员需要对谈判记录进行总结，目的是为了集中处理悬而未决的问题。如果这些问题没有达到己方的既定目标，考虑在最后一次报价时挽回。否则，这些问题还会成为双方形成协议的障碍。如果双方对未解决的问题始终不能达成一致，则考虑下一阶段的谈判集中解决或终止谈判。

成交线是指双方可以接受的最低成交条件，也是达成协议的下限。双方可以用成交线来判断，是否可以达成最后的协议。

二、审议和签订合同协议

合同是双方的法律行为，即需要两个或两个以上的当事人互为意思表示。意思表示，就是将能够发生民事法律效果的意思，表现于外部的行为。双方当事人的意思表示须达成协议，即意思表示要一致。《中华人民共和国合同法》第二条规定："合同是平等主体的自然人、法人、其他组织之间，设立、变更、终止民事权利义务关系的协议。"

随着现代商务活动的日益频繁，社会对商务合同的需要也越来越迫切。商务合同是指有关各方在进行某种商务合作时，为了确定各自的权利和义务，而正式依法订立的、经过公证的、必须共同遵守的协议条文。双方对合同协议没有分歧，即可签订合同协议并开始具有法律效力。

（一）商务合同的分类

商务合同是一种通用合同。在国际贸易中，若双方对合同货物无特殊要求，一般都采用商业合同的内容和形式。按贸易方式的性质和内容的不同，可将合同作以下分类。

（1）销售或购货合同。这类合同俗称买卖合同，是指由生产国直接出口，消费国直接进口，单进单出、逐笔成交的贸易方式，也称逐笔售定。在进行这种贸易时，原则上应订立书面合同，明确规定各项条款。

（2）技术转让合同。以引进专利，或转让专利申请权、专有技术和秘密、商标和许可证等为对象的贸易，其使用的合同有技术转让、技术咨询服务和许可证贸易合同。这类合同内容烦琐，专业性强，涉及面广，有效期限较长。

（3）合资或合营合同。投资当事人按一定的法律和法规建立的合资经营企业、合作经营企业，合作开采自然资源，其特点是共同投资、共同经营、共同管理、合作开采、共负盈亏、共担风险。这类贸易方式的合同内容复杂,涉及诸方面的法律,如合资经营企业法律、法规,并涉及土地、资源、工业、设施、税收、外汇、技术引进、专利转让、许可证和劳动等的法令和政策。

(4)补偿贸易合同。国际贸易中一方从另一方引进设备、技术或原料,不支付现汇,而是在约定期限内,以引进设备制造的产品或企业所获利益予以补偿,也称补偿贸易方式。这种贸易方式所适用的合同有易货(Barter:两国间不使用货币的商品交换,其特点是进口和出口相结合,换货的总金额相等,不需用外汇支付,现代国际贸易中已很少使用)和补偿贸易合同。

(5)国际工程承包合同。一般来说,按事先规定的章程和交易条件,采用公开竞争的方式——招标——进行交易,也称公开竞争贸易方式。这种贸易方式所使用的合同,有招标合同和商品交易所成交合同,中标后签订国际承包合同。由于这类合同的国际性,其内容十分复杂,技术性强,风险又大,承包商和业主(发包人)要遵循不同国家的法律、法规和政策,在操作的过程中务必十分谨慎。

(6)代理协议。国际贸易中,利用中间商搜集信息、刊登广告、寻求客户、招揽订单、推销产品、开拓市场,或开展售后服务、中间商收取佣金的方式,称为居间贸易方式。这种贸易方式所适用的契约,有经销、寄售、代理等。代理在法律上,指一人授权另一人代理行动的关系。前者叫委托人,后者叫代理人。两者签订的代理协议,应从法律上明确各自的权利和义务。

(7)来料加工合同。这种承揽贸易方式是指来料加工、来件装配、来样加工装配,亦称加工贸易。这种承揽贸易方式所适用的契约,有来料装配合同和来料加工合同。

(8)多种贸易方式相结合的合同。经济全球化是信息技术和知识经济发展的必然结果。伴随着经济全球化的澎湃浪潮,跨国公司迅速发展,国际资本流动规模空前,金融全球化的进程明显加快,在这种新的形势下,国际合作项目越来越多,故在国际间普遍采用多种贸易方式相结合的方式进行合作。此外,涉外合同还有国际运输合同、聘请雇员合同和保险合同等。

(二)商务合同的特点

(1)遵循法律依据。2020年5月28日,十三届全国人大三次会议表决通过了《中华人民共和国民法典》(以下简称《民法典》),自2021年1月1日起施行,它被称为"社会生活的百科全书",是新中国第一部以法典命名的法律,在法律体系中居于基础性地位,也是市场经济的基本法。其中,《民法典》合同编大体继承了已经废止的《中华人民共和国合同法》的内容,对有些内容进行了重新规范和梳理。同时,《民法典》规定:依法成立的合同受法律保护;依法成立的合同,自成立以来生效。

(2)合同条款必须明确规范。合同条款是当事人合意的产物,合同内容的表现形式,是确定合同当事人权利和义务的根据。合同条款是合同条件的表现和固定化,即从法律文书而言,合同内容是指合同的各项条款。因此,合同条款应当明确、肯定、完整,而且,条款之间不能相互矛盾。否则,将影响合同成立、生效和履行以及实现订立合同的目的。各项内容用词都要明确,法律和专业术语要规范、标准。合同行文力求精练,把握好合同条款的内在逻辑性,前后文融会贯通。

(3)合同签字人应具有合法行为能力。合同双方的签字人需要具有法人资格,有一定的组织机构和正常的业务范围,组织机构需要依据法定程序成立,有独立支配的财产或依法经营管理的财产,能够以自己的名义进行民事活动,享受民事权利,承担民事义务,而且能够在仲裁机构和法院起诉和应诉。

(三)合同条款的整体特征

一般来说,商务合同由前言、正文和结尾三个主要部分组成。商务合同的条款具有一些基本的特征。正文与附件作为合同文本的整体结构内容时,它们共同表现出了以下三个特征。

(1)结构均衡。它是指不论合同文本应用于何种交易,它的整体结构应是相互衔接、相互补充的。相互衔接是指正文与附件之间存在的依据有机相连,不是无故而生的,其内容是互补的,而不是重复的。通过互补,对交易的权利和义务进行完善与明确。

(2)适从交易。它是指合同结构的简繁不是依形式而定,而是依交易实际特征而定的。换句话说,合同结构服从交易的需要。交易要求复杂时,合同结构就复杂,反之则简单。

(3)贯通全文。它是指合同正文与附件的文字用词要语意一致,绝无丝毫异议。同时,描述的当事人权利和义务在正文与附件中具有严格的一致性。该特征决定了撰稿人的工作规范,尤其存在多个撰稿人时,对总审校人提出了明确的要求。该特征提出的问题若不能保证,谈判就会失去目标或完成不了谈判任务。即便表面上完成了谈判，执行中也会重燃战火。

（四）合同正文条款的特征

从条款代表的意义上看其性质，可以将合同所有可能的条款归为两类四种，即通用性或基础性条款和特殊性或补充性条款两类。在这两类条款中，又分别包括法律或利益条款（简称有价条款）、程序性条款。

（1）通用性或基础性条款，作为理论和实际运用的参考，是指合同成立的基本条件。它包括标的条款（有时，同时以商品指标条款和经济技术指标条款的形式出现）、价格条款（有时，以价格条款和支付方式条款出现）、交付条款（有时，以交付方式条款和交付时间条款出现）、验收条款（有时，分为检验条款和接受条款）、生效条款（有时，分为合同生效条款和合同终止条款）等。

（2）特殊性或补充性条款是指除上述五种基本条款外的可能使用的条款。例如，质量保证条款、保险条款、免责条款（不可抗力条款）、适用法律条款、仲裁条款、原产地条款和税收条款等。根据交易不同，补充条款还可以扩展，如许可证产品的销售范围条款（亦称领土条款）、防伪造条款、地质资料条款和土建施工承包合同等。

在上述两大类条款中，各自均含有有价条款和程序性条款。

（1）有价条款是指代表交易价值和法定交易价格的条款。在基础条款中，有标的条款和价格条款。在补充条款中，有质量保证条款、保险条款、免责条款、税收条款等。但是，在有价条款的构成中，也有程序性的一面。例如，在价格条款中，规定支付的货币、方式、时间等，它既具有价值，又有程序性。

（2）程序性条款，即规定交易的运行方式或规则的条款。在基础条款中，有交付条款、验收条款和生效条款。在补充条款中有提成权的产生、会计及检查、许可证产品的修改和改良等。在程序性条款中，亦含有有价条款的成分。当交付条款列出交付时间、包装、码头、租船订舱、发运、保险和监装等分条款时，其中的交付时间、保险和监装条款，既具程序性，又有一定的有价性。当验收条款列出验收标准、开箱检验、安装、调试负荷、接收、不合理处理等分条款时，在验收标准和不合格处理的分条款中就含有有价性。而生效条款可列出生效条件、文本、修改、终止等分条款。其中，生效条件和终止分条款就具有法律与利益相关的有价性。

由于条款各有自己的作用与内容，决定了组合在一起时不可随意而就。组合的特征主要表现为体裁严谨和主从有序。

（1）体裁严谨。它是指条款结构分量与用语分寸和合同表达的交易相符，条款结构分量是指根据交易的难易设定条款数量。例如，单项商品交易的合同，合同条款数量具有约十二条即可；而当进行复杂交易时，如成套项目交易合同可能需要有二十项以上条款。用语分寸，首先是指各条款的命名要贴切，以准确反映与交易相关的环节，其次是指各条款的用语量要合适，能够说明交易的内容即可，不要迷恋于文字游戏。

（2）主从有序。主从有序反映了合同正文撰写或谈判的次序规则和主从规则。次序原则是指不论何种交易合同的撰写和谈判，先要抓基础条款。在不同的交易中，基础条款的命名与内容可能有变化，但其本质地位不应变化。例如，标的条款在商品交易中可能表述为产品规格条款，而在许可证技术交易中，则可能表述为许可证条款。但是，其作为基础条款的本质地位不变。

主从规则是指条款间的关系有主有从。从整体上讲，基础条款为主，补充条款为从。主从次序决定了与条款的命名、定义相关的衔接。例如，基础条款中标的条款的命名发生变化或一旦定义后，其他条款应随之而变。各条款本身也会随着其命名，将内含的段落进行排序，分出主从关系。在有价条款中，程序段为辅；在程序条款中，有价段为辅。若颠倒了主从关系，在条款之间、条款之中就会发生混乱，合同表意就不明了，交易的法律框架就会坍塌。

（五）合同附件条款的特征

附件特征不论为何，在结构的形成上均有以下三个特点。

（1）与正文的呼应性。它是指所有的附件均由正文命名而生，也同正文的条款相应配合，以对合同条款所描述的有关权利和义务进行补充。例如，标的条款中有"技术指标详见附件"时，就必定会产生"技术指标附件"。

（2）内容的详实性。由于撰稿人为了将合同正文写得简明扼要，往往在正文中确定原则或目标，具体的解释与措施则由附件来描述。这样，合同中的某个条款就会扩展成一个独立的附件，附件的篇幅长短不限，只要求说清楚问题。

（3）描述的准确性。鉴于附件的技术性、政策性和金融性，当有文辞类附件对合同中的术语进行定义时，对附件内容描述的准确性有严格的要求。所以，合同附件的准确性是必须充分予以重视的，有时比合同正文的准确性还重要。因为当合同的条款引证附件时，合同条款正文的准确性，是依附于附件的准确性的。

没有附件的准确性，合同正文的准确性也不复存在。

　　不管附件的类别与形式、结构的繁简，它们成立的理由除上述结构特征外，还具有下述特征。

　　（1）行业习惯。它是指附件所言需符合行业通行要求。例如，继电器是否要做硫化试验、防盐雾试验，食品是否要经过检疫等。这已不是卖家主观同意与否的问题，而是行业规范中被公认的普通要求。

　　（2）以合同正文为据。它是指附件所规定的内容，必须与合同正文要求一致，尤其是目标条件不能走形、降低。例如，合同目标是高纯度的石英砂，而在技术附件的描述中降低了其纯度，这就是与合同正文要求不符；或在合同的价格条款中明确了服务费，而在服务附件中通过分量的细化，使正文中规定的服务费上升了，也叫与合同的正文要求不符。

　　（3）以价格条件为据。它是指附件所述的义务应与合同价格条款挂钩，即"一份义务，一份报酬"。在价格条款确定后，附件所述的义务既不能多也不能少。若要增多，就要加价；若要减少，就要减价。

　　商务合同条款的具体内容，可以根据谈判的主题和双方的需求确定。一般而言，商务合同条款中需要包括以下内容。

　　（1）当事人的名称或者姓名与住所。当事人是合同权利和义务的承受者，没有当事人，合同权利和义务就失去存在的意义，给付和受领给付便无从谈起，因此，订立合同须有当事人这一条款。当事人由其名称或者姓名及住所，加以特定化、固定化，具体合同条款的草拟，必须写清当事人的名称或者姓名和住所。

　　（2）标的（货物、劳务）。标的是合同权利和义务执行的对象。合同不规定标的，就会失去目的、失去意义。可见，标的是一切合同的主要条款。目前，多数学说认为合同关系的标的为给付行为，而标的主要指标的物，因而规定有标的的质量、数量。

　　（3）数量和质量。标的（物）的质量和数量，是确定合同标的（物）的具体条件，是这一标的（物）区别于同类另一标的（物）的具体特征。标的（物）的质量需要订得详细、具体，如标的（物）的技术指标、质量要求、规格、型号等要明确，标的（物）的数量也要准确。首先，应选择双方共同接受的计量单位。其次，要确定双方认可的计量方法。最后，应允许规定合理的磅差或尾差。标的物的数量，为主要条款。标的物的质量，若能通过有关规则及方式推定出来，则合同即使欠缺这样的条款，也不影响成立。

（4）价款或酬金。价款是取得标的物所应支付的代价，酬金是获得服务所应支付的代价。价款通常是指标的物本身的价款，但因商业上的大宗买卖一般是异地交货，便产生了运费、保险费、装卸费、保管费和报关费等一系列额外费用。它们由哪一方支付，需在价款条款中写明。

（5）履行的期限、地点和方式。履行期限直接关系合同义务完成的时间，涉及当事人的期限利益，也是确定违约与否的因素之一。履行期限可以规定为及时履行，也可以规定为定时履行，还可以规定为在一定期限内履行。履行地点是确定验收地点的依据，是确定运输费用由谁负担、风险由谁承受的依据，有时是确定标的物所有权是否转移、何时转移的依据，还是确定诉讼管辖的依据之一。对于涉外合同纠纷，它是确定法律适用的一项依据，十分重要。履行方式，如是一次交付还是分期分批交付，是交付实物还是交付标的物的所有权凭证，是铁路运输还是空运、水运等，同样事关物质利益，合同应写明，但对于大多数合同来说，它不是主要条款。履行的期限、地点、方式若能通过有关方式推定，则即使欠缺这些条款，也不影响合同成立。

（6）违约责任。违约责任是指当事人不履行合同义务或者履行合同义务不符合合同约定，而依法应当承担的民事责任。违约责任是合同责任中一种重要的形式，不同于无效合同的后果，它的成立以有效的合同存在为前提，也不同于侵权责任，其可以由当事人在订立合同时事先约定，属于一种财产责任。《民法典》的相关条文，对违约责任均做了概括性规定。

本章小结

本章分别从商务谈判的开局阶段、磋商阶段、交易阶段，详细阐述了商务谈判的整个过程。在谈判过程中，需要注意营造合适的气氛、合理讨价还价、签订有法律效力的合同等各方面，使谈判顺利进行并富有成效。

思考题

1. 在开局阶段，有哪些行为的禁忌需要规避？
2. 在与对方进行谈判时，提出报价有哪些原则？
3. 先后报价各有什么优劣？

4. 让步有哪些方式？

5. 商务合同条款中需要包含哪些信息？

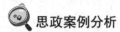 思政案例分析

中日之间的一场红豆贸易谈判

日本国内红豆歉收，日本一家公司急需从中国进口一批红豆，而中国有相当大的库存，但有很大一部分是去年的存货，我方希望先出售旧货，而日方则希望全是新货，双方就此展开谈判。

谈判开始后，日方首先大诉其苦，诉说自己面临的种种困难，希望得到中方的帮助。

"我们很同情你们面临的现状，我们是近邻，我们也很想帮助你们，那么，请问你们需要订购多少呢？"

"我们是肯定要订购的，但不知道你方货物的情况怎么样，所以，想先听听你们的介绍。"

我方开诚布公地介绍了我方拥有红豆的情况：新货库存不足，陈货偏多。价格上新货要高一些，因此，希望日方购买去年的存货。但是，虽然再三说明，日方仍然坚持全部购买新货，谈判陷入僵局。

第二天，双方再次回到谈判桌前。日方首先拿出一份最新的官方报纸，指着上面的一篇报道说："你们的报纸报道今年的红豆获得了大丰收，所以，不存在供应量的问题，我们仍然坚持昨天的观点。"

中方不慌不忙地指出："尽管今年红豆丰收，但是，我们国内需求量很大，政府对红豆的出口量是有一定限制的。你们可以不买陈货，但是，如果等到所有旧的库存在我们国内市场上卖完，而新的又不足以供应时，你再想买就晚了，建议你方再考虑考虑。"日方沉思良久，仍然拿不定主意。为避免再次陷入僵局，中方建议道："这样吧，我们在供应你们旧货的同时，供应一部分新货，你们看怎么样？"日方再三考虑，也想不出更好的解决办法，终于同意进一部分旧货，但是，订货量究竟为多少？新旧货物的比例如何确定？谈判继续进行。

日方本来最初的计划订货量为 2 000 吨，但改称订货量为 3 000 吨，并要求新货量为 2 000 吨。中方听后，连连摇头："3 000 吨我们可以保证，但是，其中 2 000 吨新货是不可能的，我们最多只能给 800 吨。"日方认为给 800 吨太少，希

望能再多供应一些。中方诚恳地说:"考虑到你们的订货量较大,才答应供应800吨。否则,连800吨都是不可能的,我方已尽力而为了。"

"既然你们不能增加新货量,那我们要求将订货量降为2 000吨,因为那么多的旧货我们回去也无法交代。"中方表示不同意。谈判再次中断。

过了两天,日方又来了,他们没有找到更合适的供应商。而且,时间也不允许他们再继续拖下去。这次,日方主动要求把自己的总订货量提高到2 200吨,其中800吨新货保持不变。

中方的答复是:刚好有一位客户订购了一批红豆,其中包括200吨新货(实际那位客户只买走100吨)。这下,日方沉不住气了,抱怨中方不守信用,中方据理力争:"这之前,我们并没有签订任何协议,你们也并未要求我们代为保留。"日方自知理亏,也就不再说什么,然后借口出去一下,实际是往总部打电话。回来后,一副很沮丧的样子对中方说:"如果这件事办不好,回去后我将被降职、降薪,这将使我很难堪,希望能考虑我的难处。"

考虑到将来可能还有合作的机会,况且,刚才所说的卖掉200吨也是谎称,何不拿剩下的100吨做个人情?

于是中方很宽容地说:"我们做生意都不容易,这样吧,我们再想办法帮你们弄到100吨新货。"

日方一听喜出望外,连连感谢。最后,双方愉快地在合同上签了字。

资料来源:高琳.国际商务谈判与沟通[M].大连:东北财经大学出版社,2016.

案例思考:

1.双方在谈判过程中做了几次让步?分别是什么?

2.简述商务合同的作用以及在合同签订中的注意事项。

3.我方在谈判过程中的做法对你有什么启示?

第五章　商务谈判的策略

本章学习目标

1. 了解商务谈判策略的定义和特点。
2. 理解商务谈判策略的原则。
3. 熟悉商务谈判过程中的各种策略。
4. 掌握应对不同类型对手的策略。

本章关键词

商务谈判策略　商务谈判策略原则　商务谈判过程策略

思政案例导入

雕刻厂的保留开局

江西余江工艺雕刻厂被誉为"天下第一雕刻"。有一年，日本三家株式会社的老板同一天到该厂订货。其中一家资本雄厚的大商社，要求原价包销该厂的佛坛产品，这应该说是好消息。但该厂负责人想，这几家原来都是经销韩国、中国台湾地区产品的商社，为什么争先恐后、不约而同到本厂订货？他们查阅了日本市场的资料，结论是本厂的木材质量上乘、制作工艺高超吸引了外商订货。于是，该厂采用了"待价而沽""欲擒故纵"的谈判策略。先不回应那家大商社，而是积极抓住两家小商社求货心切的心理，把佛坛的梁、榴、柱分别与其他国家的产品做比较。在此基础上，该厂将产品像金条一样争价钱、论成色，使其价格达到理想的高度。首先与小商社拍板成交，造成那家大商社产生失去货源的危机感。这样，那家大商社不但更急于订货，而且想垄断货源，于是大批订货，以致订货数量超过该厂现有生产能力的好几倍。

该厂谋略成功的关键在于其策略不是盲目的、消极的。首先，该厂产品确实好，而几家商社求货心切，在货比货后让客户折服。其次，巧于审视布阵。先与小客户商谈，并非疏远大客户，而是牵制大客户，促其产生失去货源的危机感，这样，订货数量和价格才可能大幅增加。

资料来源：聂元昆. 商务谈判学 [M]. 北京：高等教育出版社，2016.

在上述案例中，江西余江工艺雕刻厂运用了一定的策略，使订货数量和价格大幅增加。在商务谈判过程中，为了使谈判顺利进行，谈判者必须根据谈判的具体情况，抓住有利时机，审时度势地运用相应的策略。本章将详细阐述商务谈判过程中的各种策略，以便读者在谈判中灵活地加以运用，并通过掌握谈判策略，识别谈判对手的策略以灵活地加以处理。

第一节　商务谈判策略概述

策略通常是指为了实现既定的目标而采取的特定方法和措施。商务谈判策略是指在商务谈判中，谈判者为了达到既定的目标，根据谈判情况和谈判者经验的总结和归纳，寻求双方利益平衡、解决实际问题并针对预期效果采取的特定的计策和谋略。商务谈判策略，主要由策略的内容、方式、目的和要点构成。

一、商务谈判策略的特点

（一）不确定性

在商务谈判过程中，无论策略多么详细和周密，都会因为一些随机的环境、人员因素，使得事先准备好的商务谈判策略失效。所以，正确的方式是在商务谈判过程中，根据谈判局势的变化所采取的策略发生相应的变化。

不确定性是指在商务谈判过程中，根据情景和形势的变化更改策略表达的方式方法，而不是改变事先确定的谈判目标。谈判策略无论在表达形式上发生怎样的变化，都应服从谈判目的。

（二）针对性

商务谈判是一个针对性很强的活动，双方因为同一个目的聚在一起进行沟通、磋商。在商务谈判中，任何商务谈判策略和举措都是有针对性的。针对谈判过程中出现的某一现象或者情形，不同类型的商务谈判应采取不同的策略，要针对本次商务谈判的标的、目标、手段及谈判对手的谈判风格，来制定有针对性的策略，有效的谈判策略必须有的放矢、对症下药。

（三）时效性

每个商务谈判策略都是在特定的时间段内可以发挥最大的效用，当超过这个特定的时间段后，该商务谈判策略就失去了原有的功能。商务谈判策略的时效性表现在：一个策略只适合在一个特定的时间段使用，在其他时间段使用无效或者低效；某些策略是在特定的场合情境下使用；某些策略适合在某个时间节点前使用，如最后通牒策略。在商务谈判所处的不同时期所选择的谈判策略也应有所不同，在合适的时间使用合适的谈判策略，才会获得预期的结果。

（四）隐蔽性

商务谈判是双方通过博弈完成目的的过程。所以，在商务谈判过程中，己方所做的谈判策略应该只能让己方人员了解，不能让其他人知晓。要注意，尽可能地对己方采取的行动或者己方的意向保密，这样可以扰乱对方的判断，使对方做出更加有利于己方利益的决策。

谈判策略隐蔽的目的，在于避免对方使用反策略限制己方谈判策略的实行。

（五）预谋性

商务谈判犹如下棋，每使用一种策略都要预料到之后的谈判情景，并且制定好接下来的谈判策略。在商务谈判中切忌盲目，应该提前做好准备。商务谈判开始前，一定要提前商讨和筹划应对不同情况和复杂局面的谈判策略，这需要谈判人员对主、客观性的分析、评估和判断，同时检验了谈判人员在调查阶段结果的真实性和准确性。

为了准确判断谈判过程中出现的情形并使用正确的策略，前期可以进行模拟谈判实战。

（六）组合性

商务谈判策略不是单一的概念，而是组合性的概念，包括商务谈判的方式、战术、技巧和措施等。即使是为了达到统一目的的谈判，谈判人员也应对应不同的谈判情景和谈判目的，采用不同的谈判策略。

商务谈判策略在商务谈判中占据着十分重要的地位，主要体现在以下几点。

（1）商务谈判策略是可以实现谈判目标的桥梁。谈判双方都有需要解决的需求，所以需要通过商务谈判来达成目的。但是，双方的目标可能存在差异，需要采取适当的谈判策略弥补利益差别。这时，谈判策略起到了桥梁作用。得当的谈判策略会使双方的谈判需求得到满足，错误的谈判策略会起到反作用或者出现副作用。

（2）商务谈判策略是扬长避短的有力工具。商务谈判策略在谈判过程中作为工具供双方使用。工具各种各样，每种工具的用途也有所不同。所以，在选择所需要的工具时，要分析己方的优势和劣势，并对比双方的实力，选择可以达到己方目标的工具，可以做到扬长避短。在谈判过程中选择正确、适宜的工具，可以使谈判最终达到己方目的。

（3）商务谈判策略可以实现双方的友好合作。商务谈判不是比赛，并不要求决出胜负。商务谈判也不是战争，以将对方消灭为主要目的。所以，双方选取的商务谈判策略要坚持己方的利益目标，互相妥协、互相协商，使合作关系更加融洽和谐，达到双方的谈判目标。

（4）商务谈判策略具有调节和稳舵的作用。在商务谈判过程中，为了缓解紧张的气氛，增进双方的了解，可以采取适当的谈判策略来调节。例如，在谈判开局时谈论一些中性的话题调节气氛，彼此问候，增进了解，使双方逐渐进入谈判状态。当谈判偏离主题时，可以使用恰当的策略使谈判回到主题上。

（5）商务谈判策略具有引导的功能。在商务谈判过程中，双方利益看似彼此对立，但是仔细分析，双方其实是互相需要、必不可缺的。这时，使用合适的谈判策略会引导对方齐心协力，一起抗击外界风险，共同承担责任，做到利益共享。成熟的谈判人员会在坚持己方利益的前提下，呼吁双方共同努力、排疑解难，共享成功的果实。

二、商务谈判策略的基本原则

虽然商务谈判策略具有随机性，但是在制定策略的过程中，要遵循一定的原则，在原则的基础上具有随机应变的特点，才是合格的商务谈判策略，才能在谈判中发挥作用。

（一）共同利益原则

共同利益原则是指在谈判过程中，除了要关注己方的利益变化，还要了解对方的利益。值得注意的是，这里的"利益"不仅仅是指经济利益，也包括其他利益，如品牌利益、口碑利益等。要避免只站在己方的立场上去解决问题。要想使己方利益得到长远、彻底的维护就要消除双方的敌意，寻找利益的共同点，这样达成的协议才会使双方的利益持续不断地增长。谈判最圆满的结局，应当是所有的参与者各取所需、各偿所愿，同时也照顾到其他各方的实际利益，是一种多赢的局面。这需要设身处地站在对方立场上分析问题，探究对方的利益构成，分析对方利益的多重性，注意经济利益之外的其他利益。

（二）灵活变更原则

灵活变更原则是指在维持己方利益不受伤害的前提下，面对谈判过程中出现的情况，采用多种途径、多种方法、多种方式，灵活地加以处理。商务谈判具有随机性，只有在谈判过程中随机应变，灵活应对，加以变通，才能提高谈判成功的概率。

谈判人员如果要成功地进行商务谈判，需要具有全局、长远的眼光，敏捷的思维，灵活地进行运筹，善于针对谈判内容的轻重、对象的层次和事先的部署与方案设计，随时做出必要的改变以适应谈判场上的变化。

（三）对事不对人原则

对事不对人原则是指谈判人员在谈判过程中，把对谈判对手的态度和谈判讨论的问题分开，避免谈判人员受到个人感情、价值观、性格等方面的影响而扰乱谈判节奏。这需要谈判人员和对方建立起相互信任、理解尊重的友好关系，确保谈判有效、顺利地进行下去。同时要注意，在谈判过程中，如果双方意气用事，会严重阻碍谈判的进行，导致谈判最终失败。避免意气用事最有效办法就是切忌互相猜忌、指责、抱怨、充满敌意。

（四）有理有利有节原则

有理是指在谈判开始前，谈判人员要掌握充分的相关资料，为谈判中提出的要求赋予充足且合理的理由。有利是指要充分利用所有对己方有利的各种因素。有节是指在双方处于具有争议的阶段，谈判人员应该掌握好分寸和火候，做到适可而止，切勿弄巧成拙。

三、商务谈判策略的分类

商务谈判策略具有随机性并且遵循灵活变更的原则，根据商务谈判的目的，可将商务谈判策略分为以下几类。

（一）个人策略和团体策略

（1）个人策略是指单个谈判者在面对面谈判时所运用的策略。商务谈判归根到底是一项涉及交换意见、说服对方和解决问题的个人活动，谈判人员只有提高自己的商务谈判能力，才能在谈判中更好地发挥，为自己所属的组织服务。在个人与对方进行商务谈判时，分析自己与对方在身份地位、实力等方面处于优势、劣势或平等，根据不同的形势，谈判人员应在沟通策略、僵局策略等策略中灵活应用，以完成目标。

（2）团体策略是指在进行集体谈判时所选用的策略。无论是大型谈判还是小型谈判，每位成员都代表集体的利益。与个人谈判者相比，团体谈判需要配备更多元的专业人员，根据每位谈判人员在谈判方面的优劣势，将整体任务和职责分配给各个成员。团体策略包含了所有的个人策略，此外，在团体策略中要注意与同组人员正确沟通，合作完成谈判任务。

（二）常规策略和迂回策略

（1）常规策略是指以谈判者过去所积累的经验为基础，以循规蹈矩的心理特点来处理问题的商务谈判策略。适用于已经熟悉了解对方并且和对方有过充足的谈判经验，主要针对老客户且交易条件趋于固定的商务谈判，同时注意这种方式不适应于情况复杂多变的谈判或与新客户谈判。因为在不了解对方的情况下，采用常规策略会严重影响正常的谈判节奏，很有可能会导致谈判在双方信息不对等的情况下完成，影响己方利益。

（2）迂回策略是指在谈判中并不直接就自己所关心的重点、利益有所表现，或不急于谈判，而采取其他方式切入主题，通过迂回的方式接近对方。这种方式可以运用在复杂多变的谈判中，在迂回的过程中收集更多对方的信息和资料，并了解对方对于本次谈判的态度和预期达到的结果。迂回策略可以帮助谈判人员掌握更具体的信息进行谈判。

（三）强硬策略和顺势策略

（1）强硬策略是指先发制人，在谈判开始时，态度强硬，以达到己方利益为准，向对方施压的策略。在选择这种策略时一定要慎重，如果使用这种策略必须布置相关方案预防不测，进行补救谈判。这种策略很有可能引起对方不悦，形成僵局，所以一定要结合现场情况，深思熟虑后才能运用这种策略。

（2）顺势策略是指用符合谈判对方意愿的客观或主观因素，制定看似有利于对方的策略。因势利导、投其所好属于此策略范畴内。面对新客户进行谈判时，可以选择采取这种策略得到对方的肯定和认可，从而方便日后的长期合作。

（四）姿态策略和情景策略

（1）姿态策略是指在谈判过程中应对对方策略的一种主观性策略，其作用在于创造有利于己方的谈判气氛，借助主观态度影响谈判的进程或结果。

姿态策略分为积极姿态策略和消极姿态策略。积极姿态策略是指影响对方做出有利于己方的行为，或向对方强调合作双赢的策略，其特点是正面鼓励或引导对方。消极姿态策略是指为了防止对方做出不利于己方的行为所采取的策略，其特点是否定对方的态度。这两种策略虽然是完全对立的，但是在谈判过程中，它们往往又被结合使用。

（2）情景策略是指在特定情况下为取得某些利益所使用的特定策略，具有相对固定性和明确性的特点。相对固定性体现在这种策略形成了一种规律性的套路，就像下棋时的棋谱。明确性体现在谈判过程中根据对方的常用套路采取的固有的应对方法。

情景策略可以分成攻势策略和防御策略。攻势策略是指强化己方优势，保持主动。防御策略是指保持已有的优势和地位，应付对手的进攻。在谈判实践过程中，一味地采用防御策略并不是上上策，因为防御策略是一种被动策略，对方可以随时将自己的攻势从一点转化到另一点上，而己方很有可能稍有不慎就会受到对方致命一击，导致谈判失败。

（五）进攻策略和防守策略

（1）进攻策略是指谈判人员具有较强攻击性，以取得优势和主导地位的策略，这种策略的特点是主动进攻、态度强硬、难以让步。

（2）防守策略是指谈判人员不主动进攻，采取防守或以守为攻的策略，这种策略的特点是以逸待劳，软中带硬。在实训中，单纯使用进攻策略和防守策略都很难顺利达成谈判目的。这时，可以根据谈判现场的状况和对方的状态，随时转换进攻策略或者防守策略，这种策略也被称作亦守亦攻或亦攻亦守策略。

（六）预防策略、处理策略和综合策略

（1）预防策略是指谈判人员防止双方发生较大的冲突或矛盾激化所采取的策略，其主要特点是澄清问题，探讨利益平衡点，防止矛盾发生。

（2）处理策略是指谈判人员比较合理地解决矛盾或问题时采取的策略，其主要特点是安抚妥协，无为两全，防止双方矛盾激化，导致谈判失效。

（3）作为谈判人员，既要小心防止出现矛盾，也要处理眼前已经发生的矛盾，这时所采用的策略被称作综合策略。它是指所运用的策略既着眼于预防矛盾或问题发生，又着眼于处理发生的矛盾或问题。其主要特点是以肯定与开放的心态面对冲突，以非对抗的态度与对方合作解决冲突，选定双方接受的方式解决矛盾。

（七）速决策略和稳健策略

（1）速决策略是指可以赢得谈判时间、快速达成协议、完成谈判任务的策略，其主要特点是目标设置较低、谈判时间短、让步方法果断诚实、谈判效率较高。但是，这需要己方的谈判目标较低。

（2）稳健策略是指谈判双方持久协商，在相对满意的情况下与对方达成协议的策略。其主要特点是目标设置较高，谈判时间较长，让步方法富有耐性。稳健策略可能获得较大的利益，但会付出较多的时间和投资，有一定的失败风险。

第二节　谈判过程各阶段的策略

商务谈判是一个循序渐进的过程，在这个过程的每一个阶段都有规律可循，采取适当的谈判策略会让谈判效率事半功倍，成功达成目标。接下来，分别从开局阶段、磋商阶段、交易阶段来介绍不同的策略。

一、开局阶段策略

（一）营造和谐气氛策略

开局阶段通常都是"破冰"期，双方带着各自需要达到的目的坐到一起进行谈判。如果开局阶段气氛紧张、尴尬，就会影响谈判的顺利进行。所以，在谈判的开局阶段营造一个和谐的谈判气氛，可以影响谈判者的情绪和行为方式，以促进谈判顺利进行。能够影响谈判气氛的主要有两大因素，一是客观因素，二是主观因素。客观因素主要包括政治因素、天气因素、突发事件等不可抗力因素，主观因素包括谈判人员通过采取一定的策略影响谈判气氛。

谈判人员在谈判开局阶段，可以营造礼貌尊重、自然轻松、友好合作、积极进取的谈判气氛。开局阶段可以邀请己方高层领导参加，以营造礼貌尊重的气氛，不能流露出轻视对方、以势压人的态度，也不能以武断、轻蔑、指责的语气讲话。谈判人员可以谈论一些轻松的话题，松弛一下紧绷的神经以营造自然轻松的气氛。此外，热情的握手、热烈的掌声、信任的目光、自然的微笑，可以营造友好合作的气氛。同时，谈判人员准时到达谈判会场，精力充沛、充满自信以营造积极进取的谈判氛围。谈判人员要根据开局阶段的性质、地位以及进一步磋商的需要，采用不同的策略营造不同的谈判氛围。

（二）坦诚式开局策略

坦诚式开局策略是指开诚布公地向谈判对手介绍自己的观点或想法。这类策略适用于有长期合作关系的谈判双方，因为双方彼此了解，不需要多余的寒暄客套。同时，可以节省一些礼节性的外交辞令，也可以节省时间，如果直接将己方的观点、要求讲述给谈判对手，让对方对己方产生信任感，反而会产生更好的效果。谈判人员应综合考虑双方的关系、地位身份、谈判形式等情况，如果己方实力弱于对方，对方对己方比较了解，可以考虑此策略，坦率地将己方的情况表露给对方表明诚意，对方会乐意将谈判继续。这种坦诚也表达出实力较弱一方不惧怕对手的压力，充满自信和实事求是的精神，这比"打肿脸充胖子"大唱高调掩饰自己的弱点要好得多。

【趣味阅读5.1】北京门头沟一位党委书记在同外商谈判时发现，对方对自己的身份持有强烈的戒备心理，这种状态妨碍了谈判的进行。于是，这位党委书记当机立断，站起来向对方说："我是党委书记，但也懂经济、搞经济，并且拥有决策权。我们虽摊子小，实力不大，但人实在，愿真诚与贵方合作。咱们谈得成也好，谈不成也好，至少您这个外来的'洋'先生可以交一个我这样的中国的'土'朋友。"

寥寥几句肺腑之言，一下子就打消了对方的疑虑，使谈判顺利地向纵深发展。

资料来源：程英春，李娟.商务谈判[M].北京：清华大学出版社，2018.

（三）一致式开局策略

一致式开局策略是指以协商、肯定的态度进行陈述，使对方对己方产生好感，创造双方对谈判的理解充满"一致性"的感觉，从而使谈判双方在友好、愉快的气氛中展开谈判工作。这种谈判策略并不会损害己方利益，只是对谈判对手的意见表示赞同。采用这种策略要注意，一致式开局是让对方感到是出于尊重，而不是刻意的奉承。所以，可以采取询问的方式诱使对方进入己方既定的安排，使双方的意见趋于一致，最终达成共识。

这类谈判策略比较适用于谈判双方实力比较接近的情况，双方过去没有商务往来的经历，第一次接触都希望有一个好的开端。要多用外交礼节性语言，谈论中性话题，使双方在平等、合作的气氛中开局。例如，在谈判开始时，以一种协商的口吻来征求谈判对手的意见，然后对对方的意见表示赞同或认可，双方达成共识。姿态上应该不卑不亢，沉稳中不失热情，自信但不自傲，把握适当的分寸，顺利打开局面。

（四）进攻式开局策略

进攻式开局策略是指通过言语或行为来表达自己的强硬态度，以此获得对方的尊重，借以制造心理优势，使谈判顺利进行下去。这类策略可以扭转对己方不利的低调气氛，使谈判走向自然气氛。不过谈判人员一定要慎重使用此类策略，如果一开始就显示己方的实力，使谈判进入很紧张的气氛，不利于进一步发展。如果发现对方居高临下，以某种气势压人，有不尊重己方的倾向，若任其发展有损己方的利益，这时可以使用进攻式开局策略，化被动为主动，捍卫己方的尊严和正当权益，让双方站在同等的位置上进行谈判。

化被动为主动的丰田代表

使用进攻式开局策略时要注意策略的有理有利有节原则，谈判过程中切中要害，对事不对人，既要表现出己方的自信，也不能表现得过于咄咄逼人，使谈判气氛变得紧张。若当前问题解决，对方的态度也回归正常，己方需要及时调节气氛，使谈判处于一个友好、轻松的氛围。

（五）保留式开局策略

保留式开局策略是指谈判人员对谈判对方提出的关键性问题，不做彻底、确切的回答，有所保留，吸引对方继续谈判。虽然回应是有所保留的，但是要注意在谈判过程中要以诚信为本，遵循商务谈判道德规则，也就是说，谈判人员可以传递模糊信息，但不能传递虚假信息影响正常的谈判。

保留式开局策略适用于谈判双方曾经有过商务往来，但对方的表现并不能完全使己方满意的情况。这是己方采取慎重、严谨的态度，引起对方对某些问题的重视。例如，可以用一些礼貌的提问考察对方的态度和想法，并不急于拉近关系，注意与对方保持一定的距离。这种策略也适用于己方对谈判对手的某些情况存在疑问，需要经过简短的接触摸底的情况。

（六）挑剔式开局策略

挑剔式开局策略是指在谈判开始时，谈判人员严加指责对手的某项错误或者不妥当的地方，使对方感到愧疚。这种策略可以营造高调的谈判气氛，迫使对方让步。其主要做法就是严苛地指责对方的问题，让对方产生疑虑、压抑、无望的心态，以大幅度地降低期望值，在实际的谈判过程中做出让步。

这种策略用"指责"降低了对方的期望值，用"合作"满足了对方的心理需求，比较容易实现谈判目标。这种策略一般在对手是新手、缺乏谈判经验的情形下使用。需要注意的是，使用该策略后要注意谈判气氛的变化，如果谈判陷入僵局，要采取其他谈判策略解决问题，以保证谈判的顺利进行。

【趣味阅读5.2】巴西一家公司到美国去采购成套设备。巴西谈判小组的成员因上街购物耽误了时间，当他们到达谈判地点时，比预定时间晚了45分钟。美方代表对此极为不满，花了很长的时间来指责巴西代表不遵守时间，没有信用，如果老是这样的话，以后很多工作很难合作，浪费时间就是浪费资源、浪费金钱。巴西代表对此感到理亏，只好不停地向美方代表道歉。谈判开始以后，美方代表似乎还对巴西代表来迟一事耿耿于怀，一时间弄得巴西代表手足无措，说话处处被动，无心与美方代表讨价还价，对美方提出的诸多要求也没有静下心来认真考虑，匆匆忙忙就签订了合同。等到合同签订以后，巴西代表平静下来，头脑不再发热时才发现，自己吃了大亏，上了美方的当，但已经晚了。

资料来源：程英春，李娟．商务谈判[M]．北京：清华大学出版社，2018．

二、磋商阶段策略

在谈判开局了解了双方的具体资料和信息后，双方已经相互了解，并进入正式的谈判的过程中，也就是磋商过程。在磋商过程中，不可避免的就是双方的报价和还价过程。

（一）报价策略

报价是指在谈判过程中报出价格，广义的报价是指除了价格这一核心之外，也包括向对方提出的所有请求。报价标志着价格谈判的开始，也标志着谈判者的利益要求的"亮相"。报价是价格谈判中相对重要的环节，而且在实质上影响交易的盈余分割和实现谈判目标,具有举足轻重的意义。

报价不是一个随心所欲的行为。报价要以影响价格的各种因素、所涉及的各种价格关系、价格谈判的合理范围等为基础。报价也有一定的原则:通过反复分析与权衡,力求把握己方可能获得的利益与被对方接受的概率之间的最佳结合点。可以说,如果报价的分寸把握得当,就会把对方的期望值限制在一个特定的范围内,并有效控制交易双方的盈余分割,从而在之后的价格磋商中占据主动地位。反之,报价不当,就会增加对方的期望值,甚至使对方有机可乘,从而陷入被动境地。可见,报价策略的运用,直接影响了价格谈判的结果。

在商务谈判中,有两种典型的报价方式可供借鉴。除了这两种方式之外,还可以有其他许多种报价方式,谈判者完全不必拘泥于已有的固定模式,而应该根据实际情况做出决策。

(1)报高价。这种方式的一般做法是,卖方首先提出留有较大余地的价格。然后,根据谈判双方的实力对比和该项交易的外部竞争状况,通过给予各种优惠,如数量折扣、价格折扣、佣金和支付条件方面的优惠(延长支付期限、提供优惠信贷等),逐步接近买方的条件,建立起共同的立场,最终达到成交的目的。这种方式与前面提到的报价原则是一致的,只要能稳住买方,使之就各项条件与卖方进行磋商,最后的结果往往对卖方有利。

(2)报低价。一般做法是将最低价格列于价格表中,首先以低价唤起买方的兴趣。而这种低价格一般是以对卖方最有利的结算条件为前提,并且与此低价格相对应的各项条件,实际上又很难全部满足买方的要求。只要买方提出改变有关的交易条件,卖方就可以随之提高价格。因此,买卖双方最终的交易价格往往高于卖方最初的报价。

首先,它可以排除竞争对手的威胁,从而使己方与买方的谈判能够发生。其次,其他卖主退出竞争之后,买方原有的优势地位就不复存在,将不能以竞争作为向卖方施加压力的筹码。这样,双方都不占据优势,卖方就可以根据买方在有关条件下提出的要求,逐步提高要价。

因此,低价格并不意味着卖方放弃对高利益的追求。可以说,它实际上与报高价殊途同归,两者只有形式上的不同,没有实质性的不同。一般而言,报低价有利于竞争,报高价比较符合人们的价格心理。下面介绍几种比较常见的报价策略。

①报价起点策略。在价格谈判开始前要根据报价依据,并结合谈判意图确定

己方报价的上下限。作为卖方喊高价，出低价是最行之有效的，要注意报出的高价要能让对方坐下来继续谈判，而不是使谈判破裂。同时，报出高价可以为后续谈判奠定基础，有利于完成战略部署。报高价要有一定的依据，这样方便留下足够的谈判空间，显示所售产品的更大价值，也可以使谈判对手获得满足感。

拓展阅读5.2 把握好报价时机

②报价时机策略。价格谈判中，报价时机也是一个策略性很强的问题。经验表明，提出报价的最佳时机，一般是对方询问价格时，因为这说明对方已对商品产生了交易欲望，此时报价往往水到渠成。

有时，在谈判开始的时候对方就询问价格，这时最好的策略应当是听而不闻。因为此时对方对商品或项目尚缺乏真正的兴趣，过早报价会徒增谈判的压力。这时，应当首先谈论该商品或项目能为对方带来的好处和利益，待对方的交易欲望已被调动起来再报价为宜。当然，对方坚持即时报价，也不能故意拖延，否则就会使对方感到不被尊重。此时，应采取建设性的态度，把价格同对方可获得的好处和利益联系起来。

③报价对比策略。价格谈判中，使用报价对比策略，往往可以增强报价的可信度和说服力，一般有很好的效果。报价对比可以从多方面进行，如将本商品的价格与另一可比商品的价格进行对比，以突出相同使用价值商品的不同价格。将本商品及其附加各种利益后的价格与可比商品不附加各种利益的价格进行对比，以突出不同使用价值的不同价格。将本商品的价格与竞争者同一商品进行对比，以突出相同商品的不同价格等。

④价格差异策略。同一商品，由于客户的性质、购买数量、需求急缓、交易时间、交货地点、支付方式等方面的不同，会形成不同的购销价格。这种价格差别，体现了商品交易中的市场需求导向，在报价策略中应重视运用。例如，对老客户或大批量需求的客户，为巩固良好的客户关系或建立起稳定的交易联系，可适当实行价格折扣。对新客户，有时为开拓新市场，亦可给予适当让价。对某些需求弹性较小的商品，可适当实行高价策略。对方"等米下锅"，价格不宜下降。旺季时，价格自然较高。交货地点远者较近者或区位优越者，应有适当加价。一次付款较分期付款或延期付款，价格需给予优惠。

⑤心理价格策略。人们在心理上一般认为9.9元比10元便宜，而且认为零头价格精确度高，给人以信任感，容易使人产生便宜的感觉。像这种在十进位以下

而在心理上被人们认为较小的价格叫作心理价格。因此，市场营销中有奇数定价策略。

（二）还价策略

还价又被称为"还盘"，一般是指针对卖方的报价，买方做出的反应性报价，还价以讨价为基础。卖方首先报价后，买方通常不会全盘接受，也不至于完全推翻，而是伴随价格评论向卖方讨价。卖方对买方的讨价，通常也不会轻易允诺，但也不会断然拒绝，为了促成交易，往往伴随进一步的价格解释对报价做出改善。在经过一次或几次讨价之后，按照既定策略与技巧，提出自己的反应性报价，即做出还价。

还价策略的运用包括还价前的准备、还价方式、还价起点的确定等方面。

（1）还价前的准备。还价策略的精髓在于"后发制人"。为此，就必须针对卖方的报价，并结合讨价过程，对己方准备做出的还价进行周密的筹划。首先，应根据卖方的报价和对讨价做出的反应，并运用自己所掌握的各种信息、资料，对报价内容进行全面的分析，从中找出报价中的薄弱环节和突破口，以作为己方还价的筹码。其次，在此基础上认真估算卖方的保留价格和对己方的期望值，制定出己方还价方案的起点、理想价格和底线等重要的目标。最后，根据己方的目标，从还价方式、还价技法等各个方面设计出几种不同的备选方案，以保证己方在谈判中的主动性和灵活性。

（2）还价方式。还价中，谈判者要确保自己的利益要求和主动地位，首先应善于根据交易内容、所报价格以及讨价方式，采用不同的和对应的还价方式。

按照谈判中还价的依据，还价方式有按可比价还价和按成本还价两种。按可比价还价是指己方无法准确掌握所谈商品本身的价值，而只能以相近的同类商品的价格或竞争者商品的价格做参照进行还价。这种还价方式的关键，是所选择的、用以参照的商品的可比性及价格的合理性，只有可比价格合理，还价才能使对方信服。按成本还价是指己方能计算出所谈商品的成本，然后以此为基础再加上一定比率的利润作为依据进行还价。这种还价方式的关键是所计算成本的准确性，成本计算得比较准确，还价的说服力就比较强。

按照谈判中还价的项目，还价方式又有总体还价、分别还价和单项还价三种。总体还价即一揽子还价，它是与全面讨价对应的还价方式。分别还价是指把交易内容划分成若干类别或部分，然后按各类价格中的含水量或按各部分的具体情况逐一还价。分别还价是分别讨价后的还价方式。单项还价是指按所报价格的最小单位还价，或者对个别项目进行还价。单项还价一般是针对性讨价的相应还价方式。

（3）还价起点的确定。还价方式确定后，关键的问题是要确定还价的起点。还价起点即买方的初始报价，它是买方第一次公开报出的打算成交的条件，其高低直接关系到自己的经济利益，也影响着价格谈判的进程和成败。

还价起点的确定，从原则上讲有两条：①还价起点要低，这能给对方造成压力并影响和改变对方的判断及盈余要求，能利用其策略性虚报部分为价格磋商提供充分的回旋余地和准备必要的交易筹码，对最终达成成交价格和实现既定的利益目标具有不可忽视的作用。②还价起点不能太低，要接近成交目标，至少要接近对方的保留价格，以使对方有接受的可能性，否则对方会因失去交易兴趣而退出谈判，或者己方不得不重新还价而陷于被动。还价起点的确定，从量上来讲有三个参照因素：报价中的含水量、成交差距和还价次数。

价格磋商中，虽然经过讨价，报价方对其报价做出了改善，但改善的程度各不相同，因此，重新报价中的含水量是确定还价起点的第一项因素。对于所含水分较少的报价，还价起点应当较高，以使对方同样感到交易诚意。对于所含水分较多的报价，或者对方报价只做出很小的改善便千方百计地要求己方立即还价者，还价起点就应较低，以使还价与成交价格的差距同报价中的含水量相适应。

成交差距是指对方报价与己方准备成交的价格目标的差距，是确定还价起点的第二项因素。对方报价与己方准备成交的价格目标的差距越小，其还价起点应当越高。对方报价与己方准备成交的价格目标的差距越大，其还价起点就应越低。当然，不论还价起点高低，都要低于己方准备成交的价格，以便为以后的讨价还价留下余地。

还价次数是影响确定还价起点的第三项因素。同讨价一样，还价也不能只允许一次。在每次还价的增幅已定的情况下，当己方准备还价的次数较少时，还价起点应当较高。当己方准备还价的次数较多时，还价起点就应较低。

拓展阅读 5.3
吹毛求疵达成协议

还价策略有很多种，下面主要介绍吹毛求疵策略和制造竞争策略。

吹毛求疵策略也称先苦后甜策略，它是一种先用苛刻的虚假条件使对方产生疑虑、压抑、无望等心态，以大幅度降低对手的期望值，然后在实际谈判中逐步给予优惠或让步。由于对方的心理得到了满足,便会做出相应的让步。该策略由于用"苦"降低了对方的期望值,用"甜"满足了对方的心理需要。因而,很容易实现谈判目标,使对方满意地签订合同,己方从中获取较大的利益。

制造竞争策略是指当谈判的一方存在竞争对手时,另一方完全可以选择其他合作伙伴,那么,其谈判实力就将大大减弱。在商务谈判中,谈判者应该有意识地制造和保持对方的竞争局面,在筹划某项谈判时,可以同时邀请多方,分别与之进行洽谈,并在谈判过程中适当透露一些有关竞争对手的信息。在与其中一方最终形成协议之前,不要过早地结束与另外几方的谈判,以使对方始终处于几方相互竞争的环境中。有的时候,对方实际上并不存在竞争对手,但谈判者仍可巧妙地制造假象来迷惑对方,以借此向对方施加压力。

三、交易阶段策略

（一）以退为进策略

以退为进策略,也称让步策略,是指在商务谈判交易阶段,对己方条件做出让步是双方必然的行为。如果谈判双方都坚持自己的条件不后退半步的话,谈判永远也达不成协议,谈判追求的目标是可以或愿意做出哪些让步,做多大的让步。让步本身就是一种策略,它体现谈判者用主动满足对方需要的方式来换取己方需要的精神实质。

在采取以退为进策略的时候,要注意以退为进原则。

（1）维护整体利益。整体利益不会因为局部利益的损失而造成损害,相反,局部利益的损失是为了更大地维护整体利益。谈判者必须十分清楚什么是局部利益,什么是整体利益;什么是枝节,什么是根本。让步只能是局部利益的退让和牺牲,整体利益必须得到维护。因此,让步前一定要清楚什么问题可以让步,什么问题不能让步,让步的最大限度是什么,让步对全局的影响是什么等。以最小的让步换取成功,以局部利益换取整体利益是让步的出发点。

（2）明确让步条件。让步必须是有条件的,绝对没有无缘无故的让步。谈判者心中要清楚,让步必须建立在对方创造条件的基础上,而且对方创造的条件必须是有利于己方整体利益的。当然,有时让步是根据己方策略或各种因素的变化而做出的。这个让步可能是为了己方全局利益,为了今后长远的目标,或是为了尽快成交而不至于错过有利的市场形势等。无论如何,让步的代价一定要小于让步所得到的利益，体现出得大于失的原则。

（3）选择好让步时机。让步时机要恰到好处，不到需要让步的时候绝对不要做出许诺。让步之前必须经过充分的磋商，时机要成熟，使让步成为画龙点睛之笔，而不是画蛇添足。一般来说，当对方没有表示出任何退让的可能，让步不会给己方带来相应的利益，也不会增强己方讨价还价的力量，更不会使己方占据主动的时候，不能做出让步。

己方做出让步之后要观察对方的反应。对方相应表现出的态度和行动是否与己方的让步有直接关系，己方的让步对对方产生多大的影响和说服力，对方是否也做出相应的让步。如果己方先做了让步，那么在对方做出相应的让步之前，就不能再做让步了。

以退为进策略具体包括于己无损让步策略、以攻对攻让步策略、强硬式让步策略、坦率式让步策略和稳健式让步策略等。

（1）于己无损让步策略。它是指己方所做出的让步不会给己方造成任何损失，同时，还能满足对方一些要求或形成一种心理影响，产生诱导力。当谈判对手就其中一个交易条件要求我方做出让步时，在己方看来其要求确实有一定的道理，但是，己方又不愿意在这个问题上做出实质性的让步，可以采用一些无损让步方式。假如你是一个卖主，又不愿意在价格上做出让步，你可以在以下几方面做出无损让步：①向对方表示本公司将提供质量可靠的一级产品。将向对方提供比给予别家公司更加周到的售后服务。②向对方保证给其优惠将是所有客户中最好的。③在交货时间上充分满足对方要求。这种无损让步，目的是在保证己方实际利益不受损害的前提下使对方得到一种心理平衡和情感愉悦，避免对方纠缠某个问题迫使我方做出有损实际利益的让步。

（2）以攻对攻让步策略。它是指己方让步之前向对方提出某些让步要求，将让步作为进攻手段，变被动为主动。当对方就某一个问题逼迫己方让步时，己方可以将这个问题与其他问题联系在一起加以考虑，在相关问题上要求对方做出让步，作为己方让步的条件，从而达到以攻对攻的效果。例如，在货物买卖谈判中，当买方向卖方提出再一次降低价格的要求时，卖方可以要求买方增加购买数量，或是承担部分运输费用，或是改变支付方式，或是延长交货期限等。这样一来，如果买方接受卖方条件，卖方的让步也会得到相应补偿。如果买方不接受卖方提出的相应条件，卖方也可以有理由不做让步，使买方不好再逼迫卖方让步。

（3）强硬式让步策略。强硬式让步策略是指一开始态度强硬，坚持寸步不让的态度，到了最后时刻一次让步到位，促成交易。这种策略的优点是起始阶段坚持不让步，向对方传递己方坚定的信念，如果谈判对手缺乏利益和耐心，就可能被征服，使己方在谈判中获得较大的利益。在坚持一段时间后，一次让出己方的全部可让利益，对方会有"来之不易"的获胜感，会特别珍惜这种收获，不失时机地握手成交。其缺点是由于在开始阶段一再坚持寸步不让的策略，可能会失去伙伴，具有较大的风险性，也会给对方造成没有诚意的印象。因此，这种策略适用于在谈判中占有优势的一方。

（4）坦率式让步策略。它是指以诚恳、务实、坦率的态度，在谈判进入让步阶段后一开始就亮出底牌，让出全部可让利益，以达到以诚制胜的目的。这种策略的优点是，由于谈判一开始就向对方亮出底牌，让出自己的全部可让利益，率先做出让步榜样，给对方一种信任感，比较容易打动对方采取回报行为。同时，这种率先让步具有强大的说服力，促使对方尽快采取让步行动，提高谈判效率，争取时间，争取主动。这种策略的缺点是，由于让步比较坦率，可能给对方传递一种尚有利可图的信息，从而提高其期望值，继续讨价还价。由于一次性大幅度让步，可能会失去本来能够全力争取到的利益。这种策略适用于在谈判中处于劣势的一方或是谈判双方之间的关系比较友好，以一开始做出较大让步的方法感染对方，促使对方以同样友好、坦率的态度做出让步。使用这一策略要根据实际情况，充分把握信息和机遇，保证主动让步之后、己方能得到关系全局的重大利益。

（5）稳健式让步策略。它是指以稳健的姿态和缓慢的让步速度，根据谈判进展情况分段做出让步，争取较为理想的结果。谈判者既不坚持强硬的态度寸利不让，也不过于坦率，一下子让出全部可让利益。既有坚定的原则立场又给对方一定的希望。每次都做一定程度的让步，但是让步的幅度要根据对方的态度和形势的发展灵活掌握。有可能每次让步幅度是一样的，有可能让步的幅度越来越小，也有可能幅度起伏变化，甚至最后关头又反弹回去。这种让步策略的优点是稳扎稳打，不会冒太大的风险，也不会一下子使谈判陷入僵局，可以灵活、机动地根据谈判形势调整让步幅度。再有，双方要经过多次讨价还价、反复的磋商和论证，可以把事情说得更清楚，考虑得更周全。这种策略的缺点是需要耗费大量的时间和精力才能达到最后成交的目标，容易因过于讲究技巧，而缺乏坦率的精神和提高效率的意识。当然，商务谈判中多数情况习惯运用这种策略。

（二）折中调和策略

折中调和策略是指在谈判的最后阶段，双方做出让步，相互靠拢，缩小差距，以达到解决最后分歧的做法。使用折中策略时，应注意不要过早出手，以免离成交点太远，使得对方得寸进尺，同时要注意给自己留有余地，不宜一下让步到底。双方经过多次磋商互有让步，但还存在残余问题，而谈判时间已消耗很多，为了尽快达成一致，一方提出一个比较简单易行的方案，即双方都以同样的幅度妥协退让，如果对方接受此建议，即可判定谈判终结。折中调和策略虽然不够科学，但是在双方各自坚持己方条件的情况下，也是寻求尽快解决分歧的一种方法。折中调和策略主要有以下几种形式。

（1）价格折中。这是最常见的折中调和办法，买方最高出价50元，卖方最低售价是60元，中间有10元差价，为了达成合作，各让5元，最后以55元成交。

（2）条件折中。通常双方立足于自身条件，以己方优势条件退让，换取己方其他方面的补偿。例如，己方承诺直接从对方取货，承担运费，做出让步。同时，要求对方在售后服务方面提供等价值的服务。

（3）条件与价格折中。这是指己方在降低条件要求的同时，要求对方在价格方面给予补偿，也可以要求对方价格降低的数额要与运费相等。该策略一般是在一定的谈判成果基础之上才开始运用的，通常是在谈判接近尾声，双方均已经到了彼此最后底限时才能运用。否则，主动的一方容易陷于被动。

谈判双方应根据立场和条件的差距，利用折中或完全对等的形式，或以互相让步但不对等的形式予以妥协。这类策略适用于双方实力相当，对分歧相持不下，也无法在其他方面向对方做出让步，又没有其他选择，无论如何不能放弃谈判的情况。折中调和是一种双方攻守平衡的策略，比较有利于达成友好的谈判结局。

（三）最后通牒策略

最后通牒策略是谈判者以退为攻，用中止谈判等理由来迫使对方退让的一种策略。在谈判双方的目标差距很大而又相持不下时，谈判一方向对方发出最后通牒，告诉对方"这是我们最后的报价"，或者向对方声明"谈判即将破裂"，往往能迫使对方做出某些让步。

运用这一策略有时能够收到较好的效果，有助于加速谈判进程，促使对手早下决心。谈判者在采取这一策略时，也有可能会引起对方的敌意，所以要尽量设法降低对方的敌意。该策略往往在谈判后期的关键时刻被谈判者所采用。当谈判处于僵局，或对手迟迟不下决心成交时，可以采用此策略来加速谈判进程。

在实施这一策略时，需要注意以下几点。

（1）谈判者知道自己处于一个强有力的地位，特别是该笔交易对对手来讲，要比对自己更为重要。这一点是运用此策略来加速谈判进程的基础和必备条件。

（2）在言语上要委婉，既要达到目的，又不至于锋芒太露。

（3）应拿出一些令人信服的证据，诸如国家的政策、与其他客户交易的实例或者国际惯例、国际市场行情的现状及趋势、国际技术方面的信息等，用事实说话。

（4）给予对方思考、讨论或者请示的时间。这样有可能使对方减轻敌意，从而自愿降低其他条件或者不太情愿地接受你的条件。

（5）最后通牒的提出，必须非常坚定、明确、毫不含糊，不让对方存有任何幻想。同时，也要做好对方真的不让步而退出谈判的思想准备，到时不至于惊慌失措。

（6）在使用这一策略时，也有可能使谈判破裂或者陷入更严重的僵局。所以，要视情况而定，除非有较大把握或者万不得已时采用，千万别滥用该策略。

【趣味阅读5.3】最后通牒是行之有效的策略

美国一家航空公司要在纽约建立大的航空站，想要求爱迪生电力公司提供优惠电价。这场谈判的主动权掌握在电力公司一方，因为航空公司有求于电力公司。因此，电力公司推说，公共服务委员会不批准给航空公司提供优惠电价，不肯降低电价，谈判相持不下。

这时，航空公司突然改变态度，声称若不提供优惠电价，它将撤出这一谈判，自己建厂发电。此言一出，电力公司慌了神，立即请求公共服务委员会给予这种类型的用户以优惠电价，委员会立刻批准了这一要求。但令电力公司惊异的是，航空公司仍然坚持自己建厂发电，电力公司不得已再度请求委员会降低价格。到这时，航空公司才和电力公司达成协议。

资料来源：杨晶.商务谈判[M].2版.北京：清华大学出版社，2016.

四、应对不同风格谈判对手的策略

在商务谈判中，不同风格的谈判对手也影响着谈判的走向和结果。作为一名合格的谈判者，在准备谈判策略时，也应准备应对不同风格的谈判对手的策略。

（一）应对"强硬型"谈判者的谈判策略

"强硬型"谈判者通常在谈判中凸显其自信的状态，同时态度傲慢、盛气凌人，利用自身言行产生强硬气势压迫对方,以获得己方需要的利益。面对这种谈判对手,寄希望于对方的恩赐是枉费心机。因此,要避其锋芒,设法改变谈判力量的对比,以达到尽力保护自己、满足己方利益的目的。通常可以采取以下几种策略。

拓展阅读5.4
巧妙避开锋芒

（1）沉默策略。沉默策略通常是处于劣势一方行之有效的防御策略,通常需要考察谈判人员的毅力,有足够的毅力才能对付"强硬型"谈判对手。采用这种策略时,谈判者可以先不开口,听对方尽情地表述他们的意见,从而掌握对方的底限,占据谈判的主动,进而暴露对方的谈判底限,以造成对方的心理恐慌。

（2）以柔克刚策略。这种策略是指对咄咄逼人的谈判对手,可暂不做出反应,以我之静待"敌"之动,以持久战磨其棱角、挫其锐气,使其精疲力竭之后,我方再发起反攻,反弱为强。在运用这类策略时,要注意:①谈判者不要被对方的气势吓到。②谈判人员要有充分的耐心和坚定的信念,做好打持久战的准备。③行动要有理有利有节,让对手无可奈何。④在谈判的过程中要坚持自己的原则。

（3）红白脸策略。红白脸策略,也称为软硬兼施策略,是指将组成谈判的班子分成两部分,其中一部分成员扮"红脸"。"红脸"在谈判某一议题的初期阶段占主导地位,他们态度强硬,以刚克刚,会造成紧张的谈判气氛。另一部分成员扮演温和的"白脸","白脸"在谈判某一议题结尾阶段时扮演主角,他们静观反应,思忖对策,出面缓和局面,一面劝阻同伴,一面指出对手过错。如果谈判破裂对双方不利时,建议都做出让步。

需要指出的是,在谈判中,充当黑脸的谈判人员在耍威风时切忌无理搅三分,此外,双方要合作默契。

（4）争取承诺策略。该策略是指在商务谈判中利用各种方法,获得对方某项议题或其中一部分的认可。争取到有利于自己的承诺,就等于争取到了有利的谈判地位。在正式的商务谈判中,无论哪方谈判代表,无论什么性格的谈判者,从信誉出发,通常总要维护自己已经承诺的条件。但有时,谈判者为了加快谈判进程或躲避对方的追问,会有意识地做出一些假的承诺。为此,对待承诺要善于区分,既不盲目听信,也不全盘否定,要认真考虑对方承诺的原因和内容,见机行事,以取得有利的谈判效果。

（5）制造竞争策略。这种策略是指在谈判中创造一种竞争的姿态,如"这种订单,我已经接到了几份,他们都希望与我们合作"。这种做法,可以转变谈判中形成的局面。运用该策略的前提条件是让对方知道你对所谈问题确实有多项选择，切记不要在没有选择的情势下运用这种策略。

（二）应对"固执型"谈判者的谈判策略

"固执型"谈判者在谈判过程中固执己见，一切按规章制度办事，不轻易认同别人的意见，对新建议和新主张很反感。他们需要较长的时间适应环境的变化，谈判中需要不断地得到上级的指导和认可，喜欢照章办事。对"固执型"谈判者可采用以下策略。

（1）固守策略。固守策略是指谈判人员坚守自己的底线，不再退让，甚至当谈判进行到一定阶段、让步达到一定程度时，要表现出不惜谈判破裂的姿态。同时，谈判人员也可以装傻充愣，迫使对方改变态度，直到对方改变态度或者建议符合己方的利益时才同意。

（2）制造僵局策略。制造僵局策略是指人为地制造僵局，但真正目的是达成协议。制造僵局只是作为威胁对方的手段，会有利于己方的谈判。但是，制造僵局并不代表宣告谈判结束，打破僵局的目的是达成协议。在运用该类策略时，需要注意：①让对方相信僵局的形成是他们自己的原因，己方的行为是有道理的。②制造僵局之前，要铺好消除僵局的退路。③制定消除僵局后的方案。

（3）小圈子会谈策略。小圈子会谈策略是指双方采取范围会谈以解决分歧，小圈子会谈是指正式谈判外的小范围会谈，参加会谈的人员包括主谈人员外加一名助手或翻译，地点可以灵活选择。小圈子会谈容易创造双方信任的氛围，谈话更自由，便于各种方案的探讨，而且态度可以随意、灵活。

（4）休会策略。当商务谈判进行到一定阶段或遇到某种障碍时，谈判双方或一方提出休会几分钟，使谈判双方人员有机会调整对策和恢复体力，推动谈判的顺利进行，这种策略就是休会策略。休会一般是由一方提出的，只有经过对方同意，这种策略才能发挥作用。应用时，一是看准时机，当谈判处于低潮或出现了新情况难以调和时，一方提出休会，对方一般不会拒绝；二是提出休会的方式要委婉，休会的意义要讲清。在休会之前，要明确目前需要解决的问题是什么、休息的时间等。

（5）先例策略。"固执型"谈判者所坚持的观点不是不可改变，而是不易改变。为了使对手转向，不妨使用先例的力量影响他、触动他。例如，向对手出示有关协议事项的文件以及早已成为事实的订单、协议书、合同等，并且可以告诉他调查的地点和范围。

（6）以守为攻策略。与"固执型"谈判者谈判是很艰苦的事情，一方面，必须十分冷静和耐心，并温文尔雅地向最终目标推进；另一方面，还要准备详细的资料，注意把诱发需求与利用弱点结合起来进行攻击。

（三）应对"虚荣型"谈判者的谈判策略

"虚荣型"谈判者自我意识比较强，爱表现，好面子，喜欢被恭维，以自我为中心，对别人的暗示非常敏感。对待这种性格的谈判人员，一方面，要满足其虚荣的需要；另一方面，要善于利用其本身的弱点作为跳板，可以采取以下策略。

（1）制约策略。"虚荣型"谈判者大多好大喜功，爱表现自己，其最大的弱点就是浮夸，因此常有戒心。为了免受浮夸之害，在谈判的过程中，对"虚荣型"谈判人员的承诺应记录在案，最好要他本人以书面形式来表示，对达成的每项协议应及时立下字据，要特别明确奖惩条款，预防他以种种借口否认，必要时拿出与对方对质，使谈判朝着有利于己方的方向顺利进行。

（2）投其所好策略。与"虚荣型"谈判者洽谈，选择他熟悉、喜欢的话题，效果往往是比较好的。这样做可以为对方提供自我表现机会，同时，己方还能了解对手的爱好和有关资料，削弱对方的戒备心理及对抗力度。但要注意到"虚荣型"谈判者的种种表现可能有虚假性，切忌上当。

（3）赞美策略。顾名思义，就是赞美对方，使对方感到心理上的自豪。这样，可以使对方放松警惕，软化谈判立场，达到预期目标。同时，这种策略通过赞美可以缓解进攻势头，也可以使对方心情舒畅，对方的谈判态度会相应地有所改变。除此之外，也可以赠送礼品，选择不贵但有品味的礼品，恰到好处地传递己方的亲和之意。

（4）顾全面子策略。谈判中一方如果感到失掉了面子，即使是再好的交易条件也会造成不良的后果。实验资料表明，失掉面子的人都会从交易中撤出，对方的攻击越是切中要点，失掉面子的一方撤退得越彻底，没有一点商量的余地。

在谈判中，首先，提出的反对意见或争论应该针对所谈的议题，不应该针对人。其次，如果当一个人被逼到非常难堪的地步时，让他可选择一个"替罪羊"，为他承担责任。最后，当双方出现敌意时，要尽量找出彼此相同的观点，然后一起合作将共同的观点写成一个协定。

（5）间接策略。这一策略设计的依据，是间接途径得来的信息比公开提供的资料更有价值的心理。例如，非正式渠道得到的信息，对方会更重视。运用此种策略的具体方法是，在非正式场合，由一些谈判中非常重要的角色有意地透漏一些信息。

（四）应对"合作型"谈判者的谈判策略

"合作型"谈判者是人们最愿意接受的，因为它最突出的特点是合作意识强，他能给谈判双方带来皆大欢喜的满足。所以，对付"合作型"主谈人总的策略思想，应是互惠互利。

（1）谈判期限策略。明确某一谈判的结束时间是很有必要的，这样做可以使谈判双方充分利用时间。在不违背互惠互利的前提下，灵活地解决争议问题，适时地做出一些让步，使谈判圆满结束。运用该策略时应注意：①提出的时间要恰当，如果过早地提出最后期限，会给双方或一方造成时间上的压力，造成消极的影响。②提出的方法要委婉，强硬地提出最后期限，会引起对方不满，使谈判向不利于自己的一方发展。

（2）假设条件策略。在谈判过程中，向对方提出一些假设条件，用来探知对方的意向，这一策略就是假设条件策略。这种做法比较灵活，能使谈判在轻松的气氛中进行，有利于双方达成互惠互利的协议。一般来说，假设条件的提出应在谈判的开局至还价阶段。

（3）适度开放策略。它是指谈判人员在谈判过程中坚持开诚布公的态度，尽早向对方吐露自己的真实意图，从而赢得对方的通力合作。开放策略的"度"的大小要视情况而定，遇到"不合作型"的谈判代表，开放策略的"度"就应小些。如果遇到老朋友，这个"度"就要放得大一些，以增强协作意识，取得皆大欢喜的效果。

（4）私下接触策略。该策略指谈判者有意识地利用空闲时间，主动与谈判对手一起聊天、娱乐，目的是增进了解、联络感情、建立友谊，从侧面促进谈判的顺利进行。

（5）润滑策略。润滑策略是指谈判人员在相互交往过程中，馈赠一些礼品以表示友好和联络感情。这是国内外经常采取的一种策略，但它容易产生副作用。为了防止其产生副作用，应注意：①要根据对方的习俗选择礼品。②礼品的价值不宜过重。③送礼的场合要适当，一般不要选在初次见面的场合。

（6）缓冲策略。该策略指在谈判气氛紧张时，适时采取调节手段，使之缓和。

缓和紧张气氛的手段主要有：①转移话题，如讲一些当前国内外的大事或名人轶事，也可以开些比较轻松的玩笑等。②临时休会，使谈判人员适当休息，以便失掉不平衡感。③回顾成果，使谈判双方醒悟方才的过失。④谈一些双方比较容易达成一致意见的议题。

本章小结

商务谈判策略是一个集合概念和混合概念，是对谈判人员在商务谈判过程中为实现特定谈判目标而采取的各种方式、措施、技巧、战术、手段及其反响与组合运用的总称。本章详细阐述了谈判开局阶段、磋商阶段和交易阶段可以采用的谈判策略，同时，展示了应对不同类型的谈判者可以选择的应对策略。在谈判过程中，需要根据形势灵活选择不同的策略，使谈判向着有利于共赢的方向发展。

思考题

1. 在谈判开局阶段，谈判者应如何营造特定的谈判气氛？
2. 报价应遵循哪些主要原则？
3. 还价起点应该根据哪些因素确定？
4. 在使用最后通牒策略时，要注意哪些问题？
5. 应对"固执型"谈判者应该采取哪种策略？

思政案例分析

中日两家公司的谈判

中国广深公司向日本松田公司购买某设备的谈判已进行一周，双方仍有分歧。

谈判继续进行。广深公司决定减少部分设备的购买，改由国内供应，以调整总价。为此，广深公司提出了从购买的138台设备中减少16台的意见，但没有对松田公司原不合理的价格进行调整，建议双方磋商。松田公司看到了希望，做了些价格调整，但广深公司表示不满意。下午谈判结束时，双方还没有达成协议，商定晚上继续谈。

晚饭后，广深公司的谈判人员来到了松田公司谈判代表下榻的酒店。双方围绕设备型号的调整、备品和备件的增减，以及价格方面的磋商等进行了逐项细致的谈判，至深夜两点多钟，最终达成协议。当双方就最后一个分歧取得一致时，松田公司的代表们如释重负，全部瘫倒在沙发上。广深公司的谈判人员在主谈的组织下，认真清点了全部谈判资料后，才离开松田公司谈判代表的住地。

双方按照约定，一个月后，正式举行签字仪式。两个月后，双方向各自主管部门报审了合同并获得批准。三个月后，松田公司开始提供第一批设备。但这时，松田公司向广深公司发来传真称："设备清单中有16台设备应减去。"同时，附上了具体设备名称。广深公司接到传真后即回复："合同已正式生效并执行，此时提出这个问题似不妥！"

之后，松田公司又来电解释："减去的设备系贵方的要求，由于谈判结束时人员确实很累，没有检查，因而遗漏了。"广深公司随即再复电指出："贵方当时累可以理解，但一个月后才签合同，且又有两个月报审期，贵方完全有足够的时间纠正问题。我方已报备主管部门，合同正式生效了。"

此后，松田公司又多次来电，还派人进行交涉。广深公司仔细核查了谈判过程的资料，这16台设备确已被剔除，同时，从维护双方合作关系出发，他们在各次复电与接待对方人员的过程中始终表现出耐心与热情。最终，问题得到圆满解决。

资料来源：冯光明，冯靖雯，余峰.商务谈判：理论、实务与技巧[M].北京：清华大学出版社，2015.

案例思考：

1. 上述谈判以何种方式结束？
2. 松田公司在谈判结束时组织得如何？
3. 广深公司在谈判结束时组织得如何？
4. 如何看待广深公司最后对问题的处理？

第六章 商务谈判的沟通技巧

本章学习目标

1. 了解商务谈判沟通技巧的概念及作用。
2. 熟悉商务谈判沟通技巧的使用原则。
3. 掌握有声语言的使用技巧。
4. 掌握无声语言的使用技巧。

本章关键词

沟通技巧 有声语言 无声语言

思政案例导入

周总理用幽默风趣的回复化解尴尬

1971年,基辛格博士为恢复中美外交关系秘密访华。在一次正式谈判尚未开始之前,基辛格突然向周恩来总理提出一个要求:"尊敬的总理阁下,贵国马王堆一号汉墓的发掘成果震惊世界,那具女尸确是世界上少有的珍宝啊!本人受我国科学界知名人士的委托,想用一种地球上没有的物质来换取一些女尸周围的木炭,不知贵国愿意否?"周恩来总理听后,随口问道:"国务卿阁下,不知贵国政府将用什么来交换?"基辛格说:"月土,就是我国宇宙飞船从月球上带回的泥土,这应算是地球上没有的东西吧！"周总理哈哈一笑："我道是什么，原来是我们祖宗脚下的东西。"基辛格一惊，疑惑地问道："怎么？你们早有人上了月球，什么时候？为什么不公布？"周恩来总理笑了笑，用手指着茶几上的一尊嫦娥奔月的牙雕，认真地对基辛格说："我们怎么没公布？早在5 000多年前，我们就有一位嫦娥飞上了月亮，在月亮上建起了广寒宫住下了，不信，我们还要派人去看她呢！怎么，这些我国妇孺皆知的事情，你这个'中国通'还不知道？"周恩来总理机智而又幽默的回答，让博学多识的基辛格博士笑了。

【分析】这是一段经典的谈判案例，周总理通过自己幽默风趣的回答，既缓解了谈判即将面临的尴尬，也压制了美方蓄意制造的气势。

基辛格突然的发问和交易请求，意在展示本国国力强大，周总理的提问似是掉进基辛格的谈判陷阱中，其实是通过欲扬先抑的策略，吊起对方的胃口，最后，通过彰显文明古国的悠久历史打了对方一个"回马枪"，在周总理的连消带打下，美方谈判者的气势在幽默风趣中被打压了下来。

资料来源：张颖霞. 环球人物[EB/OL].[2011-09-10].https://wenku.baidu.com/view/017e870b763231126edb11b6.html.

商务谈判中正确运用语言，可以有效化解谈判中的尴尬气氛。谈判中的有声语言和无声语言都有一定的技巧，本章将学习谈判中的沟通技巧。

第一节　商务谈判沟通技巧概述

一、商务谈判语言的类型

在商务谈判中，通常将语言分为有声语言和无声语言。有声语言是指通过声音传播的口头语言，而无声语言是指凭借有声语言之外的诸如身体动作、面部表情等信息符号，与谈判对方进行沟通的语言表达工具。

（一）有声语言

有声语言是指通过声音传播的口头语言，它是人类社会最早传播的自然语言，也是人类交际中最常用的、最基本的信息传递媒介。有声语言是商务谈判中使用的主要语言，大多数时候是传达谈判意图的首选手段，本书将有声语言分成外交语言、商务语言、法律语言、文学语言和军事语言。

（1）外交语言。外交语言具备委婉、礼貌的表达方式，具有缓冲性、模糊性和圆滑性的特点，讲究含蓄、委婉，字里行间要留意对方的弦外之音，既能满足对方尊重的需要，又能避免己方的失礼。外交语言是一种阐明问题、软化冲突、留有余地，避免陷入僵局的有声语言。掌握外交语言，能够营造良好的谈判环境，促使谈判双方顺利达成谈判目的。

（2）商务语言。商务语言是商业活动的交际媒介。它是商业交际信息载体的主要角色，起着传递信息、接受信息、沟通商业主体与客体、实现商业目的的桥梁和工具的作用。商务语言的特征是简练、明确、专一，强调语言表达上的通用性和专一性。

商务语言的通用性体现在，能够通过总结以往的经验，形成标准化的语言，用简练的语言，有效、明确地表达自己的情绪或谈判目的。商务语言的专一性体现在，商务语言是明确传递内容的语言，传递的内容要明确。因此。商务语言不能包含使谈判对方产生歧义的内容，要专一于要表达的内容。

（3）法律语言。法律语言是指法律工作者在立法、司法等实践工作中使用的特殊专业语言，是一种有别于日常语言的技术语言。在商务谈判上，有时会运用到法律语言。法律语言的特点是强制性、严谨性，每种法律语言及其术语都有其特定的内涵。

法律语言具有强制性的特点。法律起到的是命令、规范的作用，是作为具有强制力和权威性的规范语言。法律语言具有严谨性的特点。严谨性要求法律文本和条文的表达在通常情况下具有确定的意义，能够作为谈判的依据，不至于游移不定、模棱两可，要遵循严密的逻辑结构，做到言之有理、准确合法、无懈可击。

（4）文学语言。文学语言的特点是优雅、生动、诙谐，能够有效地增强语言所蕴含的感情和感染力，创造舒适的谈判环境。

【趣味阅读6.1】夏目漱石温柔含蓄的翻译

夏目漱石在日本近代文学史上享有很高的地位，被称为"国民大作家"。他对东西方的文化均有很高的造诣，既是英文学者，又精擅俳句、汉诗和书法。写小说时他擅长运用对句、叠句、幽默的语言和新颖的形式。

夏目漱石在学校当英文老师的时候，给学生出的一篇短文翻译，要求把文中男女主角在月下散步时，男主角情不自禁说出的"I love you"翻译成日文，夏目漱石说，不应直译而应含蓄，翻译成"今晚的月色真美"（月が绮丽ですね）就足够了。这就是文学语言的魅力。

资料来源：百度知道 https://zhidao.baidu.com/question/1960125111805696740.html。

（5）军事语言。军事语言主要是指军事行动、军事指挥、军队日常生活、军队日常及战时管理的语言。商务谈判中使用的军事语言主要是通过充满气势、简洁干练的语言，创造符合预期的谈判环境，其特点是简明、坚定、干脆利落、铿锵有力。军事语言具备表达坚定的立场、稳定紧张情绪、加速谈判过程的作用。

（二）无声语言

无声语言指凭借有声语言之外的诸如身体动作、面部表情等信息符号与谈判对方进行沟通的语言表达工具，世界著名非语言传播专家博德·威斯泰尔研究证实，一次普通的交谈，语言传播仅占35%，其余65%的信息由非语言成分传递。

有声语言是主角，但少了无声语言的配合，有声语言会显得枯燥、乏味。无声语言是"润滑剂"，能让有声语言更生动、有趣，以丰富的内涵和多变的形式更能表达谈判者的意思。

（1）表情语言。表情语言，即微表情，是指人们通过做一些表情把内心感受表达给对方看，在人们做的不同表情之间，或是某个表情里，脸部会"泄露"其他信息。在谈判过程中，双方的真实接受程度和内心底线往往不会表现出来，但这种刻意的压制和隐藏却会被细微表情所暴露。

表情语言通常表达七种情绪，即恐惧、愤怒、厌恶、惊讶、轻视、悲伤和欢乐，虽然各个国家有不同的语言体系，但表情语言表达的情绪是通用的，表情更像是身体为表达情绪做出的应激反应。对于一个经验丰富的谈判者而言，通过表情语言可以掌握很多有利于谈判的信息，或者通过控制自己的表情来给谈判对手创造失误。

（2）肢体语言。肢体语言是指人们通过身体四肢的动作表达出的情绪和意义。每个谈判者都应熟知身体语言信号，谈判时，你嘴里可能说了些言不由衷的话，但你的身体语言却会"出卖"你。如果你的身体语言发送出不同的信号，你所传达的信息也将会减弱，经验丰富的谈判对手便可以发现你的弱点，进而通过谈判策略建立对方的谈判优势。

（3）物体语言。物体语言是指人利用物体或通过对物体的使用而传递出具有一定意义的信号。在人际交往中，物体语言就是一种感染力很强的信息传播媒介。

在商务谈判中，谈判者身穿的服装、佩戴的配件、谈判场景的布置等，都是物体语言重要的展现形式。

二、语言技巧在商务谈判中的重要性

（一）商务谈判成功的必要条件

语言技巧是谈判成功的必要条件。合理运用语言技巧，能够营造舒适的谈判环境，建立优势，为达成谈判目标奠定基础。高超的语言技巧是一种艺术的表达方式，可以引发谈判对手对谈判主题的兴趣，并且愿意继续倾听。一些常规的、程式化的表达，会令谈判对手产生千篇一律的感觉，进而逐渐对谈判的主题和目标失去兴趣。面对诚心不足或态度冷漠的谈判对手，高超的语言技巧可以引发对手的兴趣，从而顺利开展谈判。

（二）阐述己方观点的有效工具

语言技巧是阐述己方观点的有效工具。任何表达、任何内容都离不开语言的传递，谈判双方要想充分理解对方想要表达的内容，准确判断对方的诉求，并果断地将己方立场、诉求表达出来，都需要运用语言技巧。良好的语言技巧能够在谈判中起到正面效果，而不当的语言甚至会影响谈判的效果。

（三）实施谈判策略的有力武器

语言技巧是实施谈判策略的有力武器。谈判意味着双方处于对立的地位，而消除对立和不协调需要实施正确的谈判策略，语言技巧的运用可为谈判策略的实施提供途径。例如，在实施红白脸的谈判策略时，作为"白脸"的谈判者就要有理有节、据理力争、毫不退让，同时还要保持自己的良好形象。这种策略就要求谈判者具有高超的语言技巧，避免语言运用不当而使对方感觉自己态度蛮横，留下负面的印象。相对于平和的语气或稳重得体的语言，蛮横无理显然代表着不同的效果和策略。

（四）处理双方人际关系的关键

语言技巧是处理谈判双方人际关系的关键。谈判双方人际关系的建立、维持和发展深入，需要借助语言的交流。谈判双方的语言都是站在各自立场来达成各自目标和诉求的体现，当双方的语言表达与双方的共同目标一致时，双方的人际关系就会得以建立。反之，如果语言技巧和能力水平较低，就会影响双方在谈判中的人际关系，甚至会导致双方关系不协调或破裂。

三、正确运用语言技巧的原则

（一）客观性

语言技巧的客观性是指在商务谈判中运用语言技巧表达思想、传递信息时，必须以客观事实为依据，要实事求是地陈述自己的实际情况，应运用恰当的语言，向对方提供令人信服的依据。这是一条最基本的原则，是其他一切原则的基础。离开了客观性原则，不论语言技巧有多高，都只能成为无源之水、无本之木。如果谈判双方均能遵循客观性原则，就能给对方真实可信和以诚相待的印象，就可以缩小双方立场的差距，使谈判的可能性增加，并为今后的长期合作奠定良好的基础。

（二）准确性

语言技巧的准确性是指使用的谈判语句要用标准化的语言，口齿清楚、发音准确，要让自己的每一句话或每一个动作都能让对方明白无误。

谈判人员要做到选词正确、运用专业术语准确，并且还要将谈判目标与有关条款清楚地表达出来。例如，若在谈判中提及时间、地点以及商品数目时，切记不可以使用"也许""大约"等模糊词。另外，谈判时切忌使用己方的方言与对方交流，因为如果对方不是本地人，很可能无法完全理解你所要表达的意思，这就会导致谈判的沟通交流产生阻碍。

拓展阅读6.1

甲乙双方应遵循客观性原则

（三）针对性

谈判语言的针对性是指根据谈判的不同对手、不同目的、不同阶段的不同要求使用不同的语言。简而言之，就是谈判语言要围绕主题，有的放矢、切中要害、对症下药。

提高谈判语言的针对性，要求做到以下几点。

（1）根据不同的谈判对象，采取不同的谈判语言。不同的谈判对象，其身份、性格、态度、年龄、性别等均不同，在谈判时，必须反映这些差异。这些差异透视得越细，洽谈效果就越好。

（2）根据不同的谈判话题，选择不同的语言。

（3）根据不同的谈判目的，采用不同的语言。

（4）根据不同的谈判阶段，采用不同的语言。例如，在谈判刚开始时，以文学、外交语言为主，有利于联络谈判双方感情，创造良好的谈判氛围。在谈判进程中，应多用商业、法律语言,并适当穿插文学、军事语言,以求柔中带刚,取得良好的效果。谈判后期,应以军事语言为主,附带商业语言、法律语言,以定乾坤。

(四)逻辑性

谈判语言的逻辑性是指语言要明确、恰当,推理符合逻辑规定,证据确凿、说服有力,要求谈判者有缜密的逻辑思维能力。

在商务谈判中,逻辑性原则反映在问题的陈述、提问、回答、辩论、说服等各个语言技巧运用方面。陈述问题时,要注意术语概念的逻辑性,注意问题或事件及其前因后果的衔接。提问时,要注意察言观色、有的放矢,要注意把语言和谈判议题紧密结合在一起。回答对方提出的问题时,要切题,不要答非所问。说服对方时,要使语言、声调、表情等恰如其分地反映自己的逻辑思维过程。逻辑性还要求谈判者要善于利用对手在语言逻辑上的混乱和漏洞,以期及时驳倒对手,增强自身语言的说服力。

(五)辩论性

语言技巧的辩论性是指在一定的情况下要用一定的理由来说明自己对事物或问题的见解,揭露对方的矛盾,以便最后得到共同的认识和意见,谈判辩论的目的不仅在于明晰问题,更在于解决问题。

第二节 有声语言技巧

通过有声语言技巧,可以成功地阻击谈判对手,预防对手攻击并建立起谈判优势。

一、听与辩的技巧

在"听"的基础上进行辩论,"辩"的目的在于寻求共同点,最终达成交易。不是用僵硬的思维方式去评判哪一方的对与错,而是在合作的基础上,多方面、多层次地探讨、分析达成协议的可能性。

如果将谈判者的大脑比作一个高速运转的数据处理系统,"听"是数据录入及部分数据筛选的环节,而"辩"则是数据输出的环节,两个环节互相协调、密不可分、缺一不可。因此,谈判者要学会有效地"听"、正确地"辩",以达到既定的谈判目标。

"听"与"辩"是谈判的两个基础环节,谁在"听"与"辩"的能力和技巧上更胜一筹,谁就能掌握谈判的主动权,获得己方的谈判优势,最终得到更多的利益。

(一)听

"听"的本意为用耳朵感受声音,使"耳有所得",但在商务谈判中,"听"不只是简单的听的行为,需配合细致的观察、快速的思考,为得出最好的应对方式打下良好的基础。

【趣味阅读6.2】判断出对方犹豫时,加大筹码达成谈判目标

销售专员小王打算将一批智能设备卖给新客户李先生,他准备得很充分,有理有据地将客户的需求及购买点传递给了客户:"综上,我认为您完全有理由购买我们的产品,并且,价格只要……"小王总结道。李先生眼帘低垂,回应道:"唔……容我再思考一下……"小王紧接着便说:"况且,我们的产品包括很多后续服务……这些都不需要您花费额外的成本。"小王抛出了另一个筹码。"这样啊,我觉得你们的产品可以,价格合适,我们可以买来试试!合作愉快!"小王拿下了这笔订单。

小王敏锐地发现了李先生话语里表达出的情绪和内涵,既没有含糊否定,也没有立刻肯定,表示谈判对方可能在斟酌是否购买的决策,这代表对方已经意动了,只是倾向于购买的意志并没有强烈到马上做出决策,此时,小王通过激进的谈判策略,立刻加重己方筹码,不给对方明确对比得失的时间,加快对方的决策速度,最终达成了谈判目标。

(1)集中精力地听。集中精力地听是指聆听对方说话时要专心致志、精力集中,不可心不在焉、"开小差"。

在谈判时,集中精力地听是很有必要的。首先,谈判对手的每一句话都可能包含左右谈判结果的重要信息或个人情绪,你不可能要求谈判对手只在你集中注意力时传递重要信息,切忌"开小差"而遗漏内容。其次,谈判时一旦注意力不集中,很可能会被谈判对手抓住己方漏洞,从而通过谈判策略或信息的不对称建立谈判优势,最终使己方失利、对方得利。最后,如果在谈判时"开小差"导致信息遗漏,请对方再重复一下遗漏的信息,一方面有失谈判礼节,让谈判对手认为你不够重视这场谈判;另一方面会在气势上略输对手,让对手获得谈判心理优势。

(2)耐心地听。谈判者在聆听时不要流露出厌烦的情绪,保持耐心,满足对方被尊重的需要。对别人说的话,你要表示理解。对方之所以要与你交谈,主要

是想你认同他的观点或者改变你的观点,达成共识。耐心地听,有利于营造轻松、舒畅的谈判氛围,倾听和叙述需要营造一个轻松、舒适的环境,这样对方可能会吐露更多谈判信息。

首先,要做到不打断别人,让别人畅快淋漓地说话,在别人说话的时候,不要打断,不要做多余的事情,安静地、专注地听就行。尤其是在对方停顿的时候,不要抢话,给出对方思考和调整的时间,直到对方把话说完为止。其次,要有反馈,对方说话,及时给出回应,以最好的行为回答对方提出的问题,给出反馈是人们在交互过程中必需的动作,能让对方明白你在认真听他说话,能给人被尊重的感觉。最后,全身心投入,耐心倾听,不能走神,与对方交谈时,要面向说话者,可以用适当的姿势或者手势配合,并且注意时常微笑,营造良好的交流气氛。

(3)有选择地听。不是所有信息都是有用、正确、真实的,要辨别信息的真伪。有选择地听,要求谈判者专心致志地听,收集全部谈判信息,但辨别信息时要去伪存真、去粗取精,抓住信息重点。

首先,要明确谈判目标,只有对谈判的预设目标足够了解,大脑才能在第一时间将信息围绕谈判目标进行筛选。其次,要做好充足的准备工作,将准备的材料作为初步的筛选标准,与听到的信息进行对比,筛选出最有价值的信息进行分析,谈判前的准备工作做得越全面、越仔细,筛选时就越轻松。最后,将筛选后有价值的信息进行分析,综合谈判前的准备资料得出结论,帮助自己实现谈判目标。

(4)克服先入为主地听。要求谈判者不能通过谈判前的印象与臆断,仅以自己以往的经验来分析谈判时听到的信息。人们经常根据以往的经验来对事物进行理解和判断,这就是先入为主。先入为主地听,会扭曲说话者的本意,忽视或拒绝与自己心愿不符的意见,导致接受的信息不准确、判断失误,造成行为选择上的失误。

如何克服先入为主地听,谈判者首先要尽量确保以往经验的正确性,一个有效的办法就是不断进行反思,修正与改进。其次,要想打破常规,就必须克服几种思维定式:功能固着、信念偏执效应和心理定式。最后,要学会在思考时不断理性地修正思考结果,因为直觉虽然能快速地给出结论,但结论时常缺乏足够的准确性。

(5)避免被动地听。要求谈判者对发言做出积极回应,善于理解对方传递的信息,不能一味地、僵硬地听,借助适当的表情或动作做出回应,使对方感到被重视，有利于气氛融洽。

首先，谈判者要做到集中精力地听，保证自己能够听到所有的信息。之后，谈判者要快速地对信息进行整理、筛选并分析。最后，对正面信息给出积极的回应，对负面信息给出质疑的回应，对有疑问的信息给出追问的回应，但一定注意不要打断说话人正在叙述的完整语句。

（6）注意察言观色。要求谈判者注意发言者的面部表情和肢体动作，发言者通常会用表情、动作来表达特定的信息，需要倾听者察言观色、揣摩对方的真实意图。这是收集谈判信息，验证信息真实性、有效性的重要手段。

例如，当人们表达恐惧时，通常会抬起眉毛，睁大眼睛，双唇微张，下唇微微向下突出；当人们表达愤怒时，眉毛会拉下来或是缩作一团，双眼圆瞪，双唇紧闭，鼻孔外扩；当人们表达厌恶时，通常会耸起上唇，就好像对手身上散发着异味一样，不由得皱起鼻子；当人们表达悲伤时，通常会眼帘低垂，双目空洞，双唇微闭，声调也会发生变化；当人们表达快乐时，通常会睁大眼睛，面带微笑，双颊提高。

（7）做必要的记录。谈判者只靠记忆把所有信息记录下来非常困难，记录部分内容，可以帮助分析、理解对方的真实用意，还可以就不明白的问题询问。

做必要的记录，可以让对方感知到对这场谈判的重视。可以显示出自己的专业性，在气势上不落下风。可以帮助谈判者进行记忆，一场完整的谈判意味着谈判者要记忆大量的信息，对关键的地方进行记录，有利于谈判者记忆信息。记录作为对信息进行初步分析的载体，可以通过记录的内容和简单的符号，帮助谈判者进行简单的逻辑连接和分析。在谈判之后整理总结记录，方便谈判者复盘，更新自己的知识经验。

（二）辩

"辩"是指彼此用一定的理由来说明自己对事物或问题的见解，揭露对方的矛盾，目的在于寻求共同点，最终达成交易。

（1）一切要尊重事实。谈判前辨别好准备材料的真实性，确保资料真实、可信，谈判时一定要讲事实、摆证据，有物可依。尊重事实是谈判的前提，建立在谎言和虚假信息上的谈判，即使谈判成功，也是空中楼阁，之后会暴露出很多的矛盾和问题。

（2）不纠缠小的枝节。一切语言要以谈判目的为核心，这要求谈判者掌握好大的原则，集中精力关注主要的问题，不纠缠细小的枝节。无论多么复杂的问题，其中必定有一个决定全局的核心，若能排除细枝末节，抓住关键，就能一击而中，控制局面，解决问题。

论证己方观点时，突出重点，层次分明；反驳对方观点时，有的放矢，一语中的。在阐述自己的观点和内容时，可以通过"金字塔原理"来梳理逻辑，可以使表述更为连贯、透明。

（3）辩论要适可而止。在谈判的语言表达中，分寸感尤其重要，即便是很好的话题也要学会适可而止。得理时切记要饶人，即使有理，也要注意说话态度，过分"气壮"的话可能会激怒对方，导致对方明知是错也不愿意向你认错，商务谈判的氛围及谈判双方的情绪都有着影响谈判结果的作用。论述时切勿喋喋不休，要知道过犹不及，同样的内容说三遍，对方可能会感到厌烦，一定要注意分寸，突出重点的方式不一定是反复重复同样的内容，也可以通过语音、语调等方式来实现。

（4）注意个人的举止和气度。不管采用何种谈判策略，强硬也好、平和也罢，说话时一定要彰显自己的气度。谈判者个人的修养与风度，也在一程度上影响着谈判的结果，个人的人格魅力也是谈判优势的一种。不管遇到什么情况，说话都要张弛有度，有分寸，有缓急，保持镇静。谈判落入下风时，也不能因为一时得失就进行人身攻击，这样只会损害形象、丢失面子。

要保持微笑，一方面，表现对自己的能力充满自信，以不卑不亢的态度进行发言，使自己在气势和风度上不处于劣势；另一方面，向对方传递友善的信号，表明双方都是以谈判成功、互惠互利的双赢结果为目的而辩论的。

二、陈述的技巧

陈述是谈判者介绍自己的情况、阐明自己观点或看法的基本途径，是让对方了解自己的想法、方案及需求的重要手段，是谈判中的重要技巧之一。在谈判的过程中，陈述大致可分为入题和阐述两部分。

（一）入题

谈判开始时，恰当运用开场技巧能够为谈判带来更大的胜算。常言道："好的开始是成功的一半。"很多谈判者都会因为无法预知谈判的发展趋势而在谈判开始前过分焦虑或是紧张，这样很容易陷入被动。因此，好的入题显得尤为重要。

（1）迂回入题。谈判时先从题外话入题，介绍季节和天气，或者谈论当前的时事新闻等话题，这样可以避免谈判时单刀直入，进而营造谈判的融洽气氛。

如果谈判对手属于平和型或封闭型，谈判者可以从介绍己方谈判人员入题，粗略地介绍己方人员的职务、性格、爱好等，这样既可以打开话题，又可以通过闲聊来拉近双方关系，消除双方在谈判前的忐忑心里。除此之外，还能够简单地将自己的团队实力展示给对方。如果对方是强势型的谈判对手，谈判者可以从介绍己方业务、公司能力方面入手，充分展示己方雄厚的资源和力量，向对方表明己方的自信，在谈判初期不落下风。

迂回入题的好处在于，它会给谈判双方营造一种舒适、放松的环境，消除对方的戒备心。同时，当看到谈判者如此沉着冷静之后，对方就会产生一种无形的压力，从而不敢轻举妄动。但是，在使用迂回入题的时候，也需注意避免使用陈词滥调。

（2）先谈主干问题。开始正式谈判时，尽量先从主干问题开始谈，之后再谈细节问题。主干问题没有明确或者没有合作意向，细节问题就是空中楼阁，容易被推倒重来。谈判者可以在谈判的准备期，将要洽谈的问题完全枚举出来进行分层和归类，厘清他们的逻辑关系。这样，在谈判时容易掌控节奏，一步步地走向谈判成功。一旦双方就原则问题达成一致，交谈细节就有了基础和依据。

（二）阐述

谈判的中间环节就是阐述要点，表明谈判者的想法。首先，需要明确提出本次谈判的主题，确立需要解决的问题。"明确"是重点，切忌含糊其辞、模棱两可。其次，表明立场和己方应取得的利益。最后，表明谈判的目的和原则，尽可能简明扼要、言简意赅，切勿长篇大论。因为，在这一环节中，谈判者的目的是让对方获悉己方的谈判目的和最后底线，如果做不到简明，就很难给对方留下深刻的印象。

三、问与答的技巧

（一）问

在商务谈判中，提问不仅可以了解对方的意愿和想法，掌握更多的信息，也可以通过一问一答的方式促进双方的沟通，了解自己的同时，也可以了解对方。

在提出问题的时候，谈判者可以再一次对问题进行思考，大脑会重新梳理一遍提出这个问题的逻辑，使谈判者对之前的内容查缺补漏。同样，提出问题也可能会在不经意间挖掘到更多暗藏的、不易被发现的信息，为自己的团队提供更多的帮助。

谈判中的提问是一门语言的艺术，如何才能让对方回答一些他们本不想透露的信息，是提问环节的关键和主要目的。除此之外，提问还有助于谈判者引导谈话的方向，控制谈判的进程。谈判者可以通过巧问引出或转移话题，使谈判向着有利于自己的方向发展。

根据提问的目的，可以将提问方式分为以下六种。

（1）强调式提问。旨在强调己方的立场和观点，但不能太强硬。其目的是通过提问，强调自己想要表达的内容，通常使用反问句式，如"贵方提议的价格是不是太苛刻了？"善用强调式提问，可以帮助谈判者把控谈判节奏和内容，将谈判双方的注意力更多地集中在期待的内容上。

（2）诱导式提问。旨在要求对方回答己方预期的答案，或者赞成己方的观点。诱导式提问通常会带有很强烈的暗示性，谈判者往往采取反义疑问句的提问方式，暗示的目的不在于获知对方的信息和意图，而在于让对方赞同己方的观点或是想法，如"请问是否可以进入下一个议题？"

（3）澄清式提问。针对答复重新措辞，旨在让对方进一步证实或补充答复，使得回答明朗化。这种提问方式也是极具技巧性的，谈判时，对方可能会对某些问题的回答较为含糊，或者会对自己表述的信息进行模糊处理，从而起到迷惑对手的作用。当遇到对方说话含糊其辞或者己方对对方叙述的内容不完全明晰的时候，就可以采取这种提问方式，步步紧逼，让对方提早亮出底牌，如"贵方的意思是……，对吗？"

（4）探索式提问。要求对方进一步说明或讲解，既表达己方感兴趣，又可以挖掘更多有用的信息。这是一种推心置腹的发问方式，通常要求提问者放低己方姿态，与对方坦诚相见，从而更容易获取对方的相关信息。这种提问方式，使用得当通常能够营造和谐的谈判氛围，让对方感受到己方对于本次谈判的诚意，放下戒备心理，透露更多的相关信息。例如，"您的质疑会是我们前进的动力，您能否详细地告诉我们一些质疑的理由呢？"

（5）商量式提问。商量式提问旨在使对方同意，语气易被对方接受，即使不接受也不会尴尬。商量式提问的核心在于"商量"，要求谈判者在问题中明确需要商量的内容，有时可以率先给出让步。它是一种温和的提问方式，用此方式提出的问题也通常不是很尖锐的问题，使双方都留有余地。例如，"这批设备的订购价我再给您优惠一些，您需要再考虑一下吗？"

（6）选择式提问。给对方几种情况，让其从中选择，把己方的意见抛给对方，或多或少带些强迫的倾向，因此要注意措辞委婉。如果是没有侧重点的选项，尽量不要设立太多的选择项，这很可能使对方陷入选择困难，使谈判陷入僵局。同时，谈判者也要注意，提出问题的每一个选项在提问之前一定要向对方描述清楚，讲清利弊优劣，如"贵方支付的方式是支票还是信用证？"

提问的技巧主要有以下八种。

（1）要提前准备问题。准备的问题是为随后的主要问题铺路，问起来很轻松，回答也容易，可以让对方放松警惕，也让对方暴露一些想法。谈判前进行资料的收集、筛选，谈判时要通过"听"来修正已有信息，使信息更全面、更准确，以此为前提准备问题，才能够问出关键性的、能够深入主题的问题。过于关注细枝末节或抓不住重点的问题，只能拖慢谈判进度。

（2）要明确提问内容。首先，提问之前应明确自己问的是什么。提问的语句一定要准确、简练，措辞一定要慎重，尽量避免问题产生歧义、使对方答非所问，也要避免使对方陷入窘境，引起焦虑与担心。提问者即使是谈判队伍中的决策者或核心人物，也不要显示自己的特殊地位，表现出咄咄逼人的态度。

（3）要把握提问时机。在谈判中应该时刻注意对方的阐述和回答，根据对方的回答和当时谈判内容的走向，可以在对方发言完毕之后提问，或者对方发言不利于谈判进行的情况下，在对方发言停顿、间歇时提问，以及自己发言前后提问，避免给对方造成突兀的感觉。既不能太急，暴露己方的意图，也不能太迟，影响进程。

谈判者要知道，谈判的过程中并不是任何时候都适合提问，在对方没有叙述完全部内容，或对方明显有后续内容要继续描述时，打断对方提问可能就会打断对方思路，导致谈判信息遗失。除此之外，谈判者也可根据自己的谈判策略，选择在对手说话时打断对方提问，以此达到自己的某些谈判目的。

（4）提问要有逻辑性。由浅入深、由表及里,讲究提问的逻辑,深入地了解对方，挖掘更多有用的信息。先问浅显的问题，一方面可以打消对方的警惕，使对方疏于防范而在稍后的回答中透露更多的信息或细节；另一方面也可以为之后的深入提问提供更多、更广泛的细节支持，使问题直指核心、一步到位。

（5）提问的语速要适当。通常情况下，语速不能太快，否则对方没听明白，或者感觉你不耐烦；也不能太慢，否则会让对方感觉沉闷，影响谈判气氛。提问的语速要配合既定的谈判策略，若采取强势的谈判策略，可考虑适当地加快语速。若采取怀柔的谈判策略，可考虑适当地减缓语速。

（6）要采用灵活的提问方式。熟练运用正问、反问、追问、侧问等方式，全面获取信息。要求谈判者熟练使用各种提问方式与句式，要学会在正确的时机使用正确的提问方式。例如，谈判者希望强调某些重要内容，可以使用反问的提问方式加强语气，强调重点。

（7）提问态度要诚恳。克制不耐烦、激动、张狂，这样才能激发对方对问题的兴趣，乐于配合你回答问题，这有利于谈判顺利进行。提问时保持态度真诚、有礼貌，这会让对方感觉自己受到了尊重。提问之后，要给对方留有一定的时间来回答问题，每一个问答环节都应该是闭环，有问有答，有输出、有反馈。

（8）要考虑被问方的特点。对方坦率耿直，提问就简洁；对方爱挑剔、善抬杠，提问要周密；对方害羞，提问就要含蓄；对方急躁，提问就要委婉；对方严肃，提问就要认真；对方活泼，提问可诙谐。这要求谈判者在谈判之前，除了针对谈判议题与内容做足准备外，还要对谈判对手进行了解，在谈判时，也要认真聆听对手的语言，认真观察对手的肢体动作。

（二）答

谈判是没有硝烟的战场，战局时刻都在变化，问与答就像双方战士的刀剑相交，考验的是谈判者的智慧和能力，对手提出的问题就是发起的进攻，多变并且不可预见，谈判者的每一次回答，就是在防御对方进攻并从中寻找进攻机会，一旦谈判者的答复内容存在着漏洞或者不合理的地方，就可能使得己方在谈判过程中处于劣势地位，对己方利益造成损失。因此，如何对谈判对手的问题进行回答成为商务谈判的重要环节，主要有以下七种回答的方式。

（1）针对式回答。弄清楚问题的真实意图后，如实回答。针对式回答要求谈判者正确解读对方的问题：①要知道对方基于哪些已知内容提出这些问题的。②要思考对方为什么问这些问题，想要达到什么目的。③要想明白对方可能期待得到怎样的答复。在正确解读对方的问题之后，谈判者可以根据实际情况和谈判目标进行针对式回答。

（2）肯定式回答。同意对方的观点，稍做补充、附带条件的回答。通常是在谈判双方达成阶段性共识后进行的总结式回答。谈判者一定要在肯定式回答之前，明确己方是否还有其他未达成的阶段性谈判目标，确认后才能给出对方肯定式的答复。若肯定答复对方之后又发现遗漏内容从而反悔，一方面显得己方不专业，对这场谈判不重视；另一方面会让对方心生厌烦，甚至使谈判陷入僵局。

（3）否定式回答。虽不同意对方的观点，但语气委婉、含蓄，不刻意地做出否定话语的回答。在否定对方的同时，也要承接自己接下来要叙述的内容。谈判者一定要讲清楚，为什么对该问题做否定回答，争取对方能够理解并根据己方理由进行深入思考。之后，谈判者要尽量给出其他方案进行讨论，方案可以不完善但必须具备可讨论的内容。

（4）反问式回答。用反问的方式回答对方。反问是借助疑问句来传递确定信息，以加强肯定或否定语气的一种提问方式，它的语气要比直接陈述回答更强劲有力，有利于表达鲜明的态度。另外，反问也可以为自己留下思考问题的机会，以应对对方的问题，不便回答问题时也可以使用。

（5）转换式回答。答复问题时把话题引到其他方向上去，"答非所问"。遇到不方便正面回答的问题时，可以通过暗示让对方明白其中的意思，这是一种有效的缓冲方法。面对不想回答的问题，当作没听到，开启新话题，这是很常用的谈判技巧，主动转换话题，能够主导谈判方向。这样，谈判者才能在谈判中占据主动，避开雷区。但是，谈判者要明晰，转换式回答必须是在前一个问题的基础上自然转换，尽量不要有刻意雕琢的痕迹，以免落人口实。

（6）模棱两可式回答。对问题不表示同意也不表示不同意，这样能够避免直接回答问题，也能给己方更多的时间考虑对策。给对方以模糊的态度可造成对方判断上的混乱，也可避免暴露己方的真实意图。

（7）狙击式回答。当主动权被对方抢夺、自己处于不利的被动地位时，对进攻型提问进行反击式回答。要争取回答问题迅速易位，变被动为主动，以免对方步步紧逼，避免自己处于前有追兵、后无退路的困难境地。狙击式回答考验谈判者的能力和对谈判形势的把控，如果回答有漏洞、给对手留下可乘之机，会使己方的谈判环境更加恶劣。

回答的技巧主要包括以下四个要点。

（1）深思熟虑后作答。在提问与回答之间需要有适当的时间留作思考，尽量不要立刻回答，否则容易掉进对方设下的圈套中。回答之前做好准备，构思好问题的答案，留给自己充分思考的时间。对方提问结束后，不要立刻开始思考，突如其来的沉默可能会使谈判陷入尴尬，要通过上文所述的一些语言技巧、巧妙地为自己争取思考时间，有时可以与对手言明需要时间思考或同伴进行讨论后再作答。切忌自以为是、自以为知道答案而不去思考。

（2）准确把握对方提问的真实用意。谈判者面临的问题往往千奇百怪、五花八门，许多问题都是对方精心设计之后才提出的，它可能是为了达成某个谈判目的，也可能是为了使己方露出破绽的陷阱。因此，谈判者一定要在对方提问后思考清楚对方提问的真实用意。同时，还要明晰对方的问题对己方的价值，从而决定己方用何种方式回应对方的问题。

（3）对己方不知道的问题不要随便作答。参加的人员是来自各行业的，不是每个人都能对任何问题做出合理回答，对不可预见的问题，不可为了面子对不懂的问题强作回答，这不仅可能损害己方的切身利益，还可能无法挽回自己的面子。谈判者可以用资料不全或需要请示等借口来拖延答复。例如，可以这样回答："对您所提的问题，我没有第一手资料来做答复，我想您是希望我为您作详尽圆满的答复的，但这需要时间，您说对吗？"

（4）回答问题要留有余地。不是所有的问题都要仔细作答，有些问题并不值得回答，直接回答可能会对己方不利，不便作答的问题可以根据情况适当回应。例如，谈判者是一名推销员，正在推销一部电脑，有人问电脑的价钱，你思考后确切地知道，只要把价钱直接告诉对方，对方很可能会因价格昂贵而怦然关上门。此时，谈判者不能照实回答，可以闪烁其词地说："先生，我确信您会对价格很满意。请让我把这台电脑和其他电脑不同的性能向您说明一下好吗？我相信您一定会对我们的电脑感兴趣的。"

（三）问与答的目标：说服

不管是"问"还是"答"，都有一个永恒的主题，就是说服对手。但要明确的是，说服不是打败对手，而是要寻找双方的利益共同点，让对方理解并同意己方找到的共同点。

（1）摸清对方心理。谈判者要具备"同理心"，要站在对方的角度考虑问题，了解对方的真实心理。站在对方的角度考虑问题，一定是建立在对对手有相当程度的了解上的，一方面要了解其谈判目标和策略；另一方面要了解其性格和习惯。

这些信息可能来自谈判前的资料收集，也可能来自谈判时的所见所闻。谈判者需要将这些信息合理地进行思考和逻辑联系，厘清对方每一次发言背后的意义和心理活动，并有针对性地提问和作答。

（2）取得他人信任。信任是合作的基础，只有双方互信，才能顺利开展各项工作，才可能说服对方。但是，谈判者要注意的是，这里的信任不是无条件的信任，而是在谈判过程中对对手发言不断验证后的信任。谈判时，谈判者可以率先表明某个谈判目标是双方都希望达成的，以最快的速度达成某项双赢的谈判目标，建立良好的谈判开局。谈判者可以在谈判时多说一些能够被对方验证为真的信息，让对方能够自己得出己方可信任的信息。在一些无关大节的问题上，谈判者可以适当地让利，让对方感受到己方的真诚。在态度上，谈判者要做到进退有度、温和礼貌，亲和的态度有利于建立双方的信任关系。

（3）寻找共同点。可用共同感兴趣的问题作为跳板，因势利导说服对方，共同点可以从生活、工作或者兴趣爱好等方面寻找。谈判者最好在谈判之前提前准备，先了解谈判对手的个人信息，了解对方的爱好和平时关注的行业内容，准备一些相关的谈资。这样，谈判时可以有效拉近双方的关系，为之后谈判的顺利进行奠定基础。

（4）对对方的想法表示理解。设身处地站在对方的立场上考虑问题，对其想法表示理解，有很好的软化作用，能取得对方的好感，说服的效果会很明显。表示理解对方时，不能干巴巴地传递"我理解你"这样的信息，可以通过陈述理由或举例的方式，让对方确实地感受到自己是真的理解并站在对方的角度考虑问题的。否则，可能会适得其反，使对方产生厌恶情绪。

（5）考虑对方的利益。在谈判中，双方的利益不一致是必然的，有时甚至是尖锐对立的，坚持己方的立场，常会使谈判陷入僵局。在己方得利的前提下，谈判者一定要考虑对手的利益，奉行互利原则，这样可以打破僵局，达成对双方都有利的协议。

（6）使用恰当的措辞。提出请求时，要让对方认为双方利益是一致的。谈判者想要达到这一点，一定要基于对方的心理进行措辞。例如，如何让习惯压低价格的商家购买高价产品，如果对对方说"让我们制作高价的高端产品吧"，对方很可能因为成本高昂而拒绝，如果将措辞换为"让我们制作高质量的旗舰产品吧"，成功说服对手的概率将大出很多。

第三节　无声语言技巧

无声语言是一个人向外界传递信息的途径，它可以是有意为之的，也可以是无意为之或是个人的习惯。谈判者无意之间的行为，很可能会直接决定谈判的成败。作为一名合格的谈判者，一方面要掌握无声语言知识，能够做到洞察对手心理状态、捕捉对手内心活动的蛛丝马迹；另一方面谈判者应该养成良好的谈判习惯，在谈判过程中沉着、冷静，不会因紧张等心理因素做出一些人为控制之外的举动，从而给谈判造成不好的影响，避免让对手通过无声语言洞悉自己的心理状态。无声语言的认知是一个过程，是无声语言观察和运用的基础，它需要谈判者在日常谈判中逐渐积累和领悟。

拓展阅读6.4 站在对方角度考虑利弊并达成协议

一、无声语言的作用

人们的沟通交流包括语言和非语言的交流。和语言相关的身体语言能够改变人们的沟通，也为对手的思维过程增加了额外的含义。无声语言在谈判中主要起辅助作用。

（一）代替作用

无声语言可以表达出语言难以表达的思想、情感、意图，一个微笑、眼神、动作可以使对方心领神会。例如，当双方见面时做抱拳动作，表示友好问候。当听到对方某一建议时竖起大拇指，意味着称赞和认同。特别是当语言不便或不可能传递谈判者的观点或意图时，运用无声语言往往能取得很好的效果。

（二）补充作用

无声语言可以丰富语言的表达方式，起到辅助表达、加重语气等作用。会心的微笑，可以表示同意。握紧拳头，表示对方已经下定决心进行某项决策。对方在倾听时，手摸桌子、背后仰，大多是表示不感兴趣。这些无声语言都在不同程度上起到辅助表达、增强力量和加重语气的作用。

（三）调节作用

遭遇困难、心理不适时，可以弥补语言沟通上的不足，避免窘迫感。由于谈判时间、环境、对象等条件的不同，或者谈判的进展不顺利，谈判主体往往会产生厌倦、无聊、烦躁等心理，这时，可通过清嗓子、揉摸太阳穴或印堂穴、扶眼镜等举动来调节，以便转入正常的谈判状态。

（四）暗示作用

通过表情或者动作，给对方以强烈的暗示作用，不会造成反感。谈判者有时想从一种态度转换成另外一种态度，可以通过表情或肢体动作的调整来完成。在不使用有声语言传递信息的情况下，使用无声语言有效地避免了因打断对方而产生的尴尬，或者因否认对方而产生的僵局。同时，可以有效地让对方知道，自己此时的态度已经发生了转变。

二、表情语言的运用

（一）表情语言传递的信息

作为一种身体语言，表情语言是持续时间少于一秒的、未经过滤的情绪表达。它可以展示谈判对手的心态，如果加以正确地解读，可用于建立自己的谈判优势。微表情可令你瞬时瞥见对方的内心。由于对手的大脑并没有机会打断这种展示，所以微表情会透露人们真实的想法、情绪和感受。

（1）头部动作传递的信息。如果对手的头部左右摇摆，可能表示对方不确定谈及的内容是否有益。这个时候，谈判者需要思考是否此段内容表述不合理或者不详尽，是否需要展开叙述、加快对方的思考过程和决策过程。如果对手的头部保持中正，表示对方态度认真。谈判者可以初步认定，此刻的谈判内容没有出现太大纰漏，谈判在顺利进行。

如果对手微微点头，表示他对此刻谈论的内容有少许兴趣。谈判者需要注意此刻陈述的内容，是否能够作为此阶段的突破口。如果对手微微摇头，表示他对此刻陈述的内容有其他见解或想法。如果是比较重要的内容，谈判者可以通过反问的方式向对手进行提问，尽量保证双方达成一致。

如果对手把头侧向一边，很认真地在听，说明对方对所讲内容很感兴趣。谈判者可以乘胜追击，拿下此阶段的谈判目标。如果对手把头垂下或者左顾右盼，则给人精力不集中的感觉，表明他对谈判内容不感兴趣。谈判者需要注意分析，这里提到的内容是否为谈判的主要分歧点还是对谈判没有帮助的细枝末节内容，从而从不同的方面改进自己的陈述。

（2）双眉传递的信息。如果谈判对手双眉紧锁，可能表示对方在思考某些问题，并有担忧的情绪。此时，谈判者可以分析、思考问题出在哪里，进行展开叙述，或者就此内容与对方进行新一轮谈判。如果对方横眉冷对，可能表示认为己方不够客气、要求苛刻，也可能是谈判者陈述的某些内容使得对方很生气。此时，谈判者可以根据己方的谈判策略调整谈判内容，使对方情绪缓和。

（3）目光传递的信息。目光的移动代表着思考的进程。当回忆过去曾发生的事情时，大多数人倾向于眼睛朝上或朝左看。如果对方过多地扫视谈判者，眼神闪烁不定，可能表示对目前谈论的内容不感兴趣，但又不好意思打断发言者，从而产生了焦躁的情绪。此时，谈判者应注意自己陈述的内容进行适当的调整。

如果对方侧视，则可能表示态度轻蔑，对目前的谈判内容十分不感兴趣，谈判者应及时调整谈判策略。如果谈判对手的视线集中在谈判者脸部或常与谈判者对视，说明对方对谈判内容比较感兴趣，期望了解后续内容或者来自谈判者的诚意。此时，谈判者可以视情况展示自己的积极态度，做出适当总结，与谈判对手达成阶段性一致意见。

在谈及谈判的关键部分时，如报价环节，如果谈判对手眼神飘忽、躲避与谈判者的视线接触，可能表示报价虚高或虚低。此时，谈判者应该就报价进行进一步的谈判，可以采取稍微强势的态度。

（4）闭眼传递的信息。谈判对手闭眼时间过长，可能是对此时谈判内容或者对谈判者本人产生了厌烦情绪。如果谈判对手闭眼的同时伴有双臂交叉或仰头动作，说明对方有了轻视和优越感的情绪。

三、表情语言运用需要注意的问题

人们的身体信息总是诚实的，当它释放出微表情时，真实意图是让你感知到发生的事情。从微表情的视角看，在人们释放出表情信号的那一刻，反映的是人们的真实状况。但是，谈判高手可以控制甚至伪造自己的微表情。想要有效地解读微表情，需要抓住时机，对观察到的对手的微表情进行思考，并验证其准确性。这种思考出现于热烈的探讨过程中，仅需数秒就能完成，并且要求你从自身出发，重新调整谈判报价。

（1）表情语言只能看出对方的情绪。通过表情语言，你只能判断出对方的情绪。为什么谈判对手会产生这种情绪，是因为己方谈判出现的问题，还是对方在陈述时出现了问题，这需要谈判者自己去分析、体会。情绪背后的缘由，才是谈判者需要关心的重中之重。例如，谈判对手给出报价，但眼神飘忽、不直视你，你可以得出结论：对方有些心虚。之后进行分析，此时是报价的谈判环节，对方给出不合理的报价才会心虚。由于对方是供给方，给出报价越高越有利，因此，答案是对方报价高了。得出这样的结论，才能进行正确的反击，如果不知道对方的心理价位，可以根据自己的心理价位或者比市场价位偏低的价位进行报价。

（2）表情语言有时会受文化因素影响。优秀的谈判者会基于谈判对手的文化背景，做足功课。在谈判时，谈判者需要了解谈判对手的文化背景。例如，你可能会遇见特别有礼貌的日本人，他不停地鞠躬，显得特别顺从。因为日本文化恪守礼仪，不喜忤逆。因此，日本人极有可能给人留下容易赞同别人的印象，但实际上他们并没有那样想。

你必须了解对手的文化背景，才能解读他们表现或隐藏的微表情。譬如，他们有时会隐藏愤怒的表情，只是因为所在的社会文化不教导人们表现愤怒。如果你了解到对手的文化背景不允许人们当众发怒，你可以故意做些事来激怒他们，然后，你再来看看他们表现出多大程度的鄙视、厌恶、恐惧或者愤怒。这样，你就可以知道他们表现愤怒的形式，如果后续有需要，你已掌握了一个可以随时按动的"按钮"，这是谈判中惯用的技巧。

了解了文化，微表情会发挥出很大的作用。记住，微表情只是时长不超过1秒的情绪表现。越擅长解读微表情，表明你的谈判水平就越高。这是因为，根据对手的身体语言和微表情所展示的情绪，你会获得大量的信息。运用这些知识，有助于调整定位或者改变策略。敏锐地观察，有助于你从微表情中收获更多的信息。此外，阅读专题书籍也将有助于解读微表情，理解微表情的含义以及对谈判过程的影响。

（3）表情语言解读需要基线。基线是指表情器官的基本固定位置。人们通过做一些表情把内心感受表达给对方看，在人们做出不同表情之前所呈现的一种平静的状态，就是基线。只有知道了基线，谈判者才能发现哪些是对方做出的表情。

谈判者可以在谈判之前收集谈判对手的资料，或者在谈判初期，通过一些对话使对方放松，从而获知基线。甚至谈判初期，谈判者可以通过提问具备明显答案的问题，来测试谈判对手的反应和表情。例如，谈判时天气并不好，你提问："今天天气不错，是嘛？"同时，观察对手的表情变化、眼睛转动方向。进而知道，对手否定的情绪是怎样表达的，思考的情绪是怎样表达的。

（4）表情语言的解读需要时常练习。解读表情语言是一种能力，需要时常联系并进行经验积累。优秀的谈判者,会在日常生活中进行解读表情语言的练习,而不会仅在谈判中才进行锻炼,谈判是日常积累的成果验证。

谈判者可以在日常与人聊天时进行练习,观察聊天对象的表情语言进行解读,并在某次聊天停顿时验证自己的结论,"我观察到,你刚才露出了皱眉的表情,是不是我之前说的……内容引起了你不开心的情绪"。积累成功解读的经验,针对不成功的解读,分析解读错误的原因,通过不断的练习,提高自己的解读成功率。

四、肢体语言的运用

【趣味阅读6.3】通过观察客户的肢体语言,获得乘胜追击的机会

小王正在和赵先生、李先生谈判。赵先生和李先生代表同一家公司,希望拿到小王这里的订单,很明显,他们有着竞争关系,小王和谁签约就代表了谁能拿到本月的业绩。由于时间和条件限制,他们三人坐在一个人声嘈杂的餐馆。小王坐在李先生旁边,赵先生则坐在他们两人的对面。李先生块头很大,且声如洪钟,他热情洋溢地介绍自己公司提供的各项服务和优惠政策,试图劝说小王和自己签约购买这些产品。赵先生细心地发现,小王的身体在远离李先生,并且伴随身体后倾,似乎再挪一点,就要从椅子上掉下去了。在身体后倾的同时,他还举起了手,半掩住了靠近李先生那边的耳朵。看到小王的身体语言,赵先生不由得露出愉悦的微表情。随着谈话的进行,小王显而易见地对赵先生热情起来。

资料来源:格雷格·威廉姆斯. 看透:解密身体语言隐藏的密码 [M]. 北京:北京联合出版公司,2017.

(一)手势传递的信息

当坐在谈判桌上时,除了表情语言一览无遗地展示在对手面部之外,不同手势传递的信息也是比较容易发现的。如果对方伸开双掌,可能表示对方忠厚诚恳、言行一致。如果对方说话时掌心向上,可能表示对方谦逊、诚实、屈从、不带任何威胁性。如果掌心向下,表示对方控制欲较强,会使人产生抵触情绪。对方搓手,表示对谈判结果十分期待。伸出食指,表示教训镇压,带有很大的威胁性质,这种行为在谈判中要尽量避免,十分惹人厌恶。

(二)身体姿态传递的信息

如果有人不停地摸脸或搓手,那么他们可能有些紧张。抖腿是内心不安的表现,腿部是人体最庞大的肢体部位,所以当腿部有所动作时,很难不让外人注意到。

豪放的姿势意味着权力和成就感，如果一个人放松地向后靠，那么他们可能感觉自己很强大，胜券在握。耸肩是表示困惑的通用肢体信号，是一种通用的肢体语言，它表明一个人不知道或不明白你在说什么。身体前倾可能表示认真倾听，或者对某项内容十分感兴趣。对方托腮且直视你，表示对方对当前所谈内容十分感兴趣。若对方托腮且低头，表示对方在犹豫，或者有所顾虑。

当双方站立交谈时，若对方双手交叉于腹部，表示对方比较谦恭。若双臂交叉至胸前，意味着对方可能并不期望合作，或表示傲慢的态度。若双手背后，重心在分开的两腿之间，表示了对方充满自信和期待达成合作的态度。若双手背后，重心在一只脚上，可能表示对方充满了戒备和轻视。

拓展阅读6.5
分析销售中的身体姿态并给出定价

坐着交谈时，若对方架腿而坐，并且身体后仰，可能表示倨傲、猜疑、不愿合作的情绪。若对方并腿而坐，且身体前倾，表示对方的恭敬，自觉地位低下。时常并腿后仰的对手，往往更谨慎，思考细致、全面。分腿的坐姿表示有足够的自信，同时精神状态放松。

五、物体语言的运用

物体语言是指人们利用物体或通过对物体的使用而传递出具有一定意义的信号。商务谈判随身携带的物品，甚至是可感知的温度都可以作为物体语言，被谈判者所利用。

（一）服装展示谈判者的信息

服饰是一种明显地表现视觉效果的无声语言。视觉效果已成为谈判中具有战略意义的部分，它们发挥着巨大的作用。它设定了谈判的基调，使人们具备合适的谈判心态。衣着本身是不会说话的，但人们常在特定的情境中，以某种衣着来表达心中的思想和建议要求。在业务往来中，人们总是选择与环境、场合和对手相称的服装衣着。服饰能够体现谈判者的角色定位，谈判者根据着装形成对对手的初步印象。如果对手衣着华贵，可能对手是对方的重要角色，需要更谨慎地对待。

（二）随身物品使用代表的含义

摘下眼镜，轻揉眼睛或者擦镜片，暗示对方精神疲劳或对争论不休的老问题感到厌倦。在对方讲话时打开笔记本，慢慢地打开表示关注对方讲话，快速地打开则表明发现了重要问题。看手机或使用手机,可能表示对方对谈判内容漠不关心,也可能表示对方就此内容在和谈判桌之外的某人进行沟通。

(三)身体感知可以影响谈判结果

适当的温度可能影响到谈判,好闻的味道也有助于谈判。例如,你打算劝说对手买下一家花店。你知道他喜欢的花,谈判地点可选择在花店里,并且充斥着对手喜欢的花香。当空气中弥漫着花香,你会看到对手时常保持微笑,这表明他下意识地对环境感到满意,并很可能把这种好感转移到谈判中。气味能影响谈判双方的感觉,这有助于谈判者达成自己的谈判目的。

从物体语言的角度来说,谈判者应该观察气味会对谈判对手产生怎样的影响,关注对手是否会因为谈判过程中的香味而面露微笑或是眉头紧蹙。同样的,有经验的谈判者,可能会意识到对手刻意地使用气味这种无声语言,他们可能故意地忽略了这种特别的气味,也可能发现对手试图影响他们的思维过程,从而提高了防备。

本章小结

无论是有声语言还是无声语言,都是商务谈判技巧的重要组成部分,二者相辅相成、同时发力、同向发力,共同推动谈判的进行。谈判者需要精通这两类技巧,在谈判的过程中做到胸有成竹,以不变应万变,进可攻、退可守,充分掌控谈判的主动权。商务谈判不仅仅是斗勇,更多的是斗智,它涵盖了心理学、语言学等多领域的内容和知识,这就要求谈判者拥有很高的文化素养和随机应变的能力,三言两语阐释清楚商务谈判的精髓。若想真正掌握谈判的有关技巧,还需要各位谈判者勇于实践,在谈判的过程中深刻地领悟谈判技巧的真谛。

思考题

1. 正确运用语言技巧应遵循哪些原则?
2. 谈判中,提问的方式有哪些?都有什么作用?
3. 谈判中,回答的技巧有哪些?
4. 请举出日常生活中的例子,说明表情语言能够传递哪些信息?
5. 举例说明,物体语言的运用有什么效果?

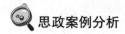 思政案例分析

齐人劝说靖郭君

战国时,靖郭君准备在自己的封邑薛筑城,他的门客都劝他不要这样做,靖郭君不听,吩咐负责传达的官员,不要替这些人通报了。

门客中有个齐国人,求见靖郭君,说:"我只要求让我讲三个字就行了。如果多说一个字,就把我处以烹刑。"

靖郭君便接见了他。齐人快步向前,说了一声:"海大鱼!"然后转身就跑。

靖郭君说:"等一等,你的话还没有说完!"

齐人说:"我可不敢拿性命开玩笑!"

靖郭君道:"没关系,你再说下去。"

于是齐人说道:"你不曾听说过大鱼吧,网儿兜不住,钩儿钩不上,如果不小心到了没水的地方,那么连小小的蚂蚁也可以任意欺侮它了。现在,齐国就是你的'水'啊。你只要一直保有齐国的庇护,又何必在薛筑城呢?如果失去了齐国,你就是把薛城筑得天一般高,也没有用处!"

靖郭君听了觉得有道理,便停止在薛筑城。

资料来源:冯光明,冯靖雯,余峰.商务谈判:理论、实务与技巧[M].北京:清华大学出版社,2015.

案例思考:

1. 齐人的话体现了哪些语言技巧的原则?
2. 齐人在这场谈判中使用了哪些技巧?
3. 齐人劝说靖郭君的方式对你有何启示?

第七章 商务谈判僵局的处理

🔍 **本章学习目标**

1. 了解谈判僵局出现的种类。
2. 认识谈判僵局出现的原因。
3. 理解处理僵局的基本原则。
4. 掌握避免谈判僵局的方法。
5. 掌握有效扭转僵局的策略。

🔍 **本章关键词**

谈判僵局 避免僵局 角色位移 利益协调 有效退让 寻找漏洞 调整人员策略 合理休会策略 场外沟通策略 软硬兼施策略

🔍 **思政案例导入**

成功合作三部曲

浙江奥康集团是国内知名鞋业生产企业，GEOX公司是世界鞋业巨头之一。两家企业达成协议：奥康负责GEOX在中国的品牌推广、网络建设和产品销售，GEOX借奥康之力布网中国，而奥康也借GEOX的全球网络走向世界。

1. 谈判前的精心准备

GEOX 曾用 2 年时间对中国市场进行调研，先后考察了 8 家中国著名的鞋业公司，为最终坐到谈判桌前进行了周密的准备。谈判中，波莱加托（GEOX 谈判代表）能把几十页的谈判框架、协议条款熟练背出，令在场的人大吃一惊。波莱加托的中国之行安排得满满的，去奥康考察只有 20% 的可能，谈判成功的预期很低，合作机会也很小。但奥康的宗旨是：即便只有 0.1% 的成功机会也绝不放过。奥康为迎接波莱加托一行进行了周密的准备和策划。首先，它们通过一名香港翻译人员全面了解对手公司的情况，包括对手的资信情况、经营状况、市场地位、此行目的以及谈判对手个人的一些情况。其次，为了使谈判对手有宾至如归的感觉，奥康专门成立了以总裁为首的接待班子，拟定了周密的接待方案。从礼仪小姐献给刚下飞机的波莱加托一行的鲜花，到谈判地点的选择、谈判时间的安排、客人入住的酒店预订，整个流程都是奥康精心策划、精心安排的，结果使谈判对手"一直很满意"，为谈判最终获得成功奠定了基础。

2. 营造和谐氛围

王振滔（奥康集团总裁）努力寻找奥康与 GEOX 的共同点，并把此次谈判的成功归结为"除了缘分，更重要的是奥康与 GEOX 有太多相似的地方"。的确，GEOX 以营销起家，短短 10 多年时间，年产值就达 15 亿欧元，产品遍及全球 55 个国家和地区，增长速度达到 50% 以上，由一家酿酒企业跨入世界一流制鞋企业行列。奥康从 3 万元起家，以营销制胜于中国市场，经过 15 年的发展，产值超过 10 亿元。年轻、富有远见和同样的跳跃性增长轨迹，奥康与 GEOX 在很多方面是如此惊人的相似，难怪两人惺惺相惜。

为了营造氛围、消除利益对抗。奥康在上海黄浦江包下豪华游轮宴请谈判对手，借乘船赏月品茗的美好氛围消除利益冲突引发的对抗，平衡谈判双方的实力。波莱加托对王振滔亲自策划的这些活动非常满意，也对奥康的策划能力有了更深的认识。

谈判毕竟不是为交友而来，谈判者花在联络感情上的时间总是有限的，如果要找一种方法，能够用较少的成本赢得对手的友谊和好感，那就非赠送礼物以表情达意莫属了。王振滔选择寓含奥康和 GEOX 完美无缺之意的"花好月圆"青田玉雕，送给波莱加托先生。礼物虽轻，但表达了赠送人的情真意切。谈判双方建立真诚的友谊和好感，对日后的履约和合作具有重要的意义。

3. 以让步对僵局进行回避

GEOX 有备而来，拟定了长达几十页的协议文书，每一条都相当苛刻，为了达成合作，双方都做了让步。但在两件事上出现了重大分歧，一是对担保银行的确认上，奥康一方提出以中国银行为担保银行，对方不同意，经过权衡，双方本着利益均衡的原则，最后达成妥协，以香港某银行为担保银行。另一件事是双方关于以哪国法律解决日后争端的问题产生了分歧，此问题使谈判一度陷入破裂的边缘。波莱加托提出必须以意大利法律为准绳，但王振滔对意大利法律一无所知，而予以坚决抵制。王振滔提议用中国法律，也因波莱加托对中国法律一窍不通而遭到了坚决反对。眼看所做的努力将前功尽弃，最后双方各让了一步，以第三国法律（英国）为解决争端的法律依据。

奥康和 GEOX 的合作无疑是一项互利的合作。王振滔认为，GEOX 看中的不仅仅是奥康的硬件，更多的还是其软件，是一种积极向上、充满活力的企业精神，还有奥康人一直倡导的诚信。奥康看中的则是 GEOX 这艘大船，它要借船出海，走一条国际化的捷径。从表面上看谈判双方的既得利益并不是均衡的，奥康所得（借船）远远低于 GEOX 所得（奥康的硬件和软件），因此，引来诸多专业人士或担忧或谴责。然而，王振滔平和的背后并不缺少商人的精明，他指出："许多人预言说我们'引狼入室'，而我们是'与狼共舞''携狼共舞'。"

资料来源：王军旗. 商务谈判理论、技巧与案例 [M].5 版. 北京：中国人民大学出版社，2018.

谈判中，双方往往为了争夺更多的利益而展开激烈角逐，谈判僵局在所难免。当僵局出现的时候，必须迅速进行处理，否则就会对谈判的顺利进行产生影响。突破僵局，必须对僵局的性质、产生原因等问题进行透彻的了解和分析，才能正确地加以判断，从而进一步采取相应的策略和技巧，选择有效的方案，重新回到谈判桌上来。

第一节　僵局的分类

商务谈判僵局从不同的角度可以划分为不同的类型，谈判者要掌握以下两种划分方法。

一、从谈判的过程角度划分

从过程上对谈判的理解进行划分，有两种说法，即广义的谈判和狭义的谈判。广义的谈判是把谈判理解为伴随整个合作过程，即从双方开始谈判，到达成协议，再到协议的执行过程中，都存在着谈判。实际上，这就同项目的合作过程一致了，具体地说，项目合作过程包括合同协议期和合同执行期。因此，从广义上说，谈判也就相应划分为两个阶段，即合同协议期谈判和合同执行期谈判。那么，谈判僵局与之相对应也就有了两种类型，即协议期谈判僵局和执行期谈判僵局。

（一）广义谈判角度

协议期谈判僵局是指双方在谈判磋商合作条件过程中因产生矛盾而形成的僵持局面。执行期谈判僵局是指在执行项目合同过程中双方对合同条款理解不同而产生的分歧，或者出现了双方都始料未及的情况而把责任有意地推向他人，抑或一方未能严格履行协议而引起另一方的严重不满等，由此引发了责任分担不明确的争议。

（二）狭义谈判角度

从狭义谈判角度看，就是单纯地从合同协议的达成角度来划分，即谈判仅指为合同的达成而进行的协议活动，仅指合同协议期进行的谈判活动。这一谈判过程通常又划分为四个阶段：开局、报价、磋商、成交。其中，又把报价、磋商看作是谈判的实质性阶段。从狭义谈判角度可以将僵局划分为以下三种。

（1）初期僵局。初期僵局即在谈判初期出现的僵局。在谈判的初期即开局阶段，主要任务是谈判各方之间彼此寒暄问好、了解熟悉、建立融洽氛围的阶段，双方对谈判都充满了期待。因此，这一时期一般不会出现僵局，但是如果出现下述情况，也会出现谈判僵局。例如，双方有误解，或由于某一方谈判前准备得不够充分等，使另一方感情上受到很大的伤害，谈判就有可能在一开始就陷入僵局，而且初期僵局通常非常危险，应尽量避免。

（2）中期僵局。谈判的中期包括报价和磋商两个阶段，属于谈判的实质性阶段。这时，谈判双方需要就有关技术、价格、合同条款等交易内容进行详尽的讨论、协商、讨价还价。合作的背后，客观地存在着各自利益上的差异，这就可能使谈判暂时向双方难以统一的方向发展，产生谈判中期僵局。中期僵局常常具有此消彼长、反反复复的特点，有些通过双方的重新沟通，矛盾便可迎刃而解，有些则因双方都不愿在关键问题上退让而使谈判时间拖延，问题悬而难解。因此，中期僵局是谈判中经常发生、频繁多变的，也最容易导致谈判破裂。

（3）后期僵局。谈判后期是双方达成协议的阶段，即成交阶段。谈判者们历经磋商阶段的艰苦努力，就一些关键性问题或交易条件，如价格、质量、技术等问题到成交阶段时，往往都是已经解决或达成了一致。此时，剩下的常常是一些诸如项目验收程序、付款条件等执行细节问题，需要进一步商议，特别是合同条款的措辞、语气等经常容易引起争议，从而有可能使谈判陷入僵局。

但是，谈判后期的僵局，不像中期那样难以解决。到此时，由于主要问题早在磋商阶段都已解决，核心利益已经获得。再者，前期大家为谈判投入了大量的人力、物力和财力，都已经付出了代价，所以这时谁也不想功亏一篑。只要谈判的任何一方表现得大度一点，稍做些让步，便可顺利地化解僵局，最终使谈判顺利结束。

需要指出的是，后期阶段的僵局也不可掉以轻心。尽管谈判后期僵局和中期僵局相比，较为容易解决，但是也不可忽视。只要正式的合同尚未签订，总会有未尽的权力、义务、责任、利益和其他一些细节尚需确认和划分。如果对其放任不管或疏忽大意的话，也会出现大问题，甚至会使谈判破裂，结果只能是前功尽弃、无功而返。

二、从谈判的内容角度划分

按照谈判内容分，不同的谈判主题会有不同的僵局。

由于谈判内容即谈判议题或双方的交易条件是多种多样的，所以谈判僵局的种类也比较复杂，势必有多种。从实际来看，一般来说，不同的标准、技术要求、合同条款、项目合同价格、履约地点、验收标准、违约责任等，都可以引起不同内容上的分类僵局。需要指出的是，有可能导致谈判僵局的谈判主题中，价格是最为敏感的一种，是产生僵局频率最高的方面。因此，从内容上讲，不论是国内还是国际商务谈判，价格僵局是经常存在的。

第二节　僵局的成因及处理原则

在商务谈判过程中，经常会出现各种各样的原因，使谈判双方相持不下，互不相让。应该说，这种现象是比较客观和正常的，如相互猜疑、意见分歧、激烈争论等现象，在争取利益的较量中也比较常见。如果处理不当形成僵局，就会直接影响谈判工作的进展。本部分主要分析商务谈判过程中僵局产生的原因，处理僵局的方法和突破僵局的技巧。

一、商务谈判中僵局的成因

谈判中的僵局不论是何种，其形成都是有一定原因的。只要能够准确地判断与适度地把握这些原因，打破僵局也就有的放矢了。当人们认真而冷静地对僵局的成因进行分析时就会发现，其原因不外乎包括以下几个方面。

（一）双方观点对立形成的僵局

众所周知，在商务谈判中，双方都具有各自不同的利益需求。正因为如此，谈判者最容易产生立场观点对立的争执，这是导致谈判僵局的主要原因。在现实中，好多谈判僵局都是由双方观点对立形成的。大多数情况下，因利益出现的僵局是可以调和的。

（二）谈判一方故意制造僵局

通常，在谈判中人们对"谈判僵局"是害怕、恐惧并极力回避的。事实上，谈判者一般都有这样的心理，期盼谈判能顺利进行。对待僵局，谈判者大都像躲避瘟疫一样避讳它，唯恐避之不及。但是，僵局又具有这样一种作用，即谈判者一旦经受住了僵局的巨大压力或者严峻考验之后，往往会被软化，愿意进行妥协、做出让步。因此，有人评价它作为一种谈判策略，是谈判中最有力的战术之一，几乎没有什么能像它那样更有效地考验对方的力量和决心。

故意制造谈判僵局的原因，可能是过去在商务谈判中上过当、吃过亏，现在要报复对方。或者自己处于十分不利的地位，通过给对方制造麻烦改变自己的谈判地位，并认为即使自己改变不了不利地位也不会有什么损失，这样就会导致商务谈判陷入僵局。这是一种带有高度冒险性和危险性的谈判策略。如果运用得当，就会获得意外的成功。反之，若运用不当，其后果也是不堪设想的。因为僵局出现后有两种结果：即打破僵局后，继续谈判或者谈判破裂。

谈判者制造僵局的一般方法是向对方提出更高的要求，要对方全面接受自己的条件。对方可能只接受己方的部分条件，即做出少量让步后便要求己方做出相应的让步。己方此时如果坚持自己的条件，以等待对方更大程度地让步，而对方又不再进一步让步的时候，谈判就陷入了僵局。向对方提出的要求，绝对不能高不可攀，否则会让对方认为没有谈判诚意而退出谈判。目标的高度，应以略高于对方所能接受的最不利条件为限，以便通过自己较少的让步，获得对方更大程度的让步。因此，除非谈判人员有较大的把握和能力来控制僵局，否则最好不要轻易制造僵局。

(三)双方沟通障碍形成僵局

谈判本身就是靠"讲"和"听"进行沟通的。事实上,即使一方完全听清了另一方的讲话内容并予以正确理解,也并不意味着他就能够完全把握对方所要表达的思想内涵。实践中,由于双方信息传递失真而使双方之间产生误解而出现争执,并因此使谈判陷入僵局的情况屡见不鲜。这种失真可能是口译方面的,也可能是合同文字方面的,都属于沟通方面的障碍因素。

【趣味阅读7.1】某跨国公司总裁访问一家中国著名的制造公司,商讨合作发展事宜。中方总经理很自豪地向客人介绍说:"我公司是中国二级企业……"此时,翻译人员在翻译这句话时很自然地用"second-class enterprise"来表述。不料,该跨国公司总裁闻此,原本很高的兴致突然冷淡下来,敷衍了几句立即起身告辞。在归途中,他抱怨道:"我怎么能同一个中国的二流企业合作?"在我国,企业档案工作目标管理考评分为省(部)级、"国家二级""国家一级"三个等级。省(部)级是国家对企业档案工作的基本要求,"国家一级"为最高等级。可见,一个小小的沟通障碍,会直接影响合作的可能与否。

资料来源:冯光明,冯靖雯,余峰.商务谈判:理论、实务与技巧[M].北京:清华大学出版社,2015.

信息沟通本身,不仅要求真实、准确,而且要求及时、迅速。但是,在谈判实践中,却往往由于未能达到这一要求而使信息沟通产生障碍,从而形成僵局。这种信息沟通障碍,就是指双方在交流彼此情况、观点,洽商合作意向、交易条件等过程中所能遇到的,或者是由于主观与客观原因所造成的理解障碍,主要表现为以下三种形式。

(1)由双方文化背景差异造成的沟通障碍。有时,沟通障碍还由于表达者本身的表达能力有限造成,一方语言中的某些特别表述,难以用另外一种语言表述而造成误解。在不少的国际商务谈判中,由于翻译人员介于其中,双方所有的信息在传递的过程中都要被多转换一次,这种转换必然受到翻译人员的语言水平、专业知识、理解能力以及表达能力等因素的影响。

(2)由于职业或受教育程度,造成一方不能理解另一方的沟通障碍。即使一方完全听清了另一方的讲话,做了正确的理解,而且也能接受这种理解,但并不意味着就能完全把握对方所要表达的思想。

(3)一方虽已理解却不愿接受另一方意见的沟通障碍。谈判一方是否能够接受现实，往往受其心理因素的影响，包括对方的态度、与对方以往打交道的经历，以及个人的偏见或成见等。除此之外，对文字资料的不同理解也是双方沟通中产生误解的原因之一，谈判双方对确定何种文本的合同为准、合同条款如何措辞都会非常谨慎，双方都想避免由于对合同的不同理解而造成对自身的不利影响。

拓展阅读7.1
偏见会导致僵局出现

尽管人们重视合同的语言问题，但由此产生理解上的差距仍时有发生。因此，合同的执行陷入僵局。

（四）谈判人员的失误形成僵局

谈判人员言辞不当，争强好胜，造成感情上的强烈对立，双方都感到受到伤害。因此，不肯做丝毫的让步，致使谈判陷入僵局。还有，谈判中的任何一方，不管出自何种欲望，如果过分地、滔滔不绝地论述自己的观点而忽略了对方的反应和陈述的机会，必然会使对方感到不满和反感，造成潜在的僵局。

（五）谈判人员素质低下形成僵局

俗话说："事在人为。"人的素质因素永远是引发事由的重要因素，谈判也是如此。谈判人员的素质不仅是谈判能否成功的重要因素，而且对合同的执行及双方能否长期合作都起着决定性作用。

事实上，仅就导致谈判僵局的因素而言，无论是何种原因，在某种程度上都可归结为人员素质低下。但是，有些僵局的产生，往往是由于谈判人员的素质不佳，如使用一些策略时，因时机掌握不好或运用不当，导致谈判僵局。或对谈判所涉及的专业知识掌握不够，使谈判过程受阻等。因此，无论是谈判人员作风方面的不当，还是知识经验、策略技巧方面的不足，都可能导致谈判僵局。

（六）期望目标与现实差距形成僵局

从谈判双方各自的角度出发，双方各有自己的利益需求。当双方各自坚持自己的成交条件，而且这种坚持虽相去甚远但确实都合理的情况下，这时，如果双方都迫切希望从这桩交易中获得所期望的利益而不愿做进一步的让步，那么谈判就很难前行，交易也没有希望成功，僵局也就不可避免了。这种僵局出现的原因，

拓展阅读7.2
价差引起的僵局

就在于双方的合理要求差距太大，不能形成共识。在商务谈判的实践中，即使双方都表现出十分友好、真诚与积极的态度，但是如果双方各自对所期望的收益存在很大的差距，那么也难免会出现僵局。

谈判实践中，很多谈判人员害怕僵局的出现，担心由于僵局导致谈判暂停乃至最终破裂。其实，大可不必如此，谈判经验告诉我们，这种暂停乃至破裂并不一定是坏事。谈判暂停可以使双方都有机会重新审慎地回顾各自谈判的出发点，既能维护各自的合理利益又注意挖掘双方的共同利益。如果双方都逐渐认识到弥补现实的差距是值得的，并愿意采取相应的措施，包括做出必要的妥协，那么这样的谈判结果也真实地符合谈判原来的目的。

（七）外部环境发生变化

任何谈判都是处于一定的外部环境之中的，都会受制于所处的环境条件。经济形势，尤其是市场价格或汇率，往往又是经常变动、不断变化的。例如，2008年之前的几年里，大家都注意到，钢材、有色金属等原材料和石油、煤炭等能源的价格飞速上涨，人民币在升值，美元在贬值。这些因素都直接或间接地影响着相关产业或企业的成本和利润。正因此，从2008年1月以来，冰箱、空调类白色家用电器的价格已经上涨，电视机类黑色家电也在翘首以待、跃跃欲试、亟盼涨价。由于原材料的价格上涨已经历了一个较长的时期或过程，当时销售商和消费者对价格的提高在心理上都有了准备或价格预期，价格调整不会引起多大反响。

假设一家空调制造商与一家销售商签订空调购销合同一个月之后，原材料价格突然猛涨，双方之前未曾预料到在短期内原材料会涨价。在这种情况下，如果谈判双方按以前洽谈的价格进行，必然会给空调制造者造成损失。这时，正确的做法应当是：双方理性对待，协商解决，对价格进行调整。但是，如果卖方既不能食言，又不愿执行合同，就价格调整的问题并未明确提出，就在那里拖延。或者，价格调整的议题提出来了，但买方就是不肯让步，不根据变化的行情调整价格，这样只会导致僵局产生。可见，不断变化着的外部环境也有可能成为谈判中僵局发生的诱因。

二、避免和处理僵局的原则

（一）坚持客观原则

在谈判实践中，有些谈判者总是会自觉不自觉地脱离客观实际，盲目地坚持自己的立场观点，甚至忘记了自己参加谈判的目的。为了打破僵局，要做到从客观的角度去关注利益。

优秀的谈判者必须具备头脑冷静、心平气和的谈判素养，只有这样才能面对僵局而不慌乱。只有冷静思考，才能厘清头绪，正确地分析问题。这时，应设法建立一项客观准则，坚持客观准则是商务谈判的重要原则之一。客观准则是在谈判双方主观意志之外，但又被双方都认为是公平的，既不损害双方面子又易于实行的，用于划分双方利益范围或界限的办事原则、程序或衡量事物的标准，充分考虑到双方的潜在利益，从而理智地克服自己的执念和妄想，即通过坚持自己的立场来"赢得"谈判的做法。只有这样，才能有效地解决问题，打破僵局。相反，靠拍桌子、踢椅子来处理僵局，是于事无补的，反而会带来负面效应。

（二）协调双方利益

当双方在同一问题上尖锐对立，并且各自理由充足均无法说服双方，又不能接受对方的条件时，就会使谈判陷入僵局。这时，应认真分析双方的利益所在，只有平衡好双方的利益，才有可能打破僵局。可以让双方从各自的目前利益和长远利益两个方面来考虑，对双方的目前利益、长远利益做出调整，寻求双方都能接受的平衡点，最终达成谈判协议。

（三）包容不同意见

不同意见，既是谈判顺利进行的障碍，也是一种信号，表明实质性的谈判已经开始。如果谈判双方就不同意见互相沟通，最终达成一致，谈判就会成功在望。因此，作为一名谈判人员，不应对不同意见持有拒绝或反对的态度，而应保持欢迎和尊重的态度。这种态度，会使自己更加平心静气地倾听对方的意见，掌握更多的信息和资料，也体现了谈判者应有的宽广胸怀。

（四）避免无谓争吵

争吵无助于矛盾的解决，只能使矛盾激化。如果谈判双方出现争吵，就会使双方的对立情绪加重，从而很难打破僵局达成协议。即使一方在争吵中获胜，另一方无论从情感上还是心理上，都很难接受这种结果，谈判仍有重重障碍。谈判高手是通过据理力争，而不是和别人大吵大嚷来解决问题的。

拓展阅读7.3

客人发泄，以柔克刚

（五）正确认识僵局

许多谈判人员把僵局视为谈判失败，企图竭力遏制、避免它的出现。在这种思想的指导下，谈判人员不是采取积极的措施加以缓和，而是消极躲避。在谈判开始之前，就祈求能顺利地与对方达成协议、完成交易，别出意外、别出麻烦。特别是当他负有与对方签约的使命时，这种情绪就更为迫切。这样一来，为避免出现僵局，就时时、处处迁就对方。一旦陷入僵局，很快就会失去信心和耐心，甚至怀疑自己的判断力，对预先制订的计划也产生了动摇。这种思想，阻碍了谈判人员更好地运用谈判策略，结果可能会达成一个对己不利的协议。

应该看到，出现僵局对双方都不利。如果能正确认识、恰当处理，会变不利为有利。既不赞成把僵局视为一种策略并运用它胁迫对方妥协的方法，也不能一味地妥协退让。这样，不但僵局避免不了，还会使自己十分被动。只要具备勇气和耐心，在保全对方面子的前提下，灵活运用各种策略和技巧，僵局就不会是攻克不了的堡垒。

（六）语言规范适度

语言规范适度是指谈判者要向对方传递必要的信息，但又不透露己方的重要信息，同时积极倾听。这样，不但和谈判双方进行了必要的沟通，而且可以探听出对方的动机和目的，形成对等的谈判氛围。

第三节　避免僵局的办法

一、幽默处理气氛

在谈判中运用幽默，可以使谈话气氛轻松、活跃，提高双方人员谈判或继续谈判的兴致。幽默至少可以缓解紧张情绪，可以使冷淡、对立、紧张、一触即发的谈判气氛，变为积极、友好、和谐的谈判气氛。可以使对方不失体面地理解、叹服你的劝慰，接受你的观点。可以帮助你巧妙地摆脱所处的不利地位，转而处于有利或稍微有利的地位。可以促使对方认同你的观点，欣赏你的修养，为下一步谈判打下良好的基础。运用幽默时应注意以下几个要点。

（一）幽默要适宜

要与谈判对象、环境等结合，在幽默的氛围中达到最佳效果。幽默因人、因事、因地、因时而发。幽默，要力求内容健康而不落俗套，寓意含蓄而不晦涩，语言风趣而不庸俗。

（二）不要在幽默中加进嘲笑的成分

商务谈判中幽默的运用，要建立在对谈判对手尊重的基础上。幽默应该是善意的、友好的、发自内心的，其目的更多的是为了活跃谈判气氛，而不要含有对谈判对手嘲笑的成分，或者拿对方的"病处""痛处"开玩笑。要做到调皮而不风凉，委婉而不悲观,尖锐而不刻薄。否则,产生的效果可能与初衷南辕北辙。

(三)将自己作为幽默的对象

笑谈自己,以增加己方的吸引力,这实际上是一种漫画式的夸大其词。在笑谈自己时,对自己表面的、无大碍的某些缺陷、弱点进行夸大或缩小,使自身的某些素质、特征鲜明地显露出来。既可以作为富含幽默感的"笑料",调节整个谈判的气氛,又可以表现自己的大度胸怀,并在可能存在难堪的窘境中,以自我排解的方式,实施己方的谈判目标。

(四)要有必备的文化素质和相应的气质、修养

幽默是语言、性格、情景等要素的、别开生面的巧妙组合,要求谈判双方人员具有高尚的情操、乐观的信念、较高的文化素养,以及较强的驾驭语言的能力。只有双方的谈判人员具有相当的素质,才能幽默得起来,从而促使良好的、建设性的谈判气氛的形成。

二、观点求同存异

由于谈判双方的关系有合作,也有对立。所以,在商务谈判中,谈判双方对于某些问题的观点难免不一致。如果一味地坚持己方的观点、排斥对方的观点,会令谈判对手无法接受,从而使谈判有陷入僵局的可能。

当谈判人员发现在某一个或几个问题上,双方观点有分歧甚至对立时,不应该马上指责对方,而应该首先分析分歧问题的重要程度。如果该问题不是谈判的主要问题,则应该尽量淡化这种矛盾,把注意力转移到重点问题上。如果该问题是谈判的主要问题,则应该与对方进行沟通,了解双方观点是否有调和的可能性,即使一时之间难以调和,也应该允许有不同的观点存在。可以将这个问题安排到后面的议程中,希望能够随着谈判的进行自动地解决这种矛盾。如果最后还是无法达成一致,则谈判双方应该在各自可以接受的范围内进行让步,力求获得一个双方都能接受的折中方案。

【趣味阅读7.2】聪明的谈判家在僵局中反复斟酌、冥思苦想,找到解决问题的钥匙。基辛格在中美建交会议的谈判中,他与周恩来总理在起草《中美联合公报》时用25个小时讨论世界形势,用15个小时磋商联合声明。"我们要找到一种模式,既承认中国的统一,又不放弃我们目前的关系。最后,台湾问题是这样表述的:美国认识到在台湾海峡两边的所有中国人都认为只有一个中国。美国政府对这一

立场不提出异议。"两位谈判高手就台湾这个陷入僵局的重大问题做出了机智而又不失原则的表述,从而使谈判取得了重大突破。

资料来源:杜海玲,许彩霞.商务谈判实务[M].3版.北京:清华大学出版社,2019.

三、多元角度考虑

生活中,人们总是习惯用既定的观点或概念来看待事实。不同的观点和对事物的看法不同,策略也就不同,结果也就相差甚远,而人们在心理上习惯对与自己相左的观点加以排斥。在谈判过程中,如果我们总是按照自己的思维定式来考虑问题,往往会出现僵局,这不是因为客观事实的对错,而是因为谈判双方各自的想法不同。在商务谈判过程中,若是人们能够做到从多元角度,特别是从对方的角度思考问题,或者设法引导对方站在己方的立场上思考问题,就能消除误解和分歧,多一些彼此之间的理解。这样,一方面可以使自己保持心平气和,在谈判过程中就能以通情达理的口吻表达自己的观点,减少分歧;另一方面,又可以找到更多的共同点,构筑双方都能接受的方案,从而避免出现谈判僵局。

四、避免冲突恶化

如果谈判双方出现争执冲突,就会使双方的对立情绪加重,从而很难打破僵局达成协议。即使一方在争吵中获胜,另一方无论从感情上还是心理上,都很难持相同的意见。在商务谈判中没有绝对的胜利者和失败者,谈判的结果都是在各有所得和各有所给的条件下共同努力取得的。

第四节 突破僵局的策略

一、突破利益僵局

(一)角色位移

谈判实践告诉人们,谈判双方实现有效沟通的重要方式之一,就是要设身处地,从对方的角度观察问题,这同样是突破僵局的好办法。

当谈判陷入僵局时,如果能够从对方角度思考问题,或设法引导对方站到己方的立场上思考问题，彼此就能够多一些理解。这对消除误解和分歧、找到共同点、构筑双方都能够接受的方案有积极的推动作用。

当僵局出现时，首先应审视己方所提的条件是否合理，是不是有利于双方合作关系的长期发展，然后从对方的角度看他们所提的条件是否有道理。实践证明，如果善于用对方思考问题的方式进行分析，会获得更多的、突破僵局的思路。可以肯定地说，站在对方的角度看问题是有效的。因为这样，一方面可以使自己保持心平气和，可以在谈判中以通情达理的口吻表达观点；另一方面可以从对方的角度提出解决僵局的方案，这些方案有时确实是对方所忽视的。所以，一经提出，就容易为对方所接受，使谈判顺利地进行下去。

（二）替代方案

俗话说得好，"条条大路通罗马"，在商务谈判上也是如此。谈判中一般存在多种可以满足双方利益的方案，而谈判人员经常简单地采用某一方案，而当这种方案不能为双方同时接受时，僵局就会形成。

事实上，不论是国际商务谈判，还是国内业务磋商，都不可能总是一帆风顺，磕磕碰碰是很正常的事情。这时，谁能够创造性地提出可供选择的方案，谁就能掌握谈判中的主动权。当然，这种替代方案一定既能有效地维护自身的利益，又能兼顾对方的利益要求。不要试图在谈判开始时，就确定一个唯一的最佳方案，因为这往往阻碍了许多其他方案的产生。在谈判准备期间，构思出对彼此有利的更多方案，就会使谈判如顺水行舟，一旦遇到障碍，只要及时调拨船头，即能顺畅无误地到达目的地。

同时，也可以对一个方案中的某一部分，采用以下替代方案。

（1）另选商议的时间。例如，彼此约好重新商议的时间，以便讨论较难以解决的问题。因为到那时，也许会有更多的资料和更充分的理由。

（2）改变售后服务的方式。例如，建议减少某些烦琐的手续，以保证日后的服务。

（3）改变承担风险的方式、时限和程度。在交易的所得、所示不明确的情况下，不应该讨论分担风险的问题，否则只会导致争论不休。同时，考虑如何分享未来的损失或者利益，可能会使双方找到利益的平衡点。

（4）改变交易的形态。变互相争利为同心协力、共同努力。让交易双方的老板、工程师、技工等彼此联系、互相影响，共同谋求解决的办法。

（5）改变付款的方式和时限。在成交的总金额不变的情况下，增加订金，缩短付款时限，或者采用其他不同的付款方式。人的想法千差万别，要求也就各不相同，一种产品或者一种创意不可能满足所有人。谈判时，不管是产品还是解决问题的方案，多提供几种，让对方感觉有所选择，而不是要么接受、要么不合作。

（三）利益协调

拓展阅读7.4 避免激烈的价格谈判

在谈判陷入僵局的时候，人们总是自觉不自觉地脱离客观实际，盲目地坚持自己的主观立场，甚至忘记了自己的出发点。因此，为了有效地克服困难，打破僵局，首先要做到从客观的角度协调双方的利益。

在某些谈判中，尽管主要方面双方有共同利益，但在一些具体问题上，双方存在利益冲突，而又都不肯让步。这种争执对于谈判全局而言可能无足轻重，但是如果处理不当，当矛盾激化到一定程度即形成了僵局。这时，应设法建立一项客观的准则，即让双方都认为是公平的，既不损害任何一方面子，又易于实行的办事原则、程序或衡量事物的标准，这往往是一种"一解百解"的枢纽型策略，实际运用效果很好。

谈判者用利益的获得引导对手的行为，使对手相信自己的建议将给他带来最大的利益，是理想的选择。利益是改变对手想法的重要杠杆。在谈判中，应当强调是为了对手好，强调在自己设计方案的条件下，得到最大利益的是对手。尽管有时谈判者是为了公司的利益，但他也经常考虑自己的利益，如公司的利润、个人收入、个人感情等。谈判者应该挖掘对手的利益需求，并满足其需求。这时，己方往往花费较低的代价，就能实现谈判的目标。例如，商业活动中的合法、合规回扣，感情需求的挖掘等。

在客观的基础上，要充分考虑双方潜在的利益，从而理智地克服自己希望通过坚持立场赢得谈判的做法，这样才能回到谈判的原点，才有可能突破谈判的僵局。

（四）有效退让

对于谈判的任何一方而言，坐到谈判桌上来的主要目的是为了达成协议。因此，当谈判陷入僵局时，应清醒地认识到，如果促使合作成功，要比坚守原有立场而让谈判破裂好。如果促使合作成功能够带来较多的利益，那么有效的退让也是应该采取的策略。

实际谈判中，达到谈判目的的途径往往是多种多样的，谈判结果所体现的利益也是多方面的。当谈判双方对某一方面的利益分割僵持不下时，往往容易使谈判破裂，其实这实在是一种不明智的举动。之所以会出现这种结果，原因就在于没有辩证地思考问题。成熟的谈判者应该明智地考虑在某些问题上稍作让步，而在其他方面争取更好的条件。例如，在引进设备的谈判中，有些谈判人员常常会因为价格上存在分歧，而使谈判不欢而散。而其他条件，如设备的功能、交货时间、运输条件、付款方式等问题，尚未涉及就匆匆地退出了谈判。事实上，作为购货的一方，有时完全可以考虑接受稍高的价格，而在购货条件方面，就更有充足的理由向对方提出更多的条件。例如，增加相关功能，缩短交货期限，在规定的年限内提供免费维修。同时，争取在更长的时间内免费提供易耗品或分期付款等，这样做比匆忙散去要好得多。

（五）寻找漏洞

在一些特定的形式下，抓住对方的漏洞小题大做，会给对手一个措手不及。这对于突破谈判僵局，会起到意想不到的效果，这就是所谓的从对手的漏洞中借题发挥。

寻找对方的漏洞从中借题发挥，有时被看作是一种无事生非、有伤感情的做法。然而，对于某些谈判对手的不合作态度或试图恃强欺弱的做法，运用寻找对方漏洞的方法做出反击，往往可以有效地使对方有所收敛。相反，不这样做，反而会招致对方变本加厉地进攻，从而使自己在谈判中进一步陷入被动局面。事实上，当对方不是故意地在为难己方，而我方又不便直截了当地提出来时，采用这种旁敲侧击的做法，往往可以使对方知错就改、主动合作。

（六）据理力争

在商务谈判中，尽管强调要相互尊重，而且当面临僵局时，要积极寻找替代方案，但这又不是绝对的，不能一概而论。当谈判陷入僵局时，特别是对方在一些原则问题上表现出蛮横无理时，并不是单纯靠客客气气、平平和和地谅解就能解决问题的。如果僵局完全是由于对方提出无理要求所造成的，这时，借用任何其他替代性方案都将意味着无原则的妥协，而且这样做，只会增加对方日后的欲望和要求，而对于自身来讲，却要承受难以弥补的损害。因此，要同对方展开必要的争论，据理力争，以硬碰硬，这样反倒有利于僵局的解决。这样做，可以使对方反省自己，认识到其观点站不住脚，不能无理地强争。在进行一番权衡之后，最终他不得不做出让步，从而使僵局得以解决。

需要指出的是，即使采取以硬碰硬的做法，也要讲究策略，注意方式，机智应对。

这样做，可以起到针锋相对的作用，将对方置于尴尬的境地。同时，又给自己留有余地，这也是谈判的艺术所在。

（七）转移话题

转移话题是谈判的一方通过变换话题，把僵持不下的议题暂且搁置一边，缓和一下紧张的气氛，使双方在崭新或友好的谈判氛围中重新开始讨论有关问题，以利于双方达成协议。这是一种以积极的态度突破僵局的谈判方法。在商务谈判中，这种方法屡见不鲜。例如，谈判双方在价格问题上出现分歧时，一方就会转而讨论交货期、运输方式等问题。总之，目的只有一个，就是把谈不下去的问题先放在一边。

（八）适当馈赠

谈判人员在相互交往的过程中，为联络感情、增进友谊，可以适当地互赠一些礼品。这既是防止谈判出现僵局的一种好办法，同时也是突破僵局的一种行之有效的好途径。

但大家要注意，这里说的馈赠是指"适当馈赠"，在送人礼物时要讲究艺术，要求注意：①注意对方的习俗。②要防止有贿赂之嫌，做到"礼轻情意重"就行了。与此同时，在馈赠礼物时，要注意不同国家、不同文化之间的习俗和禁忌，以免弄巧成拙，给谈判带来不必要的麻烦。

例如，赠酒在法国很流行，尤其是备受法国人欢迎和引以为豪的红葡萄酒或白葡萄酒，但酒在阿拉伯国家却是禁品。在中国，送礼物以双数为吉祥，在日本则以奇数表示吉利。在美国，收到礼品时应该当场打开，然后对礼品大加赞赏（即使你不喜欢），并对送礼者表示感谢。而在日本，除非应送礼者请求，否则当面打开礼物是不礼貌的。

二、有效扭转僵局的策略

在谈判过程中，尽管一方几经努力，但僵局仍未出现缓解之势。当双方都已经被"套住"，则僵局已经相当严重了。特别是在履行协议的过程中，双方对于争议、纠纷之类问题的谈判，涉及双方的权利与义务，致使双方对立情绪十分明显，气氛异常紧张。这类谈判难度大，政策性、专业技术性强。妥善的办法是本着己方利益不受损失的同时，顾全对方的自尊与利益。以下将介绍一些可以有效扭转僵局的策略。

（一）离席放弃策略

谈判与其他领域的理念不同，即坚持不一定就是胜利，无谓的坚持只能陷入被动之中。如果某一天，谈判代表对你说："我一定会坚持到底，保证取得谈判的成功。"这时，你要考虑是否还继续委派他参加此次谈判，一位不懂得放弃的谈判者很难获得理想的谈判效果。

在使用离席放弃策略前，需要准备一定的条件才能达到预期的效果，在谈判初期你要和对方在各方面进行深入的交流，让他们认为与你合作会获得理想的回报，你的确有他们所需要的产品或服务。在确保已经激起对方的合作意愿并进入关键问题的决定阶段时，才可以考虑该策略。否则，错误的时机不仅会弄巧成拙，还会破坏整个谈判气氛。

（二）调整人员策略

在商务谈判中，当谈判人员的过失造成僵局时，及时撤换不称职的主谈人，也有助于有效地扭转僵局。在谈判中，由于主谈判方多方面的原因，伤害了对方的自尊心，或是主谈判人的失误造成了谈判僵局，就应该调整谈判人员，以缓和气氛、扭转僵局。

如果僵局是由谈判人失职或素质欠缺造成的，如随便许诺、随意践约、好表现自己、对专业问题缺乏认识等。这时，不调换这些人就不能维护自身利益，不调换他们就不能扭转僵局，甚至有可能损害与对方的友好合作。

当双方谈判人员，特别是主要谈判人员，互相产生成见，或者已产生对立情绪并不可调和时，会谈就很难继续进行下去。即使是改变谈判场所，或采取其他缓和措施，也难以从根本上解决问题。形成这种局面的主要原因，是由于在谈判中不能很好地区别对待人与问题，由对问题的分歧发展成为个人之间的矛盾。当然，也不能忽视不同文化背景下不同的价值观的影响。

然而，有时候，在谈判陷入僵局时调整谈判人员，并非出于他们的失职，也可以是一种自我否定的策略。可以用调整人员来表示以下观点：以前，我方提出的某些条件不能作数，原来谈判人员的主张欠妥。在这种情况下调整人员，也常蕴含了向谈判对方致歉的意思。

但是，在调整谈判人员时，必须注意：①换人要向对方婉转地说明，使对方能够予以理解。②不要随便换人，即使处于迫不得已而换人，事后也要对替换下来的谈判人员做一番工作，不要挫伤他们的积极性。另外，换人后，也要保持基本利益不能改变，不轻易做出让步。

（三）合理休会策略

合理休会策略是一种谈判人员为控制、调节谈判过程，缓和谈判气氛，打破谈判僵局而经常采用的基本策略。它不仅是谈判人员恢复体力、精力的一种生理需求，而且是谈判人员调节情绪、控制谈判过程、缓和谈判气氛、融洽双方关系的一种策略技巧。谈判中，双方因观点产生差异、出现分歧是常有的事，如果各持己见、互不妥协，往往会出现僵持严重以致谈判无法继续的局面。这时，如果继续进行谈判，双方的思想还沉浸在刚才的紧张气氛中，结果往往徒劳无益，有时甚至适得其反，导致以前的成果付诸东流。因此，比较好的做法就是休会。这时双方都需要找到时间进行思索，使双方有机会冷静下来，或者某一方的谈判成员相互之间需要停下来，客观地分析形势，统一认识，商量对策。

谈判的任何一方，都可以把休会作为一种战术性拖延的手段。当你回到谈判桌上时，你可以说：我原来说过，要在某一特殊问题上让步是不可能的，但我的上级现在指示可以让步。这样，让对方感到你改变观点是合理的。但是，在休会之前，务必向对方重申一下己方的提议，引起对方的注意，使对方头脑冷静下来之后，利用休会的时间去认真思考。休会期间，双方应集中考虑的问题有：谈判的议题取得了哪些进展？还有哪些方面有待深谈？对方态度有何变化？己方是否调整一下策略？下一步谈些什么？己方有什么新建议？等等。

合理休会策略，一般在下述情况下采用。

（1）当谈判出现低潮时。人们的精力往往呈周期性的变化，经过较长时间的谈判后，谈判人员就会精神涣散、工作效率低下。这时，最好提议休会，以便休息一下，养精蓄锐，以备再战。

（2）当谈判出现新情况时。谈判中，难免出现新的或意外的情况和问题，使谈判局势无法控制。这时，可以建议休会，以研究新情况，调整谈判策略。

（3）当谈判出现僵局时。在谈判双方进行激烈交锋时，往往会出现各持己见、互不相让的局面，使谈判陷入僵局。这时，比较明智的做法是休会，让双方冷静下来，客观地分析形势，及时地调整策略。等到重开谈判时，会谈气氛就会焕然一新，谈判就可能顺利地进行。谈判各方应借休息之机，抓紧时间研究一下，己方提出的哪些新的方案，对方可以承受？对方态度强硬的真正意图是什么？己方准备提出哪些新的方案？等等。

（4）当谈判出现一方不满时。有时，谈判进行缓慢、效率低下、拖拖拉拉，谈判一方对此不满。这时，可以提出休会，经过短暂休整后，重开谈判，可以改善谈判气氛。

（5）当谈判进入某一阶段的尾声时。这时，双方可借休会之机，分析、研究这一阶段所取得的成果，展望下一阶段谈判的发展趋势，谋划下一阶段进程，提出新的对策。

休会一般先由一方提出，只有经过双方同意才发挥作用。怎样取得对方同意呢？首先，提出建议的一方应把握时机，看准对方态度的变化，讲清休会时间。如果对方也有休会要求，很自然地一拍即合。其次，要清楚并委婉地讲清需要，但让对方明白无误地知道该需要。一般来说，参加谈判的人员都是有修养的，如东道主提出休会，可能出于礼貌，很少遭到拒绝。最后，提出休会意见后，不要再提出其他新问题来谈，先把眼前的问题解决再说。这样，休会后，双方再按预定的时间、地点坐在一起时，会对原来的观点提出新的、修正的看法，这时僵局就会较容易被打破。

（四）第三方调停策略

谈判中的分歧，有时是谈判者自身主观意识的产物。它会因谈判者自设的屏障，如面子、信誉、尊严、政治制度、意识形态的对立、思维方式的差异等而无法解决。如果谈判者固执己见，人为地强化这种屏障，直接沟通就会发生困难。如果双方在这种情况下既不愿意放弃谈判，又坚持各自的立场时，第三方介入就很有必要。在这种情况下，第三方的介入有助于客观地理解、解释对立各方的观点和立场，有利于传递某些当事人不便于直接传递的信息。因为第三方的介入改变了相互沟通的方式，所以加大了消除各方分歧的可能性。而且，第三方通常能够找出顾全各方面子的办法，使谈判者和他们的上级都感到容易接受。

第三方作为调停者或者仲裁者，应该是某一方面的权威，具有较强的斡旋能力和丰富的谈判经验，他们的经历和取得的成就能够赢得谈判各方的信任与尊重。

善于利用调停和仲裁的谈判者，可以有效地简化谈判，避免不必要的磋商和由此造成的谈判者精力与时间上的耗费。上述对调停者和仲裁者作用的描述，是建立在谈判各方对公正调停与仲裁的希望的基础上。实际上，作为中间人，由于自身的局限性，对事物的看法总会或多或少地带有偏见。如果调停者或仲裁者与各方的人际关系并不正常，或已被某一方贿赂、控制、利用，就应当引起谈判者的警觉。假如有充足的理由怀疑调停者或仲裁者的公正性，就应及时而坦率地向对方提出更换调停者或仲裁者的要求。

（五）场外沟通策略

场外沟通策略，又被称为场外谈判、场外交易、会下交易，这是一种借助于宴会、娱乐、旅游观光等场合进行的一种非正式谈判。在这些地方，人们往往心情会比较放松、愉快，双方可以无拘无束地交换意见，达到加强沟通、避免出现僵局的目的。对于正式谈判出现的僵局，同样可以用场外沟通的途径进行解释，消除隔阂。谈判桌场外沟通，可以在以下情况中采用。

（1）在正式会谈中，谈判双方相持不下，即将陷入僵局。彼此虽有求和之心，但在谈判桌上碍于面子难以做到。

（2）当谈判陷入僵局，谈判双方或一方的幕后主持人希望借助非正式场合进行私下商谈，从而缓解僵局。

（3）谈判双方代表因身份问题，不方便在谈判桌上让步以打破僵局。可以借助私下交谈打破僵局，这样不涉及身份问题。例如，谈判的领导者不是专家，实际做决定的是专家。这样，在非正式场合，专家就可以出面，从容面谈，打破僵局。

（4）谈判对手在正式场合严肃、固执、傲慢、自负、喜好奉承。恭维别人不宜在谈判桌进行，有损己方在谈判桌上的谈判形象。但是，在非正式场合却可以给与恰当的恭维，就有可能使其做出较大的让步，以打破僵局。

运用场外沟通策略，应注意以下问题。

（1）谈判者必须明确，在一场谈判中，用于正式谈判的时间不多。大部分时间都是在场外度过的，必须把场外活动看作是谈判的一部分。场外谈判往往能得到正式谈判得不到的东西。

（2）不要把所有的事情都放在谈判桌上讨论，而要通过一连串的社交活动，谈论和研究问题的细节。

（3）当谈判陷入僵局时，就应该离开谈判桌。举行多种娱乐活动，使双方无拘无束地交谈，促进相互了解，沟通感情，建立友谊。

（4）借助社交场合，主动和非谈判代表的有关人员，如工程师、会计师、工作人员等交谈，借以了解对方更多的情况，往往会得到意想不到的收获。

（5）在非正式场合，可由非正式代表提出建议、发表意见，以促使对方思考。

即使这些建议和意见不利于对方，对方也不会追究，毕竟讲这些话的人，不是正式的谈判代表。

（六）软硬兼施策略

软硬兼施策略，又称红白脸策略，是指在商务谈判过程中，利用谈判者既想与你合作，但又不愿意与有恶感的人员打交道的心理，选择两个人分别扮演"红脸"和"白脸"的角色，诱导谈判对手妥协的一种策略。这里的"白脸"是强硬派，在谈判中态度坚决、寸步不让、咄咄逼人，几乎没有商量的余地。这里的"红脸"是温和派，在谈判中态度温和，拿"白脸"当武器来压对方，与"白脸"积极地配合，以达成对己方有利的协议。

使用这种策略，在谈判初始阶段，先由"白脸"出场，通常苛刻无比、强硬僵化的态度，让对手产生极大的反感。当谈判进入僵持阶段时，"红脸"出场，表现出体谅对方难处的态度，以合情合理的态度照顾对方的某些要求，并放弃己方的某些苛刻条件和要求，做出一定的让步。实际上，他做出这些让步之后，剩下的那些条件和要求，恰恰是原来设计好的、必须全力争取达到的目标。

需要注意的是，软硬兼施策略往往是在对手缺乏经验、很需要与己方达成协议的情景下使用。实施时，"白脸"既要表现得态度强硬，又要保持良好的形象，处处讲理。"红脸"应是主谈人，一方面要善于把握谈判的条件；另一方面也要把握好出场的火候。

需要指出的是，如果对方使用这一方法，要注意不要落入圈套。有些情况下，不一定是"白脸"唱完了，"红脸"再上台，而是"白脸""红脸"一起唱。不管对方谈判人员如何表现，都要坚持自己的谈判风格，按既定方针办，在重要问题上绝不轻易让步。

如果对方扮演的"好人""坏人"，不超出商业的道德标准，不以极其恶劣的手段来对待你，就不要采取过分直率的行动。可以婉转地指出对方报价中的水分、要求的不合理之处，并提出你的公平建议。如果对方确实在使用阴谋诡计，可以考虑退出谈判、向上级提出建议、要求撤换谈判代表、公开指出对方诡计等形式。

（七）釜底抽薪策略

釜底抽薪策略是指谈判陷入僵局时，有意将合作条件绝对化，并把它放在谈判桌上，明确地表明自己无退路，希望对方能让步，否则情愿接受谈判破裂的结局。在实践中，如果对这一谈判策略或技巧使用得当，化解僵局的效果会很好。

在特定的场合，釜底抽薪实在是各种谈判技巧中最为上乘的策略。在实际的谈判特别是在买卖中，买主和卖主都可以采取这一谈判技巧。相比较而言，买主使用这一策略躲避对方更为容易和有利。因为卖主采取躲避的方法时，常会因此断绝双方生意上的往来。但是，对于这一策略，要注意不能主观随便、轻易滥用，使用时要注意以下三点。

（1）必须在双方利益差距的合理限度内方可运用。运用釜底抽薪策略，必须有其适用的前提，即双方利益差距不超过合理限度。只有在这种情况下，对方才能忍痛割舍部分利益，使谈判继续进行下去。相反，如果双方利益差距太大，只靠对方单方面的努力与让步，根本无法弥补差距时，就不能使用此策略，否则就只能使谈判破裂。例如，到商场买衣服的讨价还价方式，实际上也是在利用釜底抽薪的谈判方式。双方的报价分别是290元、260元，差价是合理的。所以，如果这时买主威胁对方说："卖不卖？不卖就走了。"这时，对方可能也就卖了。但如果双方提出的价格差距过大，假设一个是360元，另一个是260元，那么使用这种方式就可能不会奏效。因此，使用釜底抽薪策略，必须以双方的利益差距合理为前提。

（2）当谈判陷入僵局而又无计可施时。这一策略往往是最后一个可供选择的策略，即在别无选择的情况下，破釜沉舟，在此一举。

（3）运用这一策略时，必须做好最坏的打算。如果运用这一策略对方不接受、谈判破裂，而自己对此又毫无思想或心理准备，到时就可能会惶然不知所措。

第五节　处理僵局的注意事项

一、及时调整策略、灵活变换方式

前面介绍的各种策略和技巧，各有其优缺点。在现实谈判中，要想突破僵局，就要对僵局的前因后果做周密的研究，根据谈判者的指导思想和谈判策略运用的出发点、目的及其运用的形式，才能确定实施某种策略或几种策略的组合。其运用的成功，从根本上讲，要归结于谈判人员的经验、直觉、应变能力等素质因素。从这种意义上讲，突破僵局是谈判的科学性与艺术性结合的产物，需要谈判者创造性地灵活运用各种谈判方式。

需要指出的是,一种策略可以有效地运用于不同的谈判僵局之中,但是一种策略在突破某次僵局中运用成功,并不一定适用于其他同样起因、同样形式的谈判僵局。只要僵局构成因素稍有差异,包括谈判人员的组成不同,各种策略的使用效果都有可能是迥然不同的。问题还在于谈判人员的谈判能力和己方的实力,以及实际谈判中的个人及小组的力量发挥情况。应变能力强、谈判实力也强的一方,配以多变的策略,就能应付大部分的谈判僵局。

二、回绝不合理要求、降低目标要求

在谈判中,当对方提出不合理或过高的要求,危及己方的基本利益时,谈判者应采取适宜的策略回绝,或是设法降低对方的目标要求,进而取得圆满的谈判结果。商务谈判中,有时对方要求索取的有关资料,涉及己方商业秘密的一些数据,如买方向卖方索取有关价格和成本分析表之类的资料,卖方应婉言回绝。或是适当应付,可以提供无关紧要的资料,也可以以其他借口拖延。最好的办法是向对方解释清楚,说明无法提供的缘由。

谈判经验告诉人们,在谈判中对于对方提出的一些苛刻条件,若仅仅为顾及"情面",不能及时、清楚地给予答复,反而会引起对方的猜疑和戒备,讲清楚了,反倒可以避免很多无端的麻烦。关键是要掌握好"如何讲清楚"的技巧,绝不能简单地、直接地、生硬地"讲清楚"。既要把问题讲明白,又要注意讲的方式、方法,力求给对方"台阶"下,防止激起对立情绪,加深对峙的程度。"台阶"要堂堂正正地摆出来,要使对方明白,己方已经在解决僵局中做出了努力。所以,谈判中对于对方提出的一些不合理的要求,"把话摆到桌面上来"确实是必要的。俗话说"油灯不拨不亮,话不说清事不明""话说清,理摆明,事好办",这样做,不但能够防止和回避僵局,即使碰到僵局,也有利于摆脱。

为了有效地缩小双方的分歧,消除对峙,要么是屈从对方的压力,己方让步;要么是对方让步。若己方的让步已到临界线了,那么只有靠对方降低目标要求。时间告诉大家,谈判中的任何一方都是不情愿让步的。事实上,往往出现这种情况:一方出自善意,主动做出些让步,但对方非但不领"情",反而得寸进尺,提出更高、更多的要求,大有强人所难之势。所以,摆脱僵局,一方面己方让步要适度,另一方面则要针对对方过高的目标要求予以削弱和降低。为此,应考虑以下几点。

(1)必须牢牢把握住己方的利益目标,把己方的利益目标确定在对方能够接受的较高限上，不轻易让步，并设法让对方了解你的目标。

（2）要以充分的事实根据和理由，强调己方提出的交易方案、交易条件公道，能够给对方带来利益，也完全是从双方利益的角度去考虑的。

（3）在磋商交易条件的初始阶段，就要设法达到这种谈判格局。因为进入谈判后期，改变对方的观点、降低对方目标要求的难度较大，而且极易导致双方的观点对峙，陷入僵局。

若对方仍坚持过高的利益目标，没有任何松动的可能，明显的僵局已经形成，己方则可以在适当的话题下，提出与对方所提方案相应的新方案，使对方接受的难度增大，以迂回的方式迫使对方降低原有的过高的目标要求。

三、掌握妥协艺术、防止让步失误

让步是谈判中常用的策略，更是在回避和摆脱谈判僵局中，能够直接奏效的"法宝"。只有让步、妥协，才能使双方的利益差异相对弥合。但是，并非所有的让步都能有所获取。如何防止谈判中让步失误，则是回避和摆脱僵局的重要问题。为了做到成功让步，有效地化解谈判僵局，需要重点注意以下几个问题。

（一）不可过分自信

谈判陷入僵局，一般都是相互间已经有了初步的了解，若过分自信，自以为掌握了对方的意图，难免会出现严重问题。很多成功的谈判者都认为，双方争执不下时，如果根据未经证实的估计去判断和推论对方的真实企图，十有八九会吃亏上当。所以，在僵局的压力下，应保持高度冷静和警惕，争论中要仔细地分析对方的真实意图，耐心地试探、谨慎地表态。

（二）不轻易接受最初报价

有的谈判者一看到对方第一次出价就超出己方的期望后，便按捺不住激动之情欣然接受，这是成功谈判所忌讳的事情。成功经验告诉我们，谈判中的第一次出价水分很大。正因为如此，有人总结出这样一句话："永远不要相信第一次报价！"这句话似乎不近情理，但是其中的道理却足以引为处理僵局之戒。因为，对方很可能和你有完全不同的价值标准，也完全有可能再做些让步，更重要的是，立刻接受对方的初次报价，对方往往会有吃亏的感觉，以为自己出价过低了，自然会在其他方面提出苛刻的要求，增大了摆脱僵局的难度。

（三）不要轻易让步

陷入僵局对谈判者来说，确实是一种煎熬。有的谈判者往往在心理上和身体上支撑不住，巴不得能够尽快有个结果，故常以为"差不多就行了"，而这正是商务谈判之大忌。为此，要明确这样一个基本问题：在确认搞清对方所有要求之前，绝不能做出任何让步，这是妥协的真谛。因为己方稍有松动，对方必然得寸进尺、步步紧逼，反而会加剧僵局。

在谈判僵局的重压之下，关系到己方根本利益的重大问题上的让步必须慎重。一般情况下，最好不要先让步，只有在对方确有诚意且明确其交换条件下，方可考虑适当稳妥地让步，同时也可要求对方让步。

（四）善用让步策略

处理僵局的让步形式和内容是多种多样的，让步所要解决的问题，绝对不仅仅局限于双方所争执的某一具体问题，可以从多角度和不同的侧面，不断地变换让步形式来妥善处理僵局。商业谈判中的僵局，虽然本质上是买卖双方利益矛盾导致的对峙，但是完全可以从削弱对方的抵制情绪、减轻对方的心理压力入手，同时辅之以相关的非实质性让步策略组合措施来缓解和摆脱僵局，达到妥善处理僵局的目的。谈判专家认为，妥协、让步犹如一个"万花筒"，转来转去可以变换出形形色色的花样和图案，关键是要有的放矢，针对僵局中的具体情况加以采用才行。

处理僵局时，让步多数都是在非根本利益方面的让步。有效地将一些非根本利益方面的让步分别加以抽取，再有机地搭配起来，付诸对峙中的妥协，换以对方的同等让步。非根本利益的让步也称"虚让步""虚妥协"。例如，谈判中专注地倾听对方的意见，认真地回答和解释对方提出的问题，适当地加大在小事上的让步次数，给予对方较高级别的接待，对对方提出的意见和方案，给予必要的肯定和赞赏等，都属于非实质性妥协范围。将"倾听""高级接待""建立缓冲区"等策略有机地结合起来，做出非实质性的让步，能有效地摆脱僵局。

本章小结

商务谈判中，由于对方的立场争执、成交底线、人员素质、沟通障碍等原因，往往会出现各种各样的僵局。根据不同的理解角度，分为不同的僵局。对谈判中的僵局应全面看待，一方面僵局有可能造成谈判的暂停甚至破裂，另一方面若双方能够利用好僵局，重新回顾各自的出发点，从对方的角度看问题，注意挖掘双方共同的利益，就会使谈判重现曙光，并提高达成交易的速度。

因此，面对僵局，谈判双方应理性地分析其产生的原因，把握正确的处理原则，利用合适的方法、策略和技巧进行解决，把僵局变成谈判成功的契机。针对避免僵局、突破僵局和有效扭转僵局，笔者提出了不同的解决方法，这些方法和策略需要谈判者在实践中科学地、艺术地加以采用。

思考题

1. 从谈判的内容角度，可以将商务谈判僵局分为哪几类？
2. 处理商务谈判僵局的基本原则有哪些？
3. 常见的用来突破谈判利益僵局的策略有哪些？
4. 常见的用来有效扭转僵局的策略有哪些？
5. 在处理商务谈判僵局的过程中，怎样才能防止让步失误？

思政案例分析

触龙说赵太后

战国时期，为了让齐国出兵，赵国必须以长安君做人质，但是赵太后不答应，大臣们极力劝谏都无济于事，左师触龙希望去劝说太后。

触龙缓慢地小步跑到太后面前，向太后道歉说："我的脚有毛病，连快跑都不能，很久没来看您了。私下里自己原谅自己，又总担心太后的贵体有什么不舒适，所以想来看望您。"太后说："我全靠坐车走动。"触龙问："您每天的饮食该不会减少吧？"太后说："吃点稀粥罢了。"触龙说："我现在特别不想吃东西，自己勉强走走，每天走上三四里，就稍微增加点食欲，身上也比较舒适了。"太后说："我做不到。"这时，太后的怒色稍微消减了些。

触龙说："我的儿子舒祺，年龄最小，不成才，而我又老了，私下疼爱他，希望能让他替补上黑衣卫士的空缺来保卫王宫。我冒着死罪禀告太后。"太后说："可以。年龄多大了？"触龙说："十五岁了。虽然还小，但是希望趁我还没入土就托付给您。"太后说："你们男人也疼爱小儿子吗？"触龙说："比女人还厉害。"太后笑着说："女人更厉害。"触龙回答说："我私下认为，您疼爱燕后就超过了疼爱长安君。"太后说："你错了！我疼爱燕后不像疼爱长安君那样厉害。"触龙说："父母疼爱子女，就得为他们考虑长远的利益。您送燕后出嫁的时候，拉着她的脚后跟为她哭泣，这是惦念并伤心她嫁到远方，也够可怜的了。她出嫁以后，您也并不是不想念她，可您祭祀时，一定为她祝告：'千万不要被赶回来啊。'难道这不是为她做长远打算，希望她生育子孙，一代一代地做国君吗？"太后说："是这样。"

触龙说："从这一辈往上推到三代以前，甚至到赵国建立的时候，赵国君主的子孙被封侯的，他们的子孙还有能继承爵位的吗？"赵太后说："没有。"触龙说："不光是赵国，其他诸侯国君的被封侯的子孙的后继人有还在的吗？"赵太后说："我没听说过。"触龙说："他们当中祸患来得早的就会降临到自己头上，祸患来得晚的就降临到子孙头上。难道国君的子孙就一定不好吗？这是因为他们地位尊贵而没有功勋，俸禄丰厚而没有功劳，占有的象征国家权力的珍宝太多了啊！现在您把长安君的地位提得很高，又封给他肥沃的土地，给他很多珍宝，而不趁现在这个时机让他为国立功，一旦您去世之后，长安君凭什么在赵国站住脚呢？我觉得您为长安君打算得太短了，因此我认为您疼爱他比不上疼爱燕后。"太后说："好吧，任凭你指派他吧。"

于是，赵国替长安君准备了一百辆车子，送他到齐国去做人质，齐国的救兵才出动。

资料来源：汇智书源.学点实用谈判技巧[M].北京：中国铁道出版社，2015.

案例思考：

1. 当僵局出现时，触龙采用了哪些策略来突破僵局？

2. 在谈判的过程中，有哪些语言技巧？

3. 历史上还有哪些体现高超谈判技巧的案例？请简要介绍一个，并谈谈你从中获得的启示。

第八章　商务谈判的风险与规避

🔍 **本章学习目标**

1. 理解商务谈判风险的定义，区分风险的类型。
2. 掌握商务谈判风险的规避策略和手段。

🔍 **本章关键词**

人员风险　非人员风险　风险的预测和控制　风险的规避策略

🔍 **思政案例导入**

中澳公司技术交易谈判破裂

中海油某公司欲从澳大利亚某研发公司（以下简称 C 公司）引进地层测试仪，双方就该技术交易在两年间举行了多次谈判。地层测试仪是石油勘探开发领域的一项核心技术，掌控在国外少数几个石油巨头公司手中，如斯伦贝谢、哈利伯顿等。这些公司对中国实行严格的技术封锁，不出售技术和设备，只提供服务，以此来占领中国广阔的市场，赚取高额垄断利润。C 公司因缺乏后续研究和开发资金，之前曾主动带着其独立开发的、处于国际领先水平的该设备来中国寻求合作，并先后在中国的渤海和南海进行现场作业，效果很好。

中方于头一年年初到 C 公司进行全面考察，对该公司的技术设备很满意，并就技术引进事宜进行正式谈判。考虑到这项技术的重要性以及公司未来发展的需要，中方谈判的目标是出高价买断该技术。但C公司坚持只给中方技术使用权，允许中方制造该设备，技术专利仍掌控在自己手中。C公司不同意将公司赖以生存的核心技术卖掉，委身变成中方的海外子公司或研发机构。双方巨大的原则立场分歧使谈判在一开始就陷入僵局。

中方向C公司表明了立场之后，对谈判进行"冷处理"，回国等待。迫于资金短缺的巨大压力，C公司无法拖延谈判时间，两年间，就交易条件多次找中方磋商，试图打破僵局。由于种种原因，中澳双方最终未能达成协议，谈判以失败告终。但是，中海油科技工作者走出了一条自力更生的技术创新之路。

资料来源：杨晶. 商务谈判 [M]. 2版. 北京：清华大学出版社，2016.

在商务谈判中，谈判双方是利益的共同体。但无须回避的是，在某些方面又存在风险。事实上，商务活动中的风险对于谈判双方来讲都是同样存在的，只是有些风险要双方共同承担，有些可能是在双方之间相互转换的，还有些则是一方所独有的。

第一节　商务谈判中的风险

商务谈判是一项责任重大而精细的活动，受到各方面因素的影响和制约，无论是瞬息万变的社会环境和商务环境，还是难以琢磨的谈判对手，或者是各种突发的事件，都会对商务谈判的过程和结果产生不可控的影响。这些影响很多是负面的，从而对商务谈判产生一定的风险。因此，如何在谈判前和谈判中预测、避免和控制这些风险，是商务谈判中相当重要的一项工作。

作为一项复杂的商务活动，商务谈判受到多方面因素的共同影响，任何一个因素的变化都可能引起谈判局势的动荡，这其中必然存在风险。但是，风险并不一定都是坏事，很多时候，风险与效益是成正比的，关键在于如何正确地认识和控制风险。在了解如何规避商务谈判风险之前，首先必须了解风险的确切含义。

风险的含义有：①对多数人来说，风险就是某件事情出错的概率。②个人或组织花钱投资预期得到一定的回报，但实际的回报有时高于预期，有时低于预期，这也是风险，叫"双向风险"。

在商务谈判中，风险是指由于某些谈判环境因素、谈判对手或者谈判内部因素的作用，使得谈判出错，无法达到预期目标的可能。在任何商务谈判中，谈判风险都是存在的。风险具有以下三个特征。

（1）不可预见性。由于商务谈判受到多种因素的影响，谈判风险也是多种因素共同作用的结果，所以，在谈判前一般很难完全预计可能发生的风险。这就给谈判的准备工作带来一定的难度，谈判者只有在谈判前尽量预计有可能发生的所有风险，才能提前做好准备，以免遇到难题时猝不及防。

（2）突发性。风险发生之前一般都不会有很明显的前兆，往往是在谈判者尚未来得及做好准备的时候，风险就发生了。所以，为了将风险损失降到最低，应充分估计风险发生的可能，未雨绸缪，不能在风险突然发生之后，才做补救措施。

（3）可控性。虽然风险是不可预见、突发的，但是风险也是可以控制的。对于风险的控制分为事前控制和事后控制。事前控制是指在风险发生之前针对可能发生的风险做好预防、避免的工作。事后控制则是指在风险发生之后，采取一定的措施降低风险对谈判带来的影响。要根据风险的种类不同选择不同的控制方法。

一、商务谈判中的人员风险

（一）素质性风险

商务谈判是一项非常精细且专业的商务活动，其过程十分考验参与者的综合素质。因此，对参与谈判人员的知识、性格、能力等个人素质的要求很高，人员素质不达标将导致谈判结果不确定性变大，不能实现己方利益最大化。因此，这是一大风险来源。

素质性风险出现的原因，主要有以下几点。

（1）谈判者缺乏必要的知识和充分的调研，且不虚心向专家、学者请教。商务谈判过程中，往往涉及宏观环境、人员、资金、技术等各方面的细节，如果缺乏必要的知识和充分的调研，将对谈判结果造成很大的风险。

（2）谈判者刚愎自用，自我表现欲太强。有些谈判者自我表现欲很强，以自我为中心，而非将公司的利益、促成合作作为中心，这样的缺陷很容易被对方利用，造成己方利益受损。

（3）谈判者在谈判过程中情绪容易波动。有些谈判者比较情绪化，这种现象有可能是谈判者先天的性格使然，但更多的是谈判作风问题。谈判作风可以作为一套工作方法进行后天培养，即使谈判者本身性格比较情绪化，但可以通过培养克服缺陷。

（4）谈判者存在心理风险。在谈判过程中遇到来自对方的压力时，就感到难以适从，导致谈判处于劣势。很多时候，谈判人员在谈判中可能会产生一些心理的变化，在这些心理变化中，有相当一部分是不利于己方的，谈判专家把这些不利于己方的心理变化称作谈判中的心理缺陷。谈判中的心理缺陷是由于谈判人员的心理素质不过硬，加上对方的干扰而形成的。这些缺陷可能包括不自信、怀疑、恐惧、烦躁、悲观、盲目乐观、骄傲等，无论是消极的还是过分积极的情绪和心理，都会造成对谈判目标和谈判过程的错误理解。这些缺陷一旦被谈判对手发现，很容易通过施压、迷惑、干扰等手段夸大己方的不良情绪，并且利用这些不良倾向削弱己方的谈判力，从而控制谈判局势，占据谈判的有利地位。所以，在谈判中，应尽量避免由于心理变化带来的风险。

（5）语言风险。语言风险是指在国际商务谈判过程中使用不同的语言进行谈判，由于一方对于另一方的翻译和理解发生偏差而导致获得错误信息，从而造成利益损失的风险。

素质性风险体现在以下几个方面。

（1）以自我为中心。只顾表达自己的想法，不给对方足够的发言机会或打断对方的发言。在谈判和商讨中，坚持以自己的条件或建议为主，寸步不让，不懂得给对方一些空间，容易被对方视为没有合作诚意，从而未能把握潜在的合作伙伴。

（2）易受挫折。遇到问题就犹豫不决或未考虑清楚就急于下结论，遇到挫折就一蹶不振。

（3）畏首畏尾。不与对方充分交涉就匆忙让步，使得先前争取到的优势丧失。有些谈判者只关注个人得失，不从工作本身出发，最终不能争取到成功的合作。

（二）谈判对手产生的风险

在商务谈判中，有一些谈判对手为了达到谈判目的，会使用一些非法的手段来影响甚至控制谈判的过程和结果。如果发现不及时，则往往会因为落入对手圈套而遭受损失，即使事后可以通过报警或者法律手段制裁对手或者讨回公道，仍然无法避免经济上和时间上的损失。在谈判前或者谈判时应该多加提防，及时发现对手已经采用或者可能采用的非法手段，从而对其加以规避，以避免损失。在商务谈判中，可能采用的非法手段一般有以下几种。

（1）监视。监视往往会被谈判中的主方使用，它们利用安排谈判举行地点、时

拓展阅读8.1 世界上最短的回复

间以及客方的住宿、行程等优势，暗中对谈判客方进行监视。从而获得谈判客方的内部信息，并掌握其行动走向，为自己在谈判中创造主动、有利的地位。

（2）窃取。窃取是指谈判中的一方为了得到更多有关谈判对手的信息，使用偷窃的手段获取谈判对手资料的行为。窃取不仅是违法行为，更是不道德的行为，在谈判中应坚决摒弃。由于内部资料被窃取带来的损失，往往是无法估量的。

（3）暴力。暴力是指谈判中的一方为了达到其谈判目的，使用暴力手段威胁、恐吓或者强迫谈判对手答应其谈判条件的行为。

（4）贿赂。贿赂是指谈判中的一方为达到其谈判目的，通过向谈判对手个人行贿来使其答应己方的谈判条件。

（三）谈判失误风险

在商务谈判中，还可能遇到由于谈判人员操作失误而产生的风险。谈判失误的原因，主要来自两方面：①谈判人员自身固有缺陷造成的，这在上一部分已经讨论过。②来自谈判人员在谈判过程中接受的错误信息，导致对事实判断失误或者言语行为失当造成的。在实际谈判中，谈判人员还可能因为以下原因发生谈判失误。

（1）法律的漏洞。法律的漏洞是指由于对谈判所涉及的法律条款不够熟悉而导致的漏洞，对方会利用这种漏洞钻法律上的空子，诱使己方谈判人员发生谈判失误，给己方带来损失。

（2）惯例的疏忽。谈判人员在谈判中，如果对谈判中所涉及的行业管理不熟悉，往往会产生疏忽，从而被对方利用，钻了惯例的空子，给己方带来损失。

（四）商务欺诈

商务欺诈是指在商务谈判中利用伪造、欺骗等手段给谈判对手以错误的谈判信息，从而使己方获利的行为。从本质上来说，商务欺诈也是一种非法的行为，根据我国最高人民法院《关于贯彻执行〈中华人民共和国民法通则〉若干问题的意见》（试行）第68条规定："一方当事人故意告知对方虚假情况，或者故意隐瞒真实情况，诱使对方当事人做出错误意思表示的，可以定为欺诈行为。"

商务欺诈的种类，有合同欺诈、金融欺诈、保险欺诈、广告欺诈、海运欺诈五类。在商务谈判中，出现最多的是合同欺诈和金融欺诈。

（1）合同欺诈。合同欺诈是指利用表现上的合法性进行欺诈的行为。合同欺诈的特点是利用订立合同的合法性和双方之间的相互信任，这是近年来数量呈上升趋势的一种违法形式。合同欺诈主要有以下表现形式。

①在合同中订立保证金，拿到保证金后便消失。

②利用中介合同，串通中介人骗取委托人的预付款、订金或中介服务费后不履行合同。

③利用抵押合同，在同一抵押物上设置多个抵押权，或者将无抵押权的财产设置抵押。

④用加盖公章的空白合同欺诈或伪造公章欺诈。

⑤利用"钓鱼合同欺诈"，即在正常履行一些小额合同之后，诱使对方签下大额合同并进行欺诈。

（2）金融欺诈。金融欺诈主要是指在合同履行时利用支付手段的特点以及合同履行时差进行欺诈，也是近年来商务谈判欺诈中主要的手段之一。金融欺诈主要有：①利用假票据、假文件、假信用证欺诈。②利用软条款信用证欺诈，软条款信用证即开证行可随时、单方面解除其保证付款责任的信用证。③诱骗银行出具银行信用文件进行欺诈。

二、商务谈判中的非人员风险

商务谈判中，除谈判人员自身的素质问题、谈判过程中对技术的处理方法问题等微观因素引起的人员风险之外，还存在外部宏观因素不确定引起的非人员风险。非人员风险的显著特征是通常不受谈判者控制，且影响范围大。

（一）自然性风险

自然性风险是指由于商务谈判所处的外部自然环境发生变化，而对谈判过程和主体产生影响的可能性。虽然商务谈判是一项经济活动，但是自然条件的变化也会对其产生一定的影响。例如，自然灾害不仅可能影响商务谈判标的物的生长、存储环境，也可能对谈判举行地产生影响，从而影响谈判的进程。

（二）政治性风险

政治性风险是指由于一国的宏观政策或者政治局面变动对商务谈判的过程及结果产生影响，并导致商务谈判主体经济损失的风险。由于国内的政治环境相对稳定，谈判主体对国家宏观政策也相对熟悉。所以，政治风险主要发生在国际商务谈判中。

政治性风险在跨国项目中表现得尤为明显。一方面，项目所处的宏观政治环境、局势的不确定性会给项目的执行带来风险，如我国企业与中东地区的合作项目经常由于政局不稳而被迫调整甚至撤退，有些国际项目因外交关系的恶化而受阻甚至终止。另一方面，从另一视角来看，商务谈判的结果反过来也会影响地区间的外交关系，互惠互利项目的促成往往也增进了两国之间的外交关系。

自然性风险和政治性风险统称为社会风险。社会风险是指因为商务谈判的过程或者结果所产生的社会负面效应，导致无法达到预期谈判效果的风险。社会风险可能是由于商务谈判违背了社会道德、公共伦理或者主流价值导向而产生的。人们因此会对该商务谈判活动或者谈判主体产生反感、抵触甚至厌恶情绪，从而对谈判主体进行批判、抵制甚至控诉的行为，给谈判主体带来经济上和社会声誉上的损失。

（三）市场性风险

全球化大背景下，各国、各地区的市场都存在联动性，原材料价格、汇率、利率均在变动。这些因素的变动会影响购买设备成本、借贷资金使用成本、项目收入等，从而产生风险，这种风险称为市场性风险。市场性风险也是指商务谈判的经济环境和市场环境的变化对谈判的影响，给谈判带来变化的可能性。这里的市场主要是指外汇市场和利率市场。

（1）利率风险。利率风险是指由于利率变化的不确定性，使得未来资金的筹集者或使用者遭受损失或者减少期望收益的可能性。由于20世纪70年代后，国际金融市场上普遍实行浮动利率制度，特别是近年来国际金融的动荡日益加剧，使得利率的波动更加频繁，利率风险与外汇风险一起成为目前最主要的两大金融风险。受此影响，国内的利率波动也开始频繁，中国人民银行宣布加息与减息，使得国内商务环境中的利率风险日益增强。

一般来说，利率的波动受到以下因素影响。

①借贷资金的供求状况。由于货币是一种特殊的商品，所以它的价格——利率与普通商品一样，也是由供求状况决定的。当市场上借贷资本供不应求时，利率就会向上浮动。当借贷资本供大于求时，利率就会向下浮动。

②社会经济的运行状况。一般来说，当社会经济处于一个持续、稳定和协调发展的状态中时，利率也是相对稳定的。但是实际状况是，由于客观经济规律的

作用和其他因素的影响，社会经济运行总会呈现一定的周期性。这种周期性的运行将会影响借贷资本的供求状况，从而影响利率的波动。

③通货膨胀率。通货膨胀率代表物价上涨的幅度，物价上涨会带来实际货币的贬值，从而造成借贷资本的贬值。通货膨胀率较高时，资本持有者为了保持实际的利息收入，会通过提高利率来弥补货币贬值的损失。

④税收政策与税率。税率对利率的影响，可以从两个方面来看：一是与存款利率的关系，二是与贷款利率的关系。税率与存款利率的关系表现在：税率水平的高低影响实际存款利率的大小，同时，存款利率的高低也影响税种的设置和税率的调整。税率与贷款利率的关系表现在：二者成反比例关系，税率降低会引起需求增加，在供给一定的情况下，利率会上升；反之，利率就会下降。

项目成本中很大一部分是资金的使用成本，资金的使用成本由利率决定，而大多数国家金融市场的利率都是变动的，因此，资金的使用成本也是变动的。利率风险在长期贷款中体现得尤为明显。若预见到未来一段时间内利率有下降的趋势时，当下借入更多固定利率的长期借款，减少短期借款，那么，利息成本将会升高。反之，亦然。因此，应对金融市场利率做较为深入的研究，尽量准确地把握利率的变动趋势，相应地选择最优的融资方案。

（2）汇率风险。汇率风险是指汇率的变动导致的项目双方收益的不确定性。汇率风险一般产生在国际商务谈判中，是指由于汇率的波动而遭受损失或减少期望收益的可能性。由于在国际商务谈判中，谈判双方往往使用不同的货币，在签订商务合同的时候，一般采用其中一种货币作为货款结算标准，两种货币之间的汇率一般会参考当时的国际市场汇率，由于国际市场上不同货币种类之间的汇率变化无常，难以预测，且在合同签订到合同执行之间会经历一段时期，在这段时期内，汇率会产生波动，从而影响最后货款的支付数额。这种波动的结果可能是己方获得收益，也可能是遭受损失，而汇率是上升还是下降一般难以预测，所以存在汇率高风险。在国际项目中，资金的结算通常涉及不同币种之间的兑换，汇率的变动直接影响以本币为核算单位的收益和成本，导致项目双方的收益产生变动。当汇率变动幅度大，或涉及外币结算的金额较大时，汇率风险就体现得非常明显。

（3）价格风险。在工期较长的项目中，将在项目后期购入设备的价格往往在谈判阶段就已经确定下来，而未来设备的价格与国际期货市场的原材料价格、工资水平、经济变动等因素紧密相关。因此，未来设备的价格是不确定的，如果未来价格降低，则提前确定价格就会给购买方带来损失；如果未来价格上升，购买方则会收益。只要当前价格与未来价格不一致，就会有一方承担价差的损失。因此，为了规避价格风险，很多情况下谈判双方会采用浮动价格的形式。

总之，深入研究市场的变动规律，根据不同的趋势采取不同的融资方案、结算手段和价格政策等，对于规避市场性风险非常重要。

（四）技术性风险

在商务谈判中，特别是在国际商务谈判中，有很多是有关技术、设备以及管理经验引进的谈判。这些谈判都会涉及各类技术问题，不仅有项目的技术工艺要求，还有项目管理的技术要求。由于国际技术环境的变化以及谈判中信息的不对称性，往往会产生技术风险。

（1）技术保留风险。技术保留风险是指由于技术或管理经验输出方出于某些目的，故意隐瞒、保留一部分技术或管理经验，从而给引进方带来损失的风险。这种风险往往是由于谈判双方的信息不对称而产生的，而且与输出方缺乏足够的商业道德有关，具体是指合作伙伴的资信、合作态度。由于技术和管理经验关键部分的缺失，会使得引进方无法获得该技术或管理经验所能发挥的全部效用，从而遭受一定的损失。合作伙伴的技术状况、资信条件和管理经验等方面，对于合作全程非常重要。例如，在国内贸易中，应该选择国有企业还是民营企业作为合作伙伴？国有企业和民营企业在企业文化、管理模式、资信条件等各方面都存在显著差异，在选择合作伙伴时，应根据项目的具体需求对目标合作伙伴进行全方位的评估，选择最适合的合作伙伴。在国际贸易中，选择合适的合作伙伴显得尤为关键。在不熟悉的环境下开展合作，有很多因素与国内不同，较难控制，此种情况下，合适的合作伙伴可以缓解信息不对称带来的风险。

（2）技术超标风险。技术超标风险是指由于技术或设备引进方对技术及设备的使用情况不了解，对技术水平提出过高的要求，超出了实际需要的水平，从而造成成本过高的风险。这种风险通常出现在涉及技术购买的项目中。谈判者总是希望对方提供的技术越先进、越完善、功能越全越好，却忽视了对经济上是否必要的考量，最终导致项目成本大幅度增长。然而在很多情况下，过高的技术要求在现实中并没有必要，因为对技术要求的提高和费用的上涨是成正比的，但与最终效用并不成正比，有时候差别甚至并不大，因此并不必要。对技术的过分奢求，反而为对方提供了转嫁风险的条件，对方可通过要求更高的报价来转嫁风险。

（3）技术落后风险。技术落后风险是指由于引进的技术或设备落后于引进方的需要或国际先进水平，达不到技术或设备改造的要求，从而遭受损失的风险。造成技术落后风险的原因，主要有：①技术或设备输出商将落后的技术输出，并且对期限做隐瞒，从而造成引进方的损失。②由于国际上技术更新换代的速度加快，造成在引进前还是先进水平的技术、在引进设备后短期内便落后了，从而造成引进方的损失。

这种风险，通常出现在实力比较悬殊、一方相对另一方存在明显优势的谈判中，处于优势的一方凭借自身的比较优势，提出强迫性的要求。此时，处于劣势的一方要么接受不公平的条件，承受利益分配上的不平等；要么拒绝对方的无理要求，承受机会成本的损失。这两种情形都不是建立在互利共赢的基础上的，一是合作不能长久，二是有可能弱势一方会在项目执行过程中，伺机牟取隐蔽的利益以弥补损失。显然，这并不是理想的合作模式。因此，既要警惕对方以强欺弱的做法，也要提防自身强人所难的态度。

第二节　商务谈判中的风险规避

一、风险规避概述

商务谈判中风险的规避，并不是说要彻底地去除风险，而是说要规避风险可能给己方的商务活动带来的损失。一方面，要降低发生损失的可能性，主要是采取事前控制措施；另一方面，就是要降低损失的程度，主要是事后及时进行补救。

风险不仅包括纯粹造成损失而没有收益机会的纯风险，如运输途中货物主要面临船沉货毁的风险，而且也有既能带来收益机会并有存在损失可能的投机风险，如决定是否投资某个海外项目开拓海外市场，项目盈利或者亏损都有可能。纯风险是令人厌恶的，而投机风险却具有诱人的特性。通常情况下，纯风险和投机风险是同时存在的。例如，房产所有者同时面临诸如火灾之类的纯风险和诸如经济形势变化引起房产价格升降的投机风险。

风险评估需要综合考虑事件发生概率大小和损失程度两个方面。有些事件虽然发生的概率较小，但一旦发生就会导致惨重的损失，这种情况下就要认真考虑对策，并不惜承担必要的成本。很多自然性风险就属于此类情况，例如，一旦发生火灾，物资将会损失惨重，这种情况下，应该不惜花费更多的消防成本及保险费用来对冲风险。如果未来的损失对整个事件无足轻重，即使概率再大，也可评估为低风险。

一般来说，由人员因素引起的风险大多比较容易预先估计到，如技术人员出于对技术完美性的追求，往往要求最完美的设计、最健全的功能、最高的质量、最好的材料等，而不顾制造成本的大小，这反映在有关引进技术设备的商务谈判中，就会表现为奢求风险。事实上，在一定的标准或均衡的性能价格比的基础上，每提高1%的性能要求，价格上升就会超过1%，并呈几何级数增长。对于奢求风险，可以做出较为准确和具体的估计，并对不同情况下各种方案的优劣做出评价，确定经济上较合理、技术上又先进可行的对策。

对于其他人员因素造成的风险，如现场管理、人员素质等，只要谈判人员以及其他参与人员规避风险的意识提高，那么这些风险是比较容易预见并控制的。预见和控制非人员风险的难度较大，如非人员风险中的政治风险、自然灾害风险等，它们往往是不可预测的，其发生常会令人难以适从。因此，对这类风险只有采取事后补救的办法，但绝大部分的实际损失仍将无可挽回。突如其来的地震、台风、旱涝等自然灾害给商务活动造成损失的例子不胜枚举，由于这些风险事先得不到预见，损失就无法避免。

控制风险的关键在于风险预测，因为风险只有被准确地识别和衡量，相对应的风险控制策略和措施就很容易被找到，风险也就容易被有效控制。

二、规避商务风险的策略

按照风险的程度、性质的不同，规避商务风险的策略可分为风险损失的控制、风险的转移、风险自留和完全回避风险。

（一）风险损失的控制

有些风险是可控的，为了控制风险损失，应该设法减少风险发生的机会。通过减少损失发生的机会、降低损失发生的严重性来对付风险。

（二）风险的转移

拓展阅读8.2
巧妙地转移风险

风险的转移是指将原本应由自身承担的风险以保险或非保险的方式转移给第三者。自然性风险、政治性风险等非人员风险是由于不可抗力的影响，通常可以通过保险的方式将风险转移给保险公司，这也是目前保险市场上常见的险种。此外，风险也可以通过合同协议转移给对方或者第三方。在国际商务活动中，普遍的做法就是出于转移风险的需要，而让合作方的担保人员承担有关责任风险，就是一种非保险的风险转移方式。

（三）风险自留

风险自留可以是被动的，也可以是主动的；可以是无意识的，也可以是有意识的。当风险没有被预见时，风险自留就是被动的或者是无计划的。这种风险自留的方式比较常见，而且在一定程度上不可避免。主动或有计划的自留风险通常采取建立专项基金的做法，以此弥补可能遭遇不测事件所带来的损失。在某些情况下，风险自留可能是唯一的对策，因为有时要完全回避风险是不可能或明显不利的，这时，采取有计划的风险自留不失为一种良好的规避风险的方式。

由此可见，在商务谈判活动中，源自政治、自然灾害的风险损失常常是被动的、无计划自留风险的结果，因为这种风险是难以预测的。采取主动的、有计划的自留风险措施也往往是杯水车薪之举。对于那些根据已经观察到的事实而判断出来的政治风险和自然灾害风险，采取完全回避风险的策略显然是较好的办法，如取消对战争可能持续下去的国家或地区的投资计划、停止在洪水经常泛滥的河谷地带建厂等，这些都可称得上是明智的选择。

总之，风险规避从广义上理解绝不是指消灭风险，而是要在寻求减少未来可能损失的同时，寻求未来收益增长的机会。

（四）完全回避风险

通过放弃或拒绝合作、停止业务活动来回避风险源，虽然潜在的或不确定的损失能就此避免，但获得利益的机会也因此而丧失。

三、风险规避的手段

（一）提高谈判人员的素质

商务谈判过程中，风险可谓无处不在、无时不在，谈判人员的挑选应依照一定的素质要求，从严掌握。当然，不可能在这些候选人完全符合理想标准以后，才允许他们走上谈判场。事实上，谈判人员的素质恰恰是要在经常的谈判磨炼中不断提高的，尤其是国际商务谈判的责任重大，因此就不得不对谈判人员，特别是首席谈判代表提出严格的要求，最终被选定的谈判人员应该以事业为重，有较强的自我控制能力，不图虚荣，敢于负责。

谈判人员应该知识面广、谦虚好学，能虚心向他人求教，这样就可以避免一些因为自身知识欠缺引发的风险。

【趣味阅读 8.1】我国某公司曾在泰国承包一个工程项目，由于不了解施工时期是在泰国的雨季，运过去的轮胎式机械在泥泞的施工场地根本无法使用，只得重新组织履带式机械，因而耽搁了采购、报关、运输时间，延误了工期，导致对方提出索赔。如果当初我们能多了解一点世界地理知识，了解泰国的气候特点或主动向专家了解在泰国施工可能遇到的困难，那么这家公司蒙受的经济损失和信誉损失就完全能够避免。

资料来源：冯光明，冯靖雯，余峰.商务谈判：理论、实务与技巧 [M].北京：清华大学出版社，2015.

谈判人员的工作应该深入细致，洞察力强，信息渠道多，善于营造竞争局面，多方择优。由此，可以减少伙伴选择方面的风险隐患。

谈判人员还应对政治和经济的辩证关系有深刻而清醒的认识，不断努力提高自身对国际政治形势的分析预测能力，由此提高对政治风险的控制能力。一个具有世界冠军潜质的优秀运动员要降低奖牌落空的风险，只有长年累月坚持不懈地艰苦训练。同样，国际商务谈判人员要试图避免或减少由其素质条件引发的各种谈判风险，也只有通过不断提高自身素质来实现。

（二）主动征询，请教专家

一个商务谈判人员知识面再广，整个商务谈判班子知识结构再合理，总难免会有缺漏，特别是对于某些专业方面的问题，难免会缺乏全面的把握与深刻的了解。所以，请教专家、聘请专家做顾问，常常是商务谈判取得成功必不可少的条件。专家可以帮助谈判人员了解客观环境。

政治风险、自然灾害是纯风险，难以预测，而且一旦造成危害，后果又非常严重。对此，请教有关方面的专家可能会得到有价值的信息与启发，如到海外投资，一定要请国际政治问题方面的专家帮助考证当地政治环境是否稳定，与周边国家和地区的关系如何等。与国外大公司、金融财团合作，一定要设法弄清楚它们与该国政府、议会之间的关系。为国外客商发射通信卫星，一定要请气象专家精确推算计划发射时间内的气象变化趋势，请他们参与发射方案的制定。专家不能够保证完全消除这些风险，但他们总比外行更了解这些风险的发生规律，而这正是商务谈判人员需要的。

(三)审时度势,当机立断

谈判人员能否审时度势、当机立断,很大程度上要归因于其心理素质的优劣以及谈判准备得是否充分。实际情况纷繁复杂,进行反复比较并做出最佳选择,往往是非常困难的。决策理论告诉我们,现实生活中很少存在对某一事务进行处置的绝对最佳方案,或者说,即使人们花了大量的时间、精力、财力,经过反复研究、演算、论证,找到了一个理想的方案,似乎据此便可以做出最优决策。但事实上,极可能由于决策成本过高,或者由于贻误时机,而使这项决策丧失了其优化的特性,甚至变得一文不值。

在商务谈判中,既不可急于求成,也不可当断不断。在我国的一些国际商务谈判中,有些外商利用国内企业有求于它们的心理,在谈判中提出苛刻的合作条件。如果我方急于求成,就要承受价格不合理的风险。相反,如果在谈判中显出过多的犹豫,试图把方方面面的情况都考虑周全后再做出决策,就得承担失去合作机会的风险。

在商务谈判中,有些方面必须相当谨慎、细致地反复权衡,但在总体上却不能过于计较细节。一旦条件基本成熟,谈判者就应当机立断,对于大项目谈判尤其如此。

(四)规避风险的技术风险

对于市场风险中涉及的汇率风险、利率风险、价格风险,可以通过一定的财务手段加以调节和转化,期货和期权交易在这方面充当了主要角色。为减少这种风险,交易者通过在期货期权市场公开竞争,以其认为最适当的价格随时转售或补进商品,与现货交易对冲,可将价格变动的风险转移给第三者,以达到保值的目的。期货交易价格反映了市场参与者对3个月、6个月、1年乃至更长的时间里供求关系、价格走势的综合判断。随着世界期货、期权交易的蓬勃发展,交易商品也日趋多样化,目前已发展为四大类:①商品期货交易,如谷物、棉花、橡胶以及金属等。②黄金期货交易。③金融工具期货交易,如债券、股票指数、利率等。④外汇期货交易。虽然像远期买卖、期货买卖、期权买卖这些调节和改变市场风险手段的运用,本身就隐含着风险,但是在专家的建议与指导下,这种操作会显出合乎理性的发展方向。

(五)利用保险市场和信贷担保工具

在当今的国际商务活动中,投保已成为一种相当普遍的转移风险的方式。与价格浮动、汇率风险等市场风险不同，保险一般仅适用于纯风险。在国际商务合作中，面对是否就项目中存在的纯风险投保、向哪家保险公司投保、承保事项如何确定、选择什么档次的保险费率、如何与合作方分担保险费等一系列问题，谈判人员应虚心听取保险专家的意见。

其中，信贷担保不仅是一种支付手段，而且在某种意义上也具有规避风险的作用。在大型工程项目中，为了预防承包商出现差错延误工程进度，业主可以要求承包商在签订合同时承诺提供银行担保，以保护自己的利益。通常，这类担保必须由银行做出，大致可以分为以下三种。

（1）投标保证书。为了防止投标者在中标后不以招投标报价签订合同，要求投标者在投标的同时提供银行的投标保证书。开标后，如果投标者未中标，或已正式签订合同后，银行的担保责任书即告解除。

（2）履约保证书。为了防止供应商或承包商不履行合同，业主可以要求供应商提供银行担保，一旦发生不履约情况，业主就可以从银行处得到补偿。

（3）预付款担保。在业主向供应商按合同规定支付预付款的时候，可要求供应商提供银行担保，以保证自身利益。

（六）公平负担

在项目合作过程中，风险的承担并不是非此即彼那样简单，合作双方常常要共同面对一些风险。因此，如何分担这些风险就成了谈判的重要内容。不测事件发生后，如何减少共同的风险损失，构成了合作双方需要磋商的内容。在这样的过程中，坚持公平负担原则是能带来合理结局的唯一出路。

分担市场风险，是合作双方经常讨论的问题。例如，A方要求B方在结算时支付欧元，而B方则只愿支付英镑，双方产生分歧焦点的背后隐藏着共同的认识：欧元在未来一段时间内会日趋坚挺，而英镑会日趋疲软，双方谁都不愿意承担外汇风险。于是，一个合理的解决方案是双方共同到外汇市场套期保值，或双方自行约定一个用于结算的英镑对欧元的汇率，这样，无论B方最终以英镑还是欧元支付，对双方都是公平的。

另外，国际市场价格波动也是一件令人头疼的事。大型项目的一些后期供应设备应选择浮动价格形式，这样既考虑了若干年限内原材料、工资等价格上涨因素，又避免了供应商片面夸大不确定因素，避免用户承受过高固定价格的风险。对于交易双方来讲，彼此都承担了应负的风险责任。

四、商务谈判风险防范具体举措

（一）宏观谈判风险防范

这里主要介绍如何防范市场风险、技术风险和社会风险。

（1）市场风险防范主要包括外汇风险防范和利率风险防范。

①外汇风险防范。虽然外汇风险很难预测，但可以通过一定的途径来避免或减轻其带来的影响：第一，随时观察国际外汇市场的汇率波动状况。如果遇到汇率波动比较剧烈的情况，可以考虑推迟合同签订的时间，等待汇率稳定下来之后再签订合同。第二，尽量缩短从合同签订到货款结算之间的期限。因为这一期限的长短与外汇风险的大小相关。一般来说，时间越长，外汇风险越大；时间越短，汇率变动的可能性越小，外汇风险则越小。第三，在合同中添加相关的附加条款。在谈判协议中约定，以合同签订时的汇率作为最后货款结算时外币的兑换汇率，从而排除外汇风险。当然，这样也会失去由于汇率波动带来额外利益的机会。

②利率风险防范。要避免或者减少利率波动带来的风险，应该注意：首先，应该正确预测国内外经济运行环境以及金融市场的稳定程度，从而预测利率的未来波动走向。其次，应缩短合同签订到合同履行之间的时间期限，从而减少利率风险。最后，可以在合同中针对利率可能的波动情况列出附加条款，约定当利率超过一定范围时，给予适当的补偿来规避风险。

【趣味阅读8.2】上海某公司出口一批服装到日本，合同金额为100万元人民币（以人民币计价）。为防范外汇风险，双方在合同中签订了货币保值条款。合同规定，如人民币对美元的汇率上下浮动达2%时，就按变化后的汇率结算；如上下浮动达不到2%，则价格不变。假设签订合同时的汇率为1∶5，折合为20万美元。在日商实际结付时，汇率为1∶6，此时已超过了下浮2%的指标，故按结算时人民币对美元的汇率计价，实际要支付120万元人民币。假如在日商结付时汇率为1∶4，此时日商实际支付货款为80万元人民币。

资料来源：冯光明，冯靖雯，余峰.商务谈判：理论、实务与技巧[M].北京：清华大学出版社，2015.

（2）技术风险防范主要有以下几种。

①技术超标风险防范。为了避免这种风险的发生，引进方在谈判之前，最好请专家根据己方的具体情况，确定实际需要的技术水平或者设备要求，以免因为

引进超过实际需要的技术和设备而带来损失。

②技术落后风险防范。要规避技术落后风险,应该密切注意在国际上同行业内技术及设备的最新发展水平以及发展趋势和动态。同时,对谈判对手提供的技术或设备的先进水平作全方位的考察,并要求对方做出书面保证,从而保证引进的技术或设备的先进性,避免为己方带来损失。

③技术保留风险防范。要避免这种风险的发生,引进方必须在谈判前对该技术或者管理经验做全面的了解和考察,并且要求输出方对其完整性做出书面保证。

(3)社会风险防范。要避免社会风险,应预期谈判过程和结果可能带来的社会影响,是否会违背社会道德、公共伦理和主流价值导向。如果预期会产生负面效应,应及时调整谈判防线,或者预先采取公共关系活动,以抵消这种不良影响。在国际商务谈判中,要避免或减小政治风险,应在谈判前分析该国的国家制度、政局的稳定性以及宏观政策的延续性等变化,从而选择是否开展商务谈判并制定应急措施。

(二)来自谈判对手的风险防范

(1)由于谈判对手使用非法谈判手段产生的风险,主要有以下几类。

①监视风险防范。作为谈判的客方,要避免被监视的情况。不完全听任对方的安排,提出部分自己的意见和建议。在到达下榻地点以及安排谈判地点时,及时仔细检查布局结构,排除被监视的可能。灵活安排谈判桌外的活动并分散活动,在内部集体讨论时,也应该注意周围环境,一旦发现被监视或窃听,应及时掌握证据,并以此敦促谈判主方停止这种方式。否则,将终止谈判甚至报警。

②窃取风险防范。要避免对手的窃取行为,应建立严格的保管制度,应对所有的谈判资料进行监督。建立严格的保密制度,杜绝内部人员泄露资料的可能,一旦发现资料被窃取或泄露,应及时报警并停止谈判。

③暴力风险防范。由于暴力是赤裸裸的违法行为,所以,在谈判中一旦发生暴力行为,受害方应及时报警,并暂停谈判。

④贿赂风险防范。与前几种非法行为不同,贿赂行为是双方的,一旦贿赂成功,双方分别构成了行贿罪和受贿罪。所以,在商务谈判中,无论是行贿还是受贿,都是不可取的。

(2)商务欺诈风险防范,主要有以下几点。

①合同欺诈风险防范。要防止在商务谈判中对方进行合同欺诈并得逞,应对

谈判对手及其组织进行资信调查，重点调查其合法主体资格、经济状况、履约能力、商业信誉以及谈判者个人情况等，合同必须以书面形式签订，必要条款齐备，合同的内容也应该合法。

②金融欺诈风险防范。要及时识破对方的金融欺诈行为，应该考察对方资信状况以及履约能力。不应在对方支付之前便把货物全部发出，应待对方完全支付并核对无误之后，发出主要货物部分。在对方支付完成后，最短时间内与开出凭证单位相联系，核对其真伪，以便在发现欺诈行为后及时追回损失。

（三）源自谈判人员的风险防范

（1）谈判者素质缺陷风险防范，主要包括以下内容。

①性格缺陷风险防范。发现己方谈判队伍中存在具有上述性格缺陷的谈判人员时，应该考虑更换谈判人员。如果这些谈判人员具有知识或者能力上的专长而难以被替换的话，应该想办法尽量避免让他们表现出这些漏洞，其他谈判成员也应该起到保护作用，及时分散对手的注意力，防止他们成为对手攻击的对象。

②心理缺陷风险防范。要避免或者减少谈判中的心理缺陷，应该挑选心理素质好的谈判人员，并且在谈判前做好足够的准备，以防止在谈判中因为突发事件而产生强烈的心理变化。一旦在谈判中，有人员产生了不良的情绪，其他成员应该首先发现，并且及时疏导他的不良倾向，同时防止传染给其他人。

③技术缺陷风险防范。技术缺陷属于谈判中的"硬伤"，主要避免途径就是在谈判队伍中安排具有丰富理论知识和实践经验的技术专家。同时，在谈判前应对有关技术问题做充分、详细的准备，并掌握大量的资料以供谈判时使用。如果在谈判中遇到了不熟悉、不了解的技术问题，应及时利用谈判的间歇期，通过查询资料、专家讨论的方式，尽快弥补这些技术缺陷。

④语言缺陷风险防范。要克服语言缺陷，应该在谈判中安排熟悉谈判主体且经验丰富的翻译。同时，谈判小组中最好有尽可能多的成员掌握对方的语言。在谈判时，如果对对方语言的表达不甚理解时，应该要求对方清楚、明确地解释，从而避免理解上的偏差。

（2）谈判失误风险防范。要避免在谈判中出现失误：①要克服谈判人员自身的漏洞。②要正确评估信息的可靠性和有效性。③要在谈判中时刻观察局势，并利用集体智慧来判断。④要言行谨慎，不要随意发表言论或私自做出决定。

由于法律和技术缺陷同样属于"硬伤"，所以在谈判前应对可能涉及的法律条款作充分的预习和理解。同时,尽量在谈判中安排法律方面的专家,以便及时为谈判组提供法律上的咨询和支持。要避免在谈判中出现惯例的疏忽,一方面需要在谈判前对惯例以及行业惯例充分地预习,另一方面应在谈判小组中安排具有丰富行业经验的人员。

本章小结

在商务谈判中,风险是指由于某些谈判环境因素、谈判对手或者谈判内部因素的作用,使得谈判出错,无法达到预期目标的可能,在任何商务谈判中,谈判风险都是存在的。

商务谈判风险可分为两种:①由于参与谈判的人员自身的素质缺陷以及谈判技术不足造成的,此类风险被称为人员风险。②外部宏观因素的不确定性带来的,具体表现为因自然环境、政治环境、市场环境变化给商务谈判参与者造成的不确定性,分别对应非人员风险下的自然性风险、政治性风险和市场性风险。商务谈判风险主要包括宏观谈判风险、来自谈判对手的风险和源自谈判人员的风险,要根据不同的风险类型选择不同的措施,以规避风险或者降低风险带来的损失。

思考题

1. 商务谈判中的人员风险有哪些?
2. 商务谈判中的非人员风险有哪些?
3. 回避商务风险的策略有哪些?
4. 回避商务风险的手段有哪些?
5. 商务谈判风险防范的具体举措有哪些?

思政案例分析

杭州"数字政务社区服务平台"业务接入商务合作谈判

杭州元声象素科技有限公司(以下简称杭州象素公司)是一家年轻的互联网公司,员工帅气阳光,做事有职业精神。2020年11月,公司CEO李总聘请我为公司的营销咨询专家,在此基础上,双方的下一步合作目标是公司与北京邮电大学签署校企合作协议。虽然公司聘请我为专家,但是我给自己的定位是高级业务经理,负责各地市业务接入时与三家运营商的商务谈判。

2021年4月,杭州象素公司研发的"数字政务社区服务平台"可以商用了,服务对象是全国数字化政务工作意识领先的杭州市政府,试点单位是某区居委会所辖社区。立项前期,该业务的研发充分调研了居委会的工作人手不足、各项工作需要留痕、例行问题占比较大、例行问题的解答可以借助人工智能实现、居委会有购买电信增值服务的能力等情况,在此调研的基础上,提出项目的解决方案就变得有针对性和可行性,一经试用,就得到了试点单位的认同。

接下来,就是该业务接入哪家电信运营商的事情了。当地一共有浙江移动、浙江电信、浙江联通三家公司,杭州象素公司首先想到的是浙江移动公司,介绍完业务后,浙江移动公司的业务经理提出了自己的顾虑:杭州象素公司没有成功的试点案例,怎么能够避免该公司是一家忽悠公司呢?等有了试点成功的案例后再来申请业务接入吧!这位经理的风险规避意识是对的,可是他提出的是"先有鸡还是先有蛋"的哲学命题。

公司CEO李总请我出面,寻找和浙江移动公司合作的路径。我表示,首先按照李总的指令去办,积极寻找浙江移动公司的业务审批负责人。同时,提出自己的建议:不妨两条腿走路,向浙江移动公司奉上"和氏璧"的同时,也要将"和氏璧"划开一个口子、检验一下浙江电信公司和浙江联通公司的慧眼能力。我的建议与李总的预想不谋而合,就这么干。

铁打的营盘流水的兵,找到北京邮电大学培养出来的在浙江三家运营商工作的学生不难,难的是双方的信任关系是否坚实、对风险和收益的价值判断彼此是否认同。长话短说,浙江电信公司的主管副总经理很有眼光和积极性,带着业务经理到北京开会期间专门听取了我方的业务汇报。可是,机缘不到,业务经理回到杭州后并没有如约积极推进工作。而对于一家互联网公司来说,日子都是数着指头过的,迟迟不动对互联网公司来说,那就是在"奔死去了"(《当代英雄》的著名语句)。

无奈之下,我在微信朋友圈中求助。柳暗花明又一村,刚刚退休的浙江联通集团客户部总监武高路,在群里回复:让公司联系我,我试试吧!武总是我在中国联通集团公司工作5年期间的好同事,客户拓展上,"人狠话不多"。他的回复,让我感到温暖,感到成功的信心。

之后,经过一个多月的努力,在浙江联通杭州分公司一线经理员工们的鼎力支持下,"数字政务社区服务平台"业务率先开通,在杭州市某区实现了浙江省"数字政务智慧社区"的第一步。

特别让人高兴的是,浙江联通将该业务总结经验上报后,2021年7月,中央电视台给予新闻报道,这对于年轻的互联网公司来讲,是一种莫大的荣誉和鼓励。

案例思考:

1.在"数字政务社区服务平台"商务合作模式中,存在哪些人员风险和非人员风险?

2.如果你是杭州象素公司的客户经理,根据自己的个性和特长,你会如何回避这些商务风险,可以采取哪些策略?

第九章 商务谈判礼仪

本章学习目标

1. 了解商务谈判礼仪的概念和作用。
2. 掌握商务谈判礼仪的原则。
3. 熟悉日常商务谈判的礼仪。

本章关键词

谈判礼仪　日常礼仪　企业形象　迎来送往

思政案例导入

加强对坐姿、站相、步态的留意

一个人的言行、举止就是其人格的表现,优雅的坐姿、规矩的站相、稳健的步伐就是完善人格的基本表现。言谈举止,对于商务谈判非常重要。

坐椅子是商业行为中最平凡、最常见的。就因为坐椅子的行为是这么平凡,所以,对于坐椅子的方法,许多人往往忽视。在禅房打坐的人,我们只要观其背后,就可知其人是否心有杂念或是否在打瞌睡,一个已经达到心息平和境界的人,他的姿态是一点儿也不会动摇的。

俗话说:"站有站相,坐有坐相,走路亦有走路的样子。"美不美是一回事,应该怎么做则是另一回事。优雅的坐姿，腿、膝、两脚要靠拢，靠拢的两脚向左右无旁人的那一方稍稍倾斜，会显得优美。优雅的站姿首先要有一种好像被从上面拉起的样子。背脊挺直，下巴与脚尖要成一直线。一个人站时就规矩地站立，不要随便晃动或倚在墙上。走起路来抬头挺胸、步伐稳健，至少会给人留下正直、积极、明朗的好印象。

起立、坐下、行走，这是我们日常生活中最频繁的行为。一个人的坐姿、站相、走路的样子，往往可反映出其对工作和生活的热忱程度，表现出一个人的心境。因此，要想使我们的每一天都过得积极而有意义，最基本的是要随时注意"坐、站、走"的形象。

资料来源：程英春，李娟.商务谈判[M].北京：清华大学出版社，2018.

礼仪是交往的规矩，是用来维护自我形象、对他人表示尊重友好的惯例与形式。促使商务谈判成功的因素有很多，礼仪在谈判中的效用占有十分重要的地位。因此，需要了解商务礼仪的原则和一些具体内容，在谈判过程中以礼待人，以促进谈判的顺利进行。

第一节　商务礼仪基础知识

一、商务礼仪概述

（一）商务礼仪的含义

礼仪是人类文化的结晶，是社会文明的重要标志之一。商务礼仪则是不同文化环境下的人们在商务活动中展现出的礼仪规则和习惯，其中有对人的仪容仪表和言谈举止的普遍要求。学习商务礼仪，可以使谈判者在谈判中或其他商务场合事事合乎礼仪，处处表现得自如、得体，从而使商务交往活动顺利进行，事半功倍。

（1）礼仪。礼仪是一个国家、一个民族文明程度的重要标志，是一个民族精神面貌和凝聚力的重要体现。礼仪是约定俗成的，对人、对己、对大自然表示尊重、敬畏和祈求等思想意识的，各种惯用形式和行为规范。这里的惯用形式包括礼节和仪式，礼节一般是个人性的，并且不需要借助其他物品就可以完成的形式，如磕头、鞠躬、拱手和问候等。仪式大多是集体性的，并且一般需要借助其他物品来完成，如奠基仪式、下水仪式、迎宾仪式、结婚仪式和祭孔大典等。人类最早的礼仪是祭祀礼仪，它主要是表达对天地的敬畏和祈求。

礼仪是人类为维系社会正常生活而要求人们共同遵守的、最起码的道德规范，它在人们长期共同生活和相互交往中逐渐形成，并且以风俗、习惯和传统等方式固定下来。对一个人来说，礼仪是一个人的思想道德水平、文化修养、交际能力的外在表现；对一个社会来说，礼仪是一个国家社会文明程度、道德风尚和生活习惯的反映。

礼仪是一门综合性较强的行为科学，是指在人际交往中自始至终地以约定俗成的程序和方式来表现的律己敬人的完整行为，是现代社会人与人之间、人与组织之间、组织与组织之间，用以沟通思想、联络感情、促进了解、构造和谐社会，最终塑造良好形象的一种行为规范。

（2）商务礼仪。商务礼仪是商务活动中对人的仪容仪表和言谈举止的普遍要求，仪容仪表是指个人的形象，言谈举止是指个人在商务活动中的职业表现。商务礼仪的核心是一种体现相互尊重的行为准则，用来约束人们日常商务活动的方方面面。

商务交往涉及的面很多，但基本上来讲，是人与人的交往，所以常把商务礼仪界定为商务人员交往的艺术。人们对礼仪有不同的解释，有人说是一种道德修养，有人说是一种礼仪、一种形式美，有人说礼仪是一种风俗习惯。礼出于俗，俗化为礼。商务礼仪重在操作性，即应该怎么做、不应该怎么做。例如，座次，一般情况下可能无所谓，但在外事活动和商务谈判中，就必须要讲究座次了。另外，与对方说话也要讲究，如如何委婉地告诉客人酒的价钱，让主人高兴而不尴尬，一般情况下，不能说"你知道吗？我知道，我告诉你"。所以，交往中必须讲究艺术。

（二）商务礼仪的作用

（1）有助于维护企业形象。商务人员或企业员工的形象，就是他（她）的形体外观和举止言谈在商务交往中、在交往对象心目中形成的综合化、系统化的印象，是影响交往能否融洽、成功的重要因素。商务礼仪是塑造和维护形象的非常重要的手段，运用商务礼仪，可以在公众心目中塑造出良好的组织形象，使企业在激烈的市场竞争中处于优势地位并产生好的社会效益和经济效益。

（2）有助于提升个人素养。对个人而言，礼仪是一个人思想水平、文化修养、交际能力的外在表现。商务礼仪对个人的事业有着不可忽略的作用。个人应该养成关注细节的习惯，当你忙于事业或者工作时，更需要注意自己的礼仪，因为你的点滴举止会影响着别人对你的印象。商务礼仪与各种商务活动息息相关，影响着你的威望、影响力甚至升职加薪。

（3）有助于建立良好的人际关系。在商务活动中,好的礼仪会让自己显得真诚,会让对方感受到自己受到了尊重，也能让双方的交往更舒适，这些都是建立良好人际关系的重点。好的礼仪是真诚最直接的表达方式，真诚是人际交往的最基本要求。所有人际交往的手段、技巧，都应该建立在真诚交往的基础之上。

二、商务礼仪的基本构成

（一）礼貌

礼貌是人与人之间和谐相处的意念和行为，是言谈举止对别人尊重与友好的体现，是人类为维系社会正常生活而共同遵守的、最起码的道德规范。例如，使用"您"，会使话语变得委婉而礼貌，是比较自然地把自己的位置放低、将对方的位置抬高的最好的办法。

谈判者可以通过自己的刻苦学习、艰苦磨炼以及长期实践，逐渐提高礼貌、修养、素质和能力。

（二）礼节

礼节是人们在交际场合相互问候、致意、祝愿、慰问，以及给予必要协助和照料时惯用的形式。礼节是对他人态度的外在表现行为规则，是礼貌在语言行为、仪表等方面的具体规定。礼节往往从向他人表示敬意的仪式方面表现出来，像点头致敬、鞠躬、握手、吻手和接吻等，均属于礼节的各种形式。因此，在商务活动中展示恰当的礼节，是参与者必须做到的。

初次见面，介绍时的礼节十分重要。介绍的角色分为介绍者和被介绍者，自我介绍则是把介绍者和被介绍者两种角色集于一身。作为介绍者,是为他人做介绍,其规矩是：优先将晚辈介绍给长辈，将男士介绍给女士，将职位低者介绍给职位高者。介绍者做介绍时，对双方都不直呼其名，而应采用敬词。

介绍完毕，被介绍的双方应该互相以礼貌语言，向对方问候或微笑点头致意。可以说"很高兴认识您！"等，这种客套话是需要的，但不要太过分，以免过于单调和做作。

在一些场合还需要做自我介绍,自我介绍既要表现出自信友好和善解人意,又不能展现出粗俗鄙陋。在之后的正式交谈中,主动做自我介绍的一方,要对对方问起的一切都表示出耐心和兴趣,不能只把对方当成一个听众,只顾自己夸夸其谈。

(三)仪表

仪表通常是指人的外表,包括容貌、姿态、服饰等内容。调查结果显示,当两个人初次见面的时候,第一印象中的55%来自外表,包括衣着、发型等。第一印象中的38%来自仪态,包括举手投足之间传达出来的气质,说话的声音、语调等。只有7%的内容来源于简单的交谈。也就是说,第一印象中的93%,都是关于外表形象的。

【趣味阅读9.1】仪容仪表礼节在商务谈判中的重要性

郑伟是一家大型国有企业的总经理。有一次,他获悉有一家著名的德国企业的董事长正在本市进行访问,并有寻求合作伙伴的意向。于是,他想尽办法,请有关部门为双方牵线搭桥。让郑总经理欣喜若狂的是,对方也有兴趣同他的企业进行合作,而且希望尽快与他见面。到了双方会面的那一天,郑总经理对自己的形象刻意地进行一番修饰。他根据自己对时尚的理解,上穿夹克衫,下穿牛仔裤,头戴棒球帽,足蹬旅游鞋。无疑,他希望自己能给对方留下精明强干、时尚新潮的印象。然而,事与愿违,郑总经理自我感觉良好的这一身时髦的"行头",却偏偏坏了他的大事。

资料来源:杜海玲,许彩霞.商务谈判实务[M].3版.北京:清华大学出版社,2019.

(1)男士着装礼仪。最重要的是西装,即商务西服套装,一般为上衣和裤子两件套,有时还会多一件背心,变为三件套。除此之外,还要配上衬衫、领带、皮鞋、袜子和皮带。

①西装的选择。男士的西装,一般以深色的西装为主。西装的基本款式,有单排扣和双排扣两种。要注意,单排两粒扣西服,只系第一个扣子。单排三粒口西服,只系最上面两粒扣,表示郑重;只系中间一粒扣,上下扣不系是最正宗的穿法。穿着双排扣西服的时候,则应该系好所有的纽扣,坐下时应将西装扣子全部解开,将下摆向后拨,保持上装的平整,避免被压住产生褶皱。

②衬衫的选择。衬衫的颜色和西装整体的颜色要协调,最好选择白色长袖衬衫,或者衬衫的颜色比西装的颜色浅一些,同时,衬衫不宜过薄或过透。

选配衬衫时，要注意：首先，衬衫的袖子应略长于西装，一般情况下，衬衫袖子要超出西装袖口1~2指，即1~3厘米。其次，衬衫的领口要高于西装的领口1.5~2厘米，衬衫一定要束在裤腰里。最后，要注意衬衫肩线应该落于肩膀骨外侧1~2厘米。

③领带的选择。领带一般分为箭头领带和平头领带，正式场合要佩戴箭头领带。它的颜色和衬衫、西服颜色相互配合，一般来说，领带的颜色应该比衬衫的颜色深一些。领带除了装饰之外，还有卡住领口、不让领口乱动的作用。同时，系领带的时候要注意长短的配合，一条系结正确的领带，末端应该与皮带环的下沿相平。

④裤管的选择。要确保裤边不卷边，正面的裤脚应该能自然垂至脚面。在穿鞋的情况下，从后面看裤子的长度，应该刚好到鞋帮与鞋跟的接缝处。裤腿的宽度也有要求，用手扶住臀部，双手沿着大腿两侧轻轻往前抚平西裤，到了大腿正前方的位置，往前拎起裤管，最高点离大腿有5厘米左右的浮动，就是很合适的宽度。

⑤皮带的选择。首先，皮带的颜色要与皮鞋相配。其次，皮带不要太宽或太细，一般3.5厘米左右比较合适。最后，皮带扣应该大小适中，颜色可以是金色或银色的。

⑥袜子的选择。正式着装中，绝对不能穿着白袜子。穿着西装时，袜子应该与西装的颜色属于同一色系，最好为纯色。长度方面不能过短，一般选择穿上时大约在小腿以下位置。

⑦皮鞋的选择。在商务活动中，男士一般要穿皮鞋，最好是系带的皮鞋，皮鞋颜色首选黑色。皮鞋的鞋跟和鞋底不能是橡胶质地的，最好是皮质地或木质地的，并且时刻保持皮鞋的整洁锃亮。

总之，男士着装应以西服套装的颜色为整体形象的主色调，衬衫、领带、鞋子、袜子、皮带必须和西服套装的颜色相配，且全身的颜色不应多于三种。

（2）女士着装礼仪。

①女士套装。在比较正式的商务场合中，女士应穿着深色的西服套装。套装的首选是裙装，其次是裤装。搭配的衬衣最好是纯色的，颜色以淡雅为佳。衬衫下摆掖入裙腰里，纽扣要系好（最上端一粒除外），避免透明、紧身的衬衫。在他人面前不要脱下上衣直接外穿衬衫。鞋子应以三厘米左右黑色或棕色高跟鞋为宜，避免鞋跟过高过细，也可选择与套裙色彩一致的皮鞋。

穿职业套装时，女士应搭配长筒袜或连裤袜，颜色以肉色和黑色为宜。丝袜的长度很重要，一定要高于裙子的下摆。切忌搭配短丝袜，而且袜子不可以有破洞、抽丝、染色现象。

②配饰的选择。配饰大致可分为提包、围巾和首饰。

提包不一定是皮包,但必须质地好、款式庄重,并与服装相配。

围巾要庄重、大方,颜色要兼顾个人爱好、整体风格和流行时尚,最好无图案,亦可选择典雅、庄重的图案。

首饰,泛指耳环、项链、戒指、手镯、手链和胸针等,佩戴时以少为佳,注重同质同色、风格划一。注意有碍于工作的首饰不戴、炫耀财力的首饰不戴、突出个人性别特征的首饰不戴,佩戴的饰品最好保持在三件以内。

(3)仪表注意事项。

①切忌着装颜色过于鲜艳和杂乱。商务人员在正式场合的着装色彩不宜繁杂、过分鲜艳,杂乱的着装极易给人留下不良的印象,容易使客户对企业的规范化程度产生疑虑。

②切忌着装过于暴露。在社交场合,穿着透视装往往是允许的。但是,在正式的商务交往中着装过分透视,就有失敬于对方的嫌疑。

③切忌服饰过于短小。在正式场合,商务人员的着装不可过于短小。例如,不可以穿短裤、超短裙,非常重要的场合不允许穿露脐装、短袖衬衫等。

④切忌着装过于紧身。在比较正式的场合,不可以穿着过分紧身的服装。设想一下,当商务人员在工作场合穿着过于紧身的服装,又怎能体现自己的庄重呢?

⑤适当使用奢侈品作为装饰。奢侈品在职场和谈判场合是一个有效的展示标签,可以展示自己的品位,也可以侧面展示自己的实力,要选择适合自己地位和能力的奢侈品。

⑥着装一定要区分场合。在不同的场合,商务人员应该选择不同的服装,以此来体现自己的身份、教养与品味。一般而言,商务人员所涉及的诸多场合有公务场合、社交场合和休闲场合。

公务场合是指执行公务时所涉及的场合,一般包括在写字间里、在谈判厅里以及外出执行公务等情况。着装的基本要求为庄重保守,宜穿套装、套裙,以及穿着制服。除此之外,还可以考虑选择长裤、长裙和长袖衬衫。不宜穿时装、便装。

社交场合是指工作之余在公众场合和同事、商务伙伴之间,友好地进行交往应酬的场合。虽然这些场合不是在工作岗位上,但往往面对的是熟人。着装的基本要求为时尚、个性,宜穿着礼服、时装、民族服装。必须强调,社交场合一般不适合选择过分庄重保守的服装,如穿着制服去参加舞会、宴会、音乐会,往往和周边环境不大协调。

休闲场合是指在工作之余一个人单独自处，或者在公共场合与其他不相识者共处的时间。着装的基本要求为舒适、自然，换言之，只要不触犯法律，只要不违背伦理道德，只要不碍于他人的身体安全，可以完全听凭个人所好。适合的服装有运动装、牛仔装、沙滩装以及各种非正式的便装，如T恤、短裤、凉鞋等。在休闲场合，如果身穿套装、套裙，往往会贻笑大方。

（四）仪式

仪式是指在较大场合举行的、具有专门规定的程序化行为规范的活动。仪式带有一定的宣传性，如同广告。在古代，皇帝登基要搞登基大典。登基大典的功能就是宣告一代新皇的统治开始形成，告诉天下人要服从新皇的统治。现代的仪式也是一种宣传，意在让人以口传口，把仪式的意义传达给更多的人。仪式的参与者是有选择的。例如，企业的开业庆典，会邀请政府官员、销售商、原料供应商、银行家和学者等。

仪式有大有小，根据实力及影响而不同，要凝聚起所有参与这一群体的人的意志、思想、精力等，去为某项事业而努力。所以，仪式的这一标志性意义，就是群体的凝聚性。仪式要策划周密、细致，各个环节安排得当。既不能哗众取宠，也不能索然无味。既不能缺少独具匠心的新意，也不能有脱离主旨的做作。一个好的仪式，就如同一篇文章有好的开头一样，可以起到先声夺人的作用，迅速地抓住观者的心意，同时可以培养内部人的自豪与荣耀感。

三、商务礼仪的原则

（一）真诚谦和

只有言行一致、诚实无欺、谦虚和善，才能得到对方的尊重和友好，表现为在商务活动中，要严于律己、宽以待人。真诚是商务礼仪的基础，商务人员的礼仪主要是为了树立良好的个人和组织形象。只有恪守真诚原则，着眼于未来，通过长期潜移默化的影响，才能获得最终的利益。也就是说，商务人员与企业要爱惜其形象与声誉，不应仅追求礼仪外在形式的完美，更应将其视为商务人员情感的真诚流露与表现。

谦和不仅是一种美德，更是社交成功的重要条件。《荀子·劝学》中曾说道："礼恭而后可与言道之方，辞顺而后可与言道之理，色从而后可言道之致。"只有举止、言谈、态度都是谦恭有礼时，才能从别人那里得到教诲。谦和，在社交场上表现为平易近人、热情大方、善于与人相处、乐于听取他人的意见，显示出虚怀若谷的胸襟，因而对周围的人具有很强的吸引力，有着较强的调整人际关系的能力。当然，此处强调的谦和并不是指过分的谦虚、无原则的妥协和退让，更不是妄自菲薄。

（二）尊重宽容

谦恭热情、平易近人，很容易产生亲和力，博得别人的好感，尊重是礼仪的情感基础。在现实社会中，人与人是平等的，尊重长辈，关心客户，不但不是自我卑下的行为，反而是一种至高无上的礼仪，说明一个人具有良好的个人素质。"敬人者恒敬之，爱人者恒爱之"，"礼"的良性循环就是借助这样的机制得以生生不已。当然，礼待他人也是一种自重，不应以伪善取悦于人，更不可以富贵骄人。尊敬人还要做到入乡随俗，尊重他人的喜好与禁忌。

宽容就是心胸坦荡、豁达大度，能设身处地地为他人着想，谅解他人的过失，不计较个人得失，有很强的容纳意识和自控能力。中国传统文化历来重视并提倡宽容的道德原则，并把宽以待人视为一种为人处世的基本美德。从事商务活动，也要求宽以待人，在人际纷争问题上保持豁达大度的品格或态度。在商务活动中，出于各自的立场和利益，难免出现误解和冲突。遵循宽容原则，凡事想开一点，眼光放远一点，善解人意、体谅别人，才能正确对待和处理好各种关系与纷争，争取到更长远的利益。

（三）不卑不亢

所有的尊重宽容、真诚谦虚，都需要适度，不卑不亢。适度是指情感、谈吐、举止等行为要适度，既要彬彬有礼，又不卑躬屈膝；既要热情大方，又不低三下四。人际交往中，要注意各种情况下的社交距离，也就是要善于把握沟通时的感情尺度。古话说："君子之交淡如水，小人之交甘如醴。"此话不无道理。在人际交往中，沟通和理解是建立良好人际关系的重要条件，如果不善于把握沟通时的感情尺度，即人际交往缺乏适度的距离，结果会适得其反。

（四）注重细节

细节决定成败，尤其在商务活动中，一些细节没有做好，就可能使活动失败，使客户扫兴。有的时候，决定一件事情成败的关键往往不在于大趋势和大方向，而在于容易被忽略的细节。越是不起眼的细节，越难受到人们的重视，而这些细节最终对事情的影响，却成为至关重要的因素。在商务礼仪中，任何时候、任何阶段都要细致地观察、谨慎地决断。

（五）守时守约

守时守约是指在一切正式的商务活动之中，都必须认真而严格地遵守自己的所有承诺，说话务必要算数，许诺一定要兑现，约会必须要如约而至。在有关时间方面的正式约定之中，尤其需要恪守不怠。在人际交往中，许诺必须谨慎。不管是答应交往对象提出的要求，还是自己主动向对方提出建议，或者是向对方许愿，都一定要深思熟虑、量力而行，一切从自己的实际能力以及客观可能性出发，切勿草率从事，头脑一热便许下承诺。即使对于必须做出的承诺或约定，也必须慎之又慎。对此，一定要字斟句酌、考虑周全，既不要含糊不清、模棱两可，也不要大而化之、信口开河。对于已经做出的约定，务必要认真地加以遵守。承诺一旦做出，就必须要兑现；约定一经确认，就必须如约而行。唯有如此，才会赢得交往对象的好感与信任。

第二节　日常商务谈判礼仪

日常商务谈判礼仪是指在商务谈判的整个过程中涉及的礼仪问题，包括迎送礼仪、见面礼仪、会谈礼仪、宴会礼仪、馈赠礼仪和线上交流礼仪。

一、迎送礼仪

迎送礼仪是商务交际中的必要一环，迎来送往是常见的社交礼节，迎送活动的规格有高低、仪式有简繁，但几乎任何一次接待活动都不能缺少。迎送的对象可按其性质划分为有专程前来，也有顺道路过。按其级别、职务来分，各有高低。按人数划分，有大型的代表团，也有数人乃至一人的。接待中，通常根据其身份地位、来访性质及其与当地的关系等因素，安排相应的迎送活动。

（一）迎接礼仪

（1）接站。负责接待工作人员，应当准确地了解来宾所乘交通工具的航班号、车次，以及抵达、离开的时间。将这些情况和名单一并通知机场迎送人员（或车站、码头），以便做好接站（或送站）准备。接站、送站前，应保持与机场（或车站、码头）服务窗口的联系，随时掌握来宾所乘航班（或车次）的变化情况。如有晚点，应及时做出相应安排。接站时，迎候人员应留足途中时间，提前到达机场（码头或车站），以免因迟到而失礼。要准备好接应牌，接应牌上应有姓名、所在单位、省市、出席活动、会议名称及接待单位名称等信息。

要事先备好交通工具及食宿，选择宽敞舒适的商务车为宜。态度要热情有礼、周到妥帖，使客人有宾至如归的感觉。接到客人，如不认识，应再核对一下。与客人见面，表示欢迎、问候，并握手致意。自我介绍，并介绍其他人员给客人。

（2）陪车。客人抵达后，从机场到住地，有安排主人陪同乘车，也有不陪同乘车的。如果主人陪车，应请客人坐在主人的右侧。如果是三排座的轿车，翻译人员坐在主人前面的加座上。如果是二排座，翻译人员坐在司机旁边。上车时，最好客人从右侧门上车，主人从左侧门上车，避免从客人座前穿过。如果客人先上车，坐到了主人的位置上，则不必请客人挪动位置。如果陪客人同乘一辆车，要先为客人打开轿车的右侧后门，并以手掌挡住车篷上沿，提醒客人不要碰头。等客人坐好后，方可关门。最后，接待人员应绕过车尾从左侧后门上车。

在车上要与客人寒暄，解除客人紧张、拘谨的情绪，向客人介绍活动、会议的具体情况，也可交谈轻松愉快的话题，介绍风土人情。

（3）入住。替客人办理入住手续，并带领客人进入房间，临走切记要询问客人有无不满意或其他要求。来宾下榻在宾馆，生活安排是否周到、方便，与宾馆的服务水平密切相关，来宾抵离宾馆时，具体事务较多，更应做好有关事项的协调衔接，要提前和宾馆相关人员打好招呼。

（二）送别礼仪

饯别，也称饯行，是指在客人离别之前，东道主专门举办的宴会，郑重其事地送别，在形式上显得热烈隆重，还会使对方产生倍受重视之感，加深双方的相互了解。送行，特指东道主在异地来访的主要客人离开本地时，特地委派专人前往来宾的启程处，与客人亲切告别，并目送对方渐渐离去。但一定要注意，送行切勿耽误来宾的行程，切勿打扰来宾的计划安排。

拓展阅读9.2
周总理的送行礼仪

二、见面礼仪

（一）握手礼

在商务活动中，握手是很常见并且十分重要的礼节，是国际通行的礼仪。一般在相互见面、道别、祝贺或慰问等情况下使用。国际上通用的标准握手姿势是伸出右手，手掌与地面呈垂直状态，然后五指并用，稍许一握，时间通常以3秒钟左右为最佳。握手时需注视对方，面带微笑，上身略微前倾，头微低。注意与他人握手时，手一定是洁净的。握手要注意握手对象的先后顺序，一般是主人、年长者、身份高者或女士先伸手。客人、年轻者或身份低者见面应先问候，待对方伸出手后再握手。若要与许多人握手，最有礼貌的顺序应该是：先上级后下级、先长辈后晚辈、先主人后客人、先女士后男士。

（二）鞠躬礼

在商务活动中，鞠躬也是比较常见的礼节。鞠躬，即弯腰行礼，是表示对他人敬重的一种郑重礼节。它既适用于庄严肃穆的商务场合，又适用于一般的社交场所。在我国，鞠躬常用于下级向上级、学生向老师、晚辈向长辈表达由衷的敬意，也常用于演讲者、表演者向听众、观众致意，服务员向宾客致意。为向他人表达深深的感激，也可以用鞠躬礼。

鞠躬礼，分为两种：①三鞠躬，通常不会在商务活动中见到。②一鞠躬，适用于一切社交场合。鞠躬的基本做法是：欲施鞠躬礼前，首先应该立直站立，背部伸直，保持身体的端正，面带微笑。鞠躬时，男士双手紧贴裤缝两端，女士双手交叠放在腹前，以腰部为轴，整个腰及肩部向前斜15°~30°。

（三）合十礼

双手掌对掌、十指贴拢，置于胸前高度，上身微欠，略略低头。合十礼，又称"合掌礼"，原是印度古国的文化礼仪之一，后为各国佛教徒沿用为日常普通礼节。行礼时，双掌合于胸前，十指并拢，以示虔诚和尊敬。遇到不同身份的人，行此礼的姿势也有所不同。

合十礼，可分为跪合十礼、蹲合十礼、站合十礼。站合十礼是信奉佛教的国家平民之间、平级官员之间相见，或公务人员拜见长官时所用的礼节。行礼时端正站立，将合十的掌尖置于胸部或口部，以示敬意。行合十礼时，可以问候对方或口颂祝词。

注意，合十礼不可乱用。

（四）拥抱礼

双方面对面站立，各自举起右臂搭住对方左肩，再用左臂轻揽对方右边的腰际。首先向左侧拥抱，然后向右侧拥抱一次，最后再回到左侧。完整的是拥抱三次，但是普通场合错了也不用太尴尬。

拥抱礼本是流行于欧美的一种见面礼节。其他国家,特别是现代的上层社会中,亦有此礼,多行于官方或民间的迎送宾朋或祝贺致谢等场合。有些国家的涉外迎送仪式中,多行此礼。要注意,欧洲人非常注重礼仪,但他们不习惯与陌生人或初次交往的人行拥抱礼、亲吻礼、贴面礼等,初次与他们见面,还是以握手礼为宜。

（五）亲吻礼

亲吻,本是源于古代的一种常见礼节。人们常用此礼来表达爱情、友情、尊敬或爱护。不同身份的人,相互亲吻的部位有所不同。一般而言,长辈与晚辈之间,宜吻脸或额。平辈之间,宜贴面。在公开场合,关系亲密的女子之间可吻脸,男女之间可贴面,男子对尊贵的女子可吻其手指或手背。如果不清楚,少用或者不用亲吻礼,以免产生笑话或者误会。

当代许多国家的迎宾场合,宾主往往以握手、拥抱、左右吻面或贴面等以示敬意。

（六）点头礼

点头礼一般用于同辈以及同级别之间,属于比较快、比较生疏的礼节。适宜不方便交谈的场合,与交情尚浅的人相会在商务场合,微微低头颔首。面带微笑,与对方目光交会,幅度不用太大,表示出诚意即可。点头礼适用的范围很广,如路遇熟人或与熟人、朋友在会场、剧院、歌厅、舞厅等不宜交谈之处见面,以

拓展阅读 9.3

各国的称呼礼仪

及遇上多人而又无法一一问候之时,都可以点头致意。行点头礼时,最好摘下帽子,以示对对方的尊重。

三、会谈礼仪

（一）会谈前的礼仪

（1）谈判地点的选择。主要原则是方便与会者,同时有利于谈判的进行。不论规格级别如何,一般应安排在备有基本设施的会议厅,可以是自己的会议室,也可以租用专门的会议中心或是商务酒店的会议中心。

（2）谈判者的座次安排。按照与会方数目,通常分为双边谈判和多边谈判两种安排方式。双边谈判时,使用长形或椭圆形的桌子,宾主分坐两侧。桌子对门横放,则对门的一侧为上,属于客方,背对门的一边属于主方；桌子对门竖放,

则进门左侧属于客方。区别主宾方后,各方主谈判者居中而坐,其余人员右高左低,两侧依次落座,做好列有来宾姓名的席卡,暗示、引导各位成员落座。翻译直接坐在主谈判者右侧第一位。多边谈判时,圆桌落座。圆桌会议能够淡化尊卑关系,力求主客两方同时落座,至少主方不能在客方到场时就已经落座。

（3）谈判场所的安排。要注重简洁高效,配备投影仪、显示屏、无线话筒、红外线指示笔等,要注意空间宽裕、光源充足、通风效果良好。否则,长时间谈判会不舒服,影响谈判效果。要保证安静,要找隔音效果良好的场所,这样在发生争执时,可以有效避免尴尬。会议上的茶水饮料最好用矿泉水,因为每个人的口味不一样,有的人喜欢喝茶,有的人喜欢喝饮料,还有的人喜欢喝咖啡。所以,如果没有特别的要求,矿泉水是最能让每个人都接受的选择。

如果会议属于业务汇报或者产品介绍,那么有关的资料和样品是必不可少的。例如,在介绍一种新产品时,单凭口头泛泛而谈是不能给人留下深刻印象的,如果给大家展示一个具体的样品,结合样品介绍它的特点和优点,那么给大家留下的印象就会深刻得多。

（二）会谈中的礼仪

谈判过程中要注意"说""问""听",就是要规范谈判语言,有理有利有据,函件要注意合理使用语言和格式,必要的地方加上谦辞。

会议发言有正式发言和自由发言两种,前者一般是领导报告,后者一般是讨论发言。正式发言者,应衣冠整齐,走上主席台应步态自然、刚劲有力,体现一种成竹在胸、自信自强的风度与气质。发言时应口齿清晰、讲究逻辑、简明扼要。如果是书面发言,要时常抬头扫视会场,不能低头读稿、旁若无人。发言完毕,应对听众的倾听表示谢意。

自由发言较随意,应注意发言顺序和秩序,不能争抢发言。发言应简短,观点应明确。与他人有分歧,应以理服人、态度平和,听从主持人的指挥,不能只顾自己。

四、宴会礼仪

利用宴会方式款待对方是公共关系社交活动中的重要形式,有很多商务关系活动是在餐桌上进行的。宴会是指出于一定的目的,由机关、团体、组织或个人出面组织的以用餐为形式的社交聚会。它是公共关系组织用以表达欢迎、致谢和祝贺等情感的活动。宴会的常见形式有国宴、正式宴会、工作宴会、便宴、家宴、招待会和茶会。

（一）应邀与出席时间

（1）应邀。正式宴请需要发出请柬，即使口头约定也要补发，以显正式。请柬提前1~2周发出，以便被邀请者确认是否出席。接到口头或书面邀请后，应尽早答复，可用打电话或写信的形式及时答复对方以使对方妥善安排。在接受邀请之后，不要随意改动。万一遇到特殊情况不能出席，尤其是主宾，应尽早向主人解释、道歉，甚至亲自登门表示歉意。应邀出席一项活动之前，要弄清活动举办的时间、地点、是否请配偶，以及主人对服装的要求等。在举办活动较多时尤应注意，以免走错地方，或者主人未请配偶却双双出席。

（2）掌握出席时间。出席宴会，抵达时间的早晚、逗留时间的长短，在一定程度上反映了对主人的尊重。应根据活动的性质和当地的习惯掌握好，最好提前两三分钟到场，若要提前离席，说明后悄悄离去。穿着整洁赴宴。迟到、早退、逗留时间过短等行为，都被视为失礼或者有意冷落。

身份高者可略微晚一些到达，一般客人还是应该略提早一些到达，主宾退席后再陆续告辞。抵达宴会地点后，应前往主人迎宾处，主动向主人问好。如果是节庆或喜庆活动，应表示祝贺。

（二）入座与进餐

（1）入座。应邀出席宴会，应听从主人安排。在宴会开始之前，先了解自己的桌位和座位，入座时应注意桌上的座位卡是否写着自己的名字，不要随意乱坐。如果邻座是长者或妇女，应主动协助他们先坐下。入座后，应自由地与其他客人交谈，勿静坐。交谈面可以宽松一些，不要只找"老相识"，要交新朋友。

（2）进餐。主人招呼，即可开始进餐，进餐时身体与餐桌保持适当距离，身体挺而不硬，仪态自然。取菜时，不要盛得过多，盘中食物如不够可再取。中餐宴请外国客人，也要摆刀叉，中餐西吃。如遇招待员分菜，需增添时，待招待员送上时再取。如遇本人不能吃或不爱吃的菜肴，当主人夹菜时，不要拒绝，可取少量放在盘内，并表示"谢谢，够了"。对不合口味的菜，勿露出难堪的表情。

吃东西要文雅，闭嘴咀嚼，喝汤不要啜，不要发出声音。嘴内有食物时，切勿说话。剔牙时，要用手或餐巾遮住口。尽量避免打喷嚏、长咳、打哈欠、擤鼻涕等。

（三）进餐中的注意事项

社交场合，不能当众脱衣。小型便宴，主人允许，外衣可以搭在椅背上。水盂的水上漂有玫瑰花瓣或柠檬片，供洗手用。如果与邻座的客人不相熟悉，可先做自我介绍。饮酒时，要了解祝酒的习惯及为何祝酒，碰杯时要目视对方致意。上茶时，不要抢着去取，送至面前时再拿。自助餐取完即离去，以便别人去取。左手端着小碟，右手拿着杯子喝，不要用小汤匙把茶或咖啡送入口中。

吃水果。如果是吃苹果、梨等，不要拿着整个水果咬，应先用水果刀去皮，切成几瓣。吃香蕉、橙子、荔枝、龙眼等，先去皮，然后用手拿着吃。西瓜、菠萝通常都是去皮后切成小块，用叉子或牙签取食。

五、馈赠礼仪

（一）选取礼物

拓展阅读9.4
礼尚往来

要体现出礼品的纪念性。礼品是表示尊敬、友好的一种方式，重纪念、重情谊、不重价值。纪念性是指礼品要与一定的人、事、环境有关系，让受礼人见物思人忆事。所以，选择礼品应和送礼时的事件、人物有关，要有一定的寓意，注重的是礼物的意义价值，而不是礼物的货币价值。

选取礼品要有针对性。选取时一定要调研对方的身份、阅历、喜好，所选之物一定要与对方各个属性相匹配，所谓"宝剑赠侠士，红粉赠佳人"，一定要看对象。不论是国际交流还是国内交往，是正式活动还是私人应酬，交往对象因国家、民族、年龄、性别、职业不同而兴趣各异。

选择时：一要因人而异。务必根据不同的对象选择礼品，满足不同的需要。二要因事而异。即在不同的情况下，向受礼人赠送不同的礼品。

（二）赠送与接受礼物

赠送别人礼物时要双手递出，不要单手拿，同时要配以面部微笑，注视对方的双眼，以示尊重和重视。

接受别人礼物时，要双手捧接。同时，要配以面部微笑，注视对方的双眼，礼物不能随手乱放。在家时，要把礼物放在比较显著的位置，以示尊重和重视。

接受别人的礼物后，要认真道谢。在合适的时候，要进行回礼，以示礼尚往来。

六、线上交流礼仪

虚拟空间里对自己的约束力越强,就会得到越多的尊敬。微信、邮件等线上交流工具,如今已经成为横跨多个年龄层的通信手段,也成为个人身份辨识的一部分。因其通用和方便,也被广泛用于职场中,成为上级布置任务、团队合作、洽谈沟通以及结识客户的平台,使用得当,会起到事半功倍的效果。

(一)头像和名称的使用

头像和名称,也是你工作、生活、心态甚至审美、爱好的缩影,因为大多数人都还是喜欢和积极向上的人做朋友,客户都喜欢和专业的人士打交道。所以,头像的选择也是一门学问。作为商务或工作中使用的微信号、邮箱,建议使用本人较为正式的照片作为头像,以及本人名称或简称作为微信名字,方便工作伙伴或合作伙伴快速找到自己。不建议使用带有太多个性色彩的微信头像,如喜欢恐怖元素的人,将恐怖片海报设置为头像,会给人压抑和难以接触的第一印象。

(二)添加好友

对于工作或商务使用的微信号,在主动添加好友时,简单备注介绍及添加理由,会提高被通过的概率。在对方通过申请后,第一时间问候,简单地介绍自己,会给人留下更好的第一印象。通过别人、好友请求时,如果对方不主动说话,也不应该置之不理。若对方已备注添加理由,可以主动和对方打个招呼。若对方没有备注,应先询问对方添加自己微信的理由。之后,对其添加标签,进行好友管理。

(三)发送内容完整

线上发送消息时,要像线下口头表达一样,信息表达要完整、清晰,尽量一次性地把事情说清楚。表达富有逻辑性和条理性,会给人留下更加专业的印象。有些人,喜欢询问对方"在吗""有空吗",但是却不接着说具体的事情。这一方面可能会使对方迷惑,不知道如何回应你;另一方面会给人对待事情不专业的感觉。

(四)慎用语音

如果没有特殊情况,最好别轻易发语音,打字的过程本身就是整理思路、优化表达的过程,是最高效的方式之一。语音在有些场合不适合听,如正在开会、正在嘈杂的环境下或者旁边有人在场时。语音比文字更强硬地打断了当下这一时刻的活动。语音包含更多无用的信息。对于发语音的人来说,成本相对较低,说话速度总是要快于打字的,所以很容易在关键信息之外夹杂着很多并不重要的内容。但是这些内容对于听语音的人来说,却不是如此重要。再有,语音也不方便查找和确认。如果是用文字沟通,地名复制在导航软件里即可,见面时间用搜索即可在第一时间找到,回顾工作要求只需再阅读一次就好。

(五)推荐好友或邀请进群聊

如果想邀请某人进群或是要将对方推荐给其他人,最好先征得对方同意。另外,群主向群成员介绍群功能时,如果人数不多,最好介绍一下群成员,介绍的顺序是把晚辈介绍给长辈,把下级介绍给上级,把男士介绍给女士。这些细节会让群成员的感受好很多,也有助于工作的顺利开展。进群后要指定群内规则,如实名制等,还需要有人搞活群内气氛。

【趣味阅读9.2】一位先生要找A公司,但拿起电话却顺嘴说成了B公司。A公司的员工一听对方要找的是自己的竞争对手,回复说"你打错了",马上就挂断了电话。这位先生回过神来,觉得心里很不舒服。他以前也跟接电话的这位员工联系过几次,没想到对方的温文尔雅都是装出来的,实际上却是这副"德行",他再也不想和对方合作了。

资料来源:杜海玲,许彩霞.商务谈判实务[M].3版.北京:清华大学出版社,2019.

本章小结

礼仪是一个国家、一个民族文明程度的重要标志,是一个民族精神面貌和凝聚力的重要体现。商务礼仪是商务活动中对人的仪容仪表和言谈举止的普遍要求,仪容仪表是指个人的形象,言谈举止是指每一个人在商务活动中的职业表现。

商务礼仪可分为礼貌、礼节、仪表和仪式。礼貌是人与人之间和谐相处的意念和行为,是言谈举止对别人尊重与友好的体现。礼节是人们在交际场合,相互问候、致意、祝愿、慰问,以及给予必要协助和照料时惯用的形式。仪表,通常是指人的外表,包括容貌、姿态、服饰等内容。仪式是指在较大场合举行的、具有专门规定的程序化行为规范的活动。

商务活动中,一定要遵守商务礼仪的原则。要真诚谦和、尊重宽容、不卑不亢、注重细节、守时守约。日常商务谈判的礼仪,主要分为迎送礼仪、见面礼仪、会谈礼仪、宴会礼仪及馈赠礼仪。

思考题

1. 在进行会谈前，要做什么样的准备？
2. 见面礼节有哪些？
3. 假如要给一位来自日本的谈判对手准备礼物，你会准备什么样的礼物，为什么？
4. 线上交流时需要注意什么？
5. 有一位外地的客人要来你所在的城市，乘坐当天上午9点的飞机，由你负责接待，你要怎么做？请简单列出计划清单。

思政案例分析

与意大利商人的谈判

北京Y公司与意大利F公司在北京谈判一套电子检测设备的买卖合同。Y公司认为F公司的产品性能不错，可以选用，关键是价格。F公司对该套检测设备的报价为38万美元，包括安装调试及备件费用。Y公司认为虽然该电子检测设备性能不错，但比国产同类设备价格贵了2倍。Y公司把此想法向F公司主谈安德鲁先生讲了并希望降价。安德鲁先生认为好货好价，其报价是合理的。Y公司主谈牛先生介绍了中方用户的要求：价廉物美。目前是物美，但不够价廉。安德鲁先生表示可以降2%，牛先生认为不行，双方在相持中休会了。

过了一天，安德鲁先生约牛先生上午10:00到其下榻的友谊宾馆会面。双方见面后，彼此回顾了谈判的现状后，安德鲁先生问牛先生："贵方是真要订货还是假要订货？"牛先生回答："我们为什么来这儿？""若贵方诚心订货，我们意大利人讲义气，我把牛先生当朋友，请牛先生说个价给我，能行，就签合同。不行，我就回国。""我也很高兴把安德鲁先生当朋友，我的委托人真心想买贵方设备，但只肯出28万美元。""这太低了，我绝对没法同意。""那贵方最优惠的价格是多少？""为了朋友，我可以越权同意再降8%，即总价降10%，折合3.8万美元。贵方同意该价，我马上可以签约。若不同意，我就走人。""这我不能马上回答贵方，直观地讲,我认为双方差距很大。但我必须向最终用户报告,听听他们的意见。""那好，我等到明天上午12:00。若贵方同意，我留下准备签合同。若12:00以前未接到贵方回答，我即乘下午14:30的飞机回罗马。"安德鲁先生拿出机票向牛先生亮了一下。双方就此告别。

牛先生一行回到公司与用户商量后，认为该价格仍很高，F公司产品虽好，但价格的确显得很高，至少还应再降5%。可是安德鲁要求对其降价表态：行还是不行。要说不行，那他会不会走呢？牛先生与其公司同事研究应该怎么办。忽然，牛先生想起安德鲁的航班是明天下午14：30，他让助手向机场打电话，询问明天有几班航班飞罗马（直飞或途经）。同时，研究明天什么时候、以什么方式（去人面告或电话通告）、回什么样的话给安德鲁先生。结论是取决于航班的资讯。若真有该航班，则应早些回话，最好去人面告，说出Y公司有余地的底限价：目标为降5万美元，即再降1.2万美元。若无航班，则可晚点回话，以电话方式回话，条件为再降7.6万美元，目标可高于5万美元。

调查结果是，次日下午没有去罗马的航班。牛先生心中一阵暗喜，安排助手第二天上午11：00给安德鲁打电话，告知设计好的方案。按计划，牛先生的助手在次日上午11：00给安德鲁打电话，牛先生坐在一旁听。安德鲁接到电话后，表示："这个价格虽比贵公司第一个报价有明显的改善，但仍很难接受。""这是我方牛先生对用户做了许多工作后才得到的条件。""若贵公司诚心要购买，应有诚意出价。目前的价格，我方难以接受。""我可以将您的意见告诉牛先生。不过，我个人认为，贵方再努努力不就成了吗？""这不公平，我方已做过两次努力，贵方刚做一次。""可我们一次的力度即与贵方相同。""可我们报的是合理价格，不能贬低我公司产品。""我想还存在双方相互理解的问题，若您不走，我认为双方可以再见面谈谈。""如果光说而无行动，就没意义。""这要看您与牛先生二人的态度了，如您愿意，我可以请牛先生与您通话。""好哇，我很高兴听听牛先生的意见。"

牛先生在电话里说："您好！我方意见您已听到了，行吗？若行，我马上到贵处与您签合同，免得您空手而归。"安德鲁爽快地回道："不行！虽然贵方做了很大的努力，但离我方可以接受的条件还很远。""那就难办了，这个条件得之不易。要再提高，较难。只有您、我、用户一起谈才好探讨新的条件，您的日程有变化的可能吗？""若贵方还愿意考虑我方要求，我认为一起谈是个好主意。""那您推迟机票日期，我去通知用户，今天下午到宾馆见您，继续谈如何？""可以。""不过，我也提醒您，您也应该准备新的条件。""彼此彼此。"

三方见面之后，谈判直奔主题——价格差距。牛先生主动先说："谢谢安德鲁先生改变行程与我方继续谈判。为表示诚意，我方同意贵方再降2.8万美元而非

3.8万美元。""牛先生,谢谢您的慷慨,我反复核算最多只能再降0.3万美元,即降4.1万美元。"该数已接近Y公司成交底线。"安德鲁先生,您这是跟着我方步子走,一点也不大方。若这样,我也不为难您。干脆将余下的差距折中,一家承担一半,即6.2万美元各担3.1万美元,即贵方降6.9万美元,如何?""如贵方真想折中式地解决双方分歧,那么就应以恢复谈判时双方的条件为基础。此时,双方立场相差10万美元,一家承担一半,则为5万美元。这样总价应降5万美元。""哈哈,安德鲁先生真精明!行,就这样。"双方握手成交,准备合同。

资料来源:杨晶.商务谈判[M].2版.北京:清华大学出版社,2016.

案例思考:

1. 谈判中,双方采取了哪些策略?
2. 在这场谈判中,展现出了商务谈判的哪些礼仪?
3. 牛先生在遇到僵局时的处理有何精明之处?谈谈你的想法。

第十章 商务谈判的结束

🔍 本章学习目标

1. 熟悉商务谈判终结的判断以及终结方式。
2. 熟悉商务谈判结束前的准备。
3. 了解商务合同的特点。
4. 掌握商务合同的签订。

🔍 本章关键词

商务谈判终结　商务合同

🔍 思政案例导入

合同标的不明引发的争议

天津钢管公司与均良蔬菜公司订立了一份合同,约定由均良蔬菜公司在国庆"黄金周"7天向天津钢管公司提供新鲜蔬菜3 500千克,每千克蔬菜单价1元。均良蔬菜公司在约定的期间向天津钢管公司送去了小白菜3 500千克,但天津钢管公司拒绝接受小白菜,认为自己职工食堂的炊事员有限,不可能有那么多人力去洗小白菜,小白菜不是合同所要的蔬菜。为此,双方发生争议。争议的焦点不在价格,也不涉及合同的其他方面,唯有对合同标的,双方各执一词。

天津钢管公司认为，自己的食堂与均良蔬菜公司是长期合作关系，经常向其购买各种蔬菜，每次买的不是土豆、圆白菜就是萝卜、茄子、黄瓜、西红柿等容易清洗的蔬菜，从来没有买过小白菜。均良蔬菜公司则认为，合同说的是最新鲜蔬菜，而小白菜最新鲜，所以送去了小白菜。并反驳天津钢管公司：小白菜不是蔬菜，既没有合同依据也无法律依据。

资料来源：冯光明，冯靖雯，余峰.商务谈判：理论、实务与技巧 [M].北京：清华大学出版社，2015.

由此可见，谈判的最后阶段至关重要，一定要审查合同条款，稍有不慎就会导致谈判成果付之东流，甚至还有可能引起其他争端。因此，了解商务谈判的终结方式、合同的签订原则和风险规避等问题，对于促成谈判的最后成功有着重要的意义。

第一节　商务谈判结束的判定与结束方式

谈判双方经过一番艰苦的讨价还价，对谈判涉及的每个问题都已经谈过，并且由于双方的妥协让步而取得一定的进展，尽管仍然存在一些障碍，但要达成交易的趋势愈加明显。此时，谈判就进入终结阶段了。

一、商务谈判结束的判定

商务谈判何时终结，是否已到终结的时机？这是商务谈判结束阶段极为重要的问题。谈判者必须正确判定终结时机，才能运用好结束阶段的策略。错误的判定可能会使谈判变成"夹生饭"，已付出的大量劳动付之东流。错误的判定也可能毫无意义地拖延谈判成交，丧失成交机遇。谈判终结与否，可以从以下四个方面判定。

（一）从谈判涉及的交易条件来判定

这个方法是指从谈判所涉及的交易条件解决状况来分析、判定谈判是否进入终结。谈判的中心任务是交易条件的洽谈，在磋商阶段双方进行多轮的讨价还价，临近终结阶段，要考察交易条件经过多轮谈判之后是否达到以下标准。

（1）考察交易条件中的分歧数。首先，从数量上来看，如果双方已达成一致的交易条件占绝大多数，所剩的分歧数仅占极小的部分，就可以判定谈判已进入终结阶段。因为量变会导致质变，当达成共识的问题数已经大大超过分歧数时，谈判性质已经从磋商阶段转变为终结阶段，或者说成交阶段。其次，从质量上看，如果交易条件中最关键、最重要的问题都已经达成一致，仅余留一些非实质性的、无关大局的分歧点，就可以判定谈判已进入终结阶段。谈判中，关键性问题常常会起决定性作用，也常常需要耗费大量的时间和精力。谈判是否即将成功，主要看关键问题是否达成共识。如果仅仅在一些次要问题上形成共识，而关键性问题还存在很大差异，是不能判定进入终结阶段的。

（2）考察谈判对手的交易条件是否进入己方成交线。成交线是指己方可以接受的最低交易条件，是达成协议的下限。如果对方认同的交易条件已经进入己方成交线范围之内，谈判自然进入终结阶段。因为双方已经出现在最低限度达成交易的可能性，只有紧紧抓住这个时机，继续努力维护和改善这种状态，才能实现谈判的成功。当然，己方还想争取到更好的交易条件，但是己方已经看到可以接受的成果，这无疑是值得珍惜的宝贵成果，是不能轻易放弃的。如果能争取到更优惠的条件当然更好，但是考虑到各方面因素，此时不可强求最佳成果而重新形成双方对立的局面，将有利的时机丢掉。因此，谈判交易条件已进入己方成交线时，就意味着终结阶段的开始。

（3）考察双方在交易条件上的一致性。谈判双方在交易条件上全部或基本达成一致，而且个别问题如何做技术处理也达成共识，可以判定终结的到来。首先，双方在交易条件达成一致，不仅指价格，而且包括对其他相关问题所持的观点、态度、做法、原则都有了共识。其次，个别问题的技术处理也应得到双方认可。如果个别问题的技术处理不恰当、不严密、有缺陷、有分歧，就会使谈判者在协议达成后提出异议，使谈判重燃战火，甚至使已达成的协议被推翻，使前面的劳动成果付之东流。因此，在交易条件基本达成一致的基础上，个别问题的技术处理也达成一致意见，才能判定终结的到来。

（二）从谈判时间来判定

谈判过程必须在一定的时间内终结，谈判时间即将结束，谈判自然就进入终结阶段。

（1）双方约定的谈判时间。谈判之初，双方一起确定谈判所需的时间，谈判进程完全按约定的时间进行，当谈判接近规定的时间时，自然进入谈判终结阶段。双方约定的时长，要看谈判的规模大小、内容多少、所处的环境形势，以及双方政治、经济、市场的需要和本企业的利益。如果双方实力差距不是很大，有较好的合作意愿，就容易在约定时间内达成协议。一般应该遵守约定的时间将谈判告一段落，或者另约时间继续谈判，或者宣布谈判破裂，双方重新寻找新的合作伙伴。

（2）单方限定的谈判时间。由谈判一方限定谈判时间，随着时间的终结，谈判随之终结。在谈判中占有优势的一方，或者出于对己方利益的考虑需要在一定的时间内结束谈判，或是还有其他可选择的合作者，因此请求或通告对方在己方希望的时限内终结谈判。单方限定谈判时间无疑会对被限定方施加某种压力，被限定方可以认同，也可以不认同，关键要看交易条件是否符合己方谈判目标。如果条件合适，又不希望失去这次交易机会，可以认同，但要防止对方以时间限制为由向己方提出不合理要求。另外，也可利用对方对时限的重视，向对方争取更优惠的条件，以对方的优惠条件换取己方在时间限定上的配合。如果以限定谈判时间为手段向对方施加不合理的要求，会引起对方的抵触情绪，破坏平等合作的谈判气氛，从而造成谈判破裂。

（3）形势突变的谈判时间。本来双方已经约定好谈判时间，但是在谈判进程中形势发生突然变化，如市场行情突变、外汇行情大起大落、公司内部发生重大事件等，谈判者忽然改变原有计划，要求提前终结谈判。这是由于谈判的外部环境在不断的发展与变化，谈判进程不可能不受这些变化的影响。

（三）从谈判策略来判定

谈判过程中有多种多样的策略，如果策略上决定进入谈判终结阶段，这种策略就叫终结策略，常见的终结策略有以下几种。

（1）最后立场策略。谈判者经过多次磋商之后仍无结果，己方阐明最后立场，讲清只能让步到某种条件。如果对方不接受，谈判即宣布破裂；如果对方接受该条件，那么谈判成交。最后立场策略可以作为谈判终结的判定。如果双方没有经过充分的磋商，还不具备进入终结阶段的条件，己方提出最后立场就有恐吓的意味，让对方俯首听从，这样并不能达到预期目标，反而过早地暴露己方的最低限度条件，使己方陷入被动，这是不可取的。

（2）折中进退策略。折中进退策略是指将双方条件的差距取中间条件，作为双方共同前进或妥协的策略。例如，谈判双方经过多次磋商互有让步，但还存在残余问题，而谈判时间已消耗很多，为了尽快达成一致实现合作，己方提出一个比较简单、易行的方案，即双方都以同样的幅度妥协退让，如果对方接受此建议，即可判定谈判终结。

折中进退策略虽然不够科学,但是在双方很难说服对方、各自坚持己方条件的情况下,也是寻求尽快解决分歧的一种方法。其目的就是化解双方的矛盾差距,让双方比较公平地分别承担相同的义务,避免在残余问题上过多地消耗时间和精力。

(四)以谈判方发出的信号来判定

收尾,在很大程度上是一种掌握火候的艺术。一场谈判旷日持久却进展甚微,然后由于某种原因,大量的问题会神速地得到解决,双方互作一些让步,最后的细节在几分钟内即可拍板。一项交易将要明确时,双方会处于一种即将完成的激活状态。这种激活状态的出现,往往由于己方发出成交信号所致。

谈判者使用的成交信号是不尽相同的,常见的有以下几种。

(1)谈判者用最少的言辞阐明自己的立场,谈话中表达出一定的承诺意愿,但不包含讹诈的成分。例如,"好,这是我最好的主张,现在就看你的了。"

(2)谈判者所提的建议是完整的、绝对的,没有不明确之处。这时,如果他们的建议未被接受,除非中止谈判,否则没有出路。

(3)谈判者在阐述自己的立场时,完全是最后决定的语调。坐直身体,双臂交叉,文件放在一边,两眼紧盯对方,不卑不亢,没有任何紧张的表现。

(4)回答对方的任何问题尽可能简单,常常只回答"是"或"否"。使用短语,很少谈论据,表明确实没有折中的余地。

(5)一再向对方保证,现在结束谈判对他有利,并告诉他理由。目的是使对方行动起来,脱离勉勉强强或优柔寡断的状态,达成一致协议。这时应注意,不要过分地使用高压政策,否则有些谈判对手就会退步。不要过分地表示出你希望成交的热情,否则,对方就会寸步不让,反而向你进攻。

二、商务谈判的结束方式

(一)商务谈判的各种可能

商务谈判结束时的各种可能,如图10-1所示。

谈判结果,可以从两个方面看:一是双方是否达成交易,二是经过谈判双方关系发生何种变化,这两个方面是密切相关的。将这两个方面的结果联系起来分析,可以得出六种谈判结果。

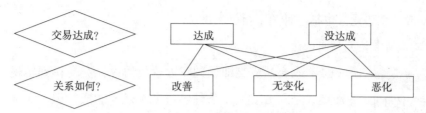

图 10-1　商务谈判的各种可能

（1）达成交易，并改善了关系。谈判目标顺利完成并实现交易，双方关系在原有基础上得到改善，促进今后进一步的合作。这是最理想的谈判结果，既实现了眼前利益，又为双方长远利益的发展奠定了良好的基础。要想实现这种结果，双方首先要抱着真诚合作的态度进行谈判，同时，双方都能为对方着想并做出一定的让步。

（2）达成交易，但关系没有变化。谈判结果是达成交易，但是，双方关系没有改善也没有恶化，这也是不错的谈判结果。因为双方力求实现各自利益，并且没有刻意追求建立长期合作关系，也没有太大的矛盾造成不良后果，双方平等相待，互有让步。

（3）达成交易，但关系恶化。虽然达成交易，但是双方付出了一定的代价，双方关系遭到一定的破坏或产生阴影。这种结果从眼前利益来看是不错的，但是对今后的长期合作是不利的，或者说是牺牲双方关系换取交易成果。这是一种短期行为，对双方长远发展没有好处，但是为了眼前的切实利益而孤注一掷，也可能出于无奈。

（4）没有成交，但改善了关系。为双方的成功合作奠定了良好的基础。

（5）没有成交，关系也没有改变。这是一次毫无结果的谈判，双方既没有达成交易，也没有改善或恶化双方关系。这种近乎平淡无味的谈判没有取得任何成果，也没有造成任何不良后果。双方都彬彬有礼地坚持己方的交易条件，没有做出有效的让步，也没有激烈的互相攻击，在今后的合作中也有可能进一步发展双方关系。

（6）没有成交，但关系恶化。这是最差的结果，双方在对立的情绪中宣布谈判破裂。双方既没有达成交易，又使原有关系遭到破坏；既没有实现眼前的实际利益，也对长久合作关系造成不良的影响。这种结果是谈判者最不愿意看到的，应该避免这种结果出现。当然，在特殊情况下，出于对己方利益的保护、对己方尊严的维护，坚持己方条件不退让，并且反击对方的高压政策和不合理要求，虽然使双方关系恶化，也是一种迫不得已的做法。

（二）商务谈判结束的方式

（1）成交。成交即谈判双方达成协议，交易得到实现。成交的前提，是双方对交易条件经过多次磋商达成共识，对全部或绝大部分问题没有实质上的分歧。成交方式是双方签订具有高度约束力和可操作性的协议书，为双方提供操作原则和方式。

（2）中止。中止谈判是双方因为某种原因未能达成全部或部分成交协议，而由双方约定或单方要求暂时终结谈判的方式。中止如果发生在谈判的最后阶段，在解决最后分歧时发生中止，就是终局性中止，并且作为一种谈判结束的方式被采用。中止可分为有约期中止与无约期中止。

有约期中止是指双方在中止谈判时对恢复谈判的时间予以预定的中止方式。如果双方认为成交价格超过了原规定计划或让步幅度超过了预定的权限。或者，尚需等上级部门的批准，谈判难以达成协议，而双方均有成交的意愿，于是，经过协商，一致同意中止谈判。这种中止是一种积极姿态的中止，目的是促使双方创造条件，最后达成协议。

无约期中止是指双方在中止谈判时对恢复谈判的时间无具体约定的中止方式。在谈判中，或者由于交易条件差距太大，或者由于特殊困难存在，双方有成交的需要而不愿使谈判破裂，于是采用冷冻政策暂时中止谈判。此外，如果双方对造成谈判中止的原因无法控制，也会采取无约期中止的做法。例如，涉及国家政策突然变化等超越谈判者意志之外的重大事件时，双方难以约定具体的恢复谈判时间，只能表述为"一旦形势许可""一旦政策允许"，然后择机恢复谈判。这种中止双方均出于无奈，会对谈判造成一定的干扰和拖延，是被动式中止方式。

（3）破裂。破裂是指双方经过最后的努力仍然不能达成共识和签订协议，或友好而别，或愤然而去，从而结束谈判。前提是双方经过多次努力之后没有任何磋商的余地，至少在谈判范围内的交易已无任何希望，谈判进行下去已无任何意义。依据双方的态度，可分为友好破裂结束谈判和对立破裂结束谈判。

友好破裂结束谈判是指双方互相体谅对方面临的困难，讲明难以逾越的实际障碍而友好地结束谈判的做法。在友好破裂方式中，双方没有过分的敌意态度，只是各自坚持自己的交易条件和利益，在多次努力之后，最终仍然达不成协议。双方的态度始终是友好的，能充分理解对方的立场和原则，能理智地承认双方客观利益上的分歧，对谈判破裂抱着遗憾的态度。这并没有使双方关系破裂，反而通过充分的了解和沟通，产生了进一步合作的愿望，为今后再度合作留下可能的机会。应该提倡这种友好的破裂方式。

对立破裂结束谈判是指双方或单位在对立的情绪中愤然结束未达成任何协议的谈判。造成对立破裂的原因有很多，如对对方的态度强烈不满，情绪激愤；不注意交易的实质性内容，而较多地责怪对方的语言、态度和行为；一方以高压方式强迫对手接受己方条件，一旦对方拒绝，便断然破裂；双方条件差距很大，互相指责对方没有诚意，难以沟通和理解，造成破裂。不论何种原因，造成双方在对立情绪中使谈判破裂毕竟不是好事，这种破裂不仅没有达成任何协议，而且使双方关系恶化，今后很难再次合作。

在破裂不可避免的情况下，首先要尽力使双方情绪冷静下来，不要使用过激的语言，尽量使双方能以友好的态度结束谈判，至少不要使双方关系恶化。其次要摆事实、讲道理，不要攻击对方，要以理服人、以情感人、以礼待人，这样才能体现出谈判者良好的修养和风度。

第二节　商务谈判结束前的准备措施

一、商务谈判终结前应注意的问题

（一）回顾、总结前期的谈判

在交易达成前，应进行回顾和总结，其主要内容有以下几点。

（1）是否所有的内容都已谈妥，是否还有一些未能解决的问题，以及对这些问题的最后处理方案。

（2）所有交易条件的谈判结果，是否已经达到己方期望的交易结果或谈判目标。

（3）最终让步的项目和幅度。

（4）采用何种特殊的结尾技巧。

（5）着手安排交易记录事宜。

回顾的时间和形式，取决于谈判规模。它可以安排在谈判结束后的休息时间里，也可安排在正式的会议上。谈判者在对谈判的基本内容进行回顾、总结后，就要对全面交易条件进行最后确定，双方都需要做最终的报价和最后的让步。

（二）最终报价及最后让步

（1）最终报价时，谈判者要非常谨慎。报价过早，会被对方认为还有可能做让步，等待再得到获取利益的机会。报价过晚，会对局面不起作用或影响太小。为了选好时机，最好把最后的让步分成两步走：主要部分在最后期限之前提出，刚好给对方留下一定的时间回顾和考虑。次要让步，如果有必要的话，应作为最后的"甜头"，安排在最后时刻做出。

（2）最后让步时，要注意：①严格把握最后让步的幅度。②最后让步幅度的大小，必须足以成为预示最后成交的标志。在决定最后让步幅度时，主要因素是看对方接受让步者在其组织中的级别。合适的让步幅度是：对较高职位的人，维护他的地位和尊严的需要；对较低职位的人，以使对方的上司不至于指责他为度。③最后的让步和要求并存。谈判者做出让步时，可示意对方这是他本人意思，这个让步很可能受到上级批评，所以要求对方予以相应的回报。

（三）谈判记录及整理

在谈判中，双方一般都要做洽谈记录。重要内容应整理成简报或纪要，向双方公布，这样可以确保协议不致以后被撕毁。因为，这种文件具有一定的法律效力，在以后可能发生的纠纷中尤为有用。

在一项长期而复杂，有时甚至要延伸到若干次会议的大型谈判中，每当一个问题谈妥之时，都需要通读双方的记录，查对是否一致，不应存在任何含混不清的地方，这在激烈的谈判中尤为必要。谈判者一般都争取己方做记录，因为谁保存记录，谁就掌握一定的主动权。如果对方向己方出示其会谈记录，那就必须认真检查、核实，因为这样的记录也具有法律力量，可作为谈判的原始记录存档。因此，在签约前，谈判者必须对双方的谈判记录进行核实，核实包括两方面：①核实双方的洽谈记录是否一致。应认真查看对方的记录，将自己的记录与对方的记录加以比较，若发生偏差，就应指出，要求对方修正。②要核对双方洽谈记录的重点是否突出、正确。检查之后的记录，是起草协议的主要依据。

二、商务谈判备忘录的签订

备忘录是商务谈判中记录和提示谈判成果和进程的公文，是不可缺少的一种文书。

（一）备忘录的含义、特点及类型

（1）备忘录的含义和用途。备忘录是一种用来记录有关活动和事务，或就某个问题提出自己的意见和看法，启发或提醒对方以免忘却的记事性文书。备忘录是公文函件中等级比较低的公文，一般用来补足正式文件的不足，可以用于个人事务的记录，也可以作为商务谈判或企业合作的记录。

（2）备忘录的特点。①事务性。备忘录所记录的事情有两类：一类是如实记录现实中曾经发生过的真相，如记录商务谈判中双方的承诺、一致或不一致的意见等。另一类是提前记下计划办理的事项，如总经理的要求备忘录、重要活动安排备忘录等。②提醒性。即提示当事人避免忘却某件事情的特性。

（3）备忘录的类型。备忘录可分为：①个人备忘录，属于个人事务的备忘录，记录的事情其他人不参与。②交往式备忘录，记录人际交往活动的备忘录，这种备忘录必须真实地记录各种情况，包括对当事人有利或不利的情况。③商务谈判备忘录。④计划式备忘录，即提醒将来所要做之事的备忘录。

（二）商务谈判备忘录的撰写

（1）备忘录的结构。①标题（heading）。通常有两种写法：一种直接写文种名称，即"备忘录"；另一种由单位、事由和文种组成，如"某某公司与某某集团公司合作开发机电产品会谈备忘录"。②正文（text）。一般有三个要点：导言、主体和结尾。导言，记录谈判的基本情况，包括双方单位名称、谈判代表姓名、会谈时间和地点、会谈项目等。主体，记录双方谈判情况，包括讨论的事项、一致或不一致的意见、观点和做出的有关承诺。结尾，备忘录一般不另写结尾。③落款（signature）。由参加谈判的各方代表签字认可，并注明时间。

（2）备忘录示例。

合作备忘录

甲方代表：

乙方代表：

甲乙双方于_____年_____月_____日在_____就2022年甲乙双方信息技术合作与服务相关事宜进行讨论协商，双方交换意见，提出合作总体要求，初步达成共识。为便于将来继续洽谈，现形成备忘条款如下。

（1）依据双方交谈，甲乙双方将坚持"深化服务、浅化合作"共识。双方将改变以往"合作推动服务"的模式，甲方将从乙方角度出发，以加强乙方信息化建设、提高管理服务效率为目的，挖掘服务机会点，不断深化信息技术建设内容，进一步满足乙方多层次、高质量的切身利益需要，注重售后追踪服务，强化客户关系，以优质服务促进合作共赢,达到双方长期合作。

（2）甲乙双方将不断加强技术交流与合作,充分发挥取长补短的作用。甲方为乙方提供技术指导与支持,不断提升乙方人员技术素质,帮助乙方人员更好、更充分地使用甲方提供的产品与服务。乙方为甲方提供专业性业务指导,为甲方人员在考虑技术革新、产品结构调整和产品功能优化升级方面,打开新思路、树立新观念。双方表示将坚持加强技术交流,为甲乙双方应对市场竞争,依靠技术创新推动产品创新、提升服务质量做出努力。

（3）甲乙双方加强配合,保障移动医疗App项目的顺利开展。甲方为乙方不断开发和完善移动医疗App服务项目,充分满足乙方实际需求,乙方配合甲方人员的相关工作内容进展,促进项目有序、顺利推进。

（4）甲乙双方强化课题合作,强调课题的实效性、产品的专业性。双方信息化合作项目以课题研究为基础,注重资源整合,甲方为乙方提供开发技术,乙方为甲方提供研究思路,充分利用双方建设性的观点和方法,促进学学相长、启迪思想碰撞、共同研究课题、提升解决问题的实际能力,不断深化合作课题的创新意义与实际意义。

甲方（公章）　　　　　　　　　　乙方（公章）

代表（签字）　　　　　　　　　　代表（签字）

　　年　月　日　　　　　　　　　　　年　月　日

三、备忘录注意事项

（1）注意商务谈判纪要与商务谈判备忘录的区别。①效力不同。商务谈判纪要一经双方签字,就具有一定的约束力。商务谈判备忘录没有约束力,只有提示备忘的作用。②内容不同。商务谈判纪要中记录的主要是谈判双方达成的主要一致意见。商务谈判备忘录中记录的则不一定是谈判达成的一致意见,可能是为了下一次谈判、洽谈或磋商而提示的问题。

（2）内容要翔实、具体而完备。商务谈判备忘录应当完整地记录前期谈判的所有内容,记录取得一致意见和未达成一致意见的项目,以备日后查阅。因此,遗漏和省略任何项目都是错误和失误的。

（3）语言要朴实、客观、准确。要明确商务谈判备忘录是一种商务公文，因此语言要力求精练、客观，一般用第三人称记录，不能夸大其词，也不能有推测和揣测之意。同时，也无需过多的修饰言语，做到准确、客观、朴实即可。

第三节　商务合同的签订

双方达成协议，即要签订书面合同。合同的签订，是衡量商务谈判成功与否、其结果合法与否的重要标志，合同中确定的各自权利义务关系，也受到法律保护。因此，签订合同非常重要。

签订合同的重要性

一、商务合同的概念

商务合同是指谈判各方在经济合作和交易交往中，为实现各自的经济目标，明确相互之间的权利、义务关系，通过协商一致共同订立的协议。这里，先阐述一下什么是自然人和法人。

（一）自然人

基于出生而为民事权利和义务主体的人，与法人相对。在中国和其他一些国家称为公民。公民仅指具有一国国籍的自然人，自然人还包括外国人和无国籍人。

（二）法人

法人是具有民事权利能力和民事行为能力，依法独立享有民事权利和承担民事义务的组织。法人不是人，是相对自然人而言的。作为口语，有时将法人代表也称为法人。

法人作为民事法律关系的主体，是与自然人相对的，两者有不同的特点：①法人是社会组织在法律上的人格化，是法律意义上的人，而不是实实在在的生命体，其依法产生、消亡。自然人是基于自然规律出生、生存的人，具有一国国籍的自然人称为该国的公民。自然人的生老病死依自然规律进行，具有自然属性，而法人不具有这一属性。②虽然法人、自然人都是民事主体，但法人是集合的民事主体，即法人是一些自然人的集合体。对比之下，自然人则是以个人作为民事主体的。

我国的法人主要有：①机关法人是指从事国家管理或行使国家权力，以国家预算作为独立活动经费，具有法人地位的中央和地方各级国家机关。②事业法人以谋求社会公共利益为目的，从事国家管理和物质生产以外的社会活动的法人。

例如，从事文化、教育、科研、卫生、体育新闻、出版等事业的单位。③企业法人是指依据《中华人民共和国企业法人登记管理条例》《中华人民共和国公司登记管理条例》等，经各级工商行政管理机关登记注册的企业法人。④社会团体法人是具有民事权利能力和民事行为能力，依法独立享有民事权利和承担民事义务的社会组织，以谋求社团成员的共同利益为宗旨，包括各种政治团体（如各民主党派）、人民群众团体（如工会、妇联、共青团）、社会公益团体（如残疾人基金会）、文学艺术团体（如作家协会)、学术研究团体（如数学学会)、宗教团体（如佛教协会）、建筑学会等。

法人的民事权利能力、民事行为能力与自然人也有所不同。根据《民法通则》第37条规定，法人必须同时具备四个条件，缺一不可。

（1）依法成立。法人必须是经国家认可的社会组织。在我国，成立法人主要有两种方式：①根据法律法规或行政审批而成立，如机关法人一般都是由法律法规或行政审批而成立的。②经过核准登记而成立，如工商企业、公司等经工商行政管理部门核准登记后，成为企业法人。

（2）有必要的财产和经费。法人必须拥有独立的财产，作为其独立参加民事活动的物质基础。独立的财产是指法人对特定范围内的财产享有所有权或经营管理权，能够按照自己的意志独立支配，同时排斥外界对法人财产的行政干预。

（3）有自己的名称、组织机构和场所。法人的名称是其区别于其他社会组织的标志符号。名称应当能够表现出法人活动的对象及隶属关系。经过登记的名称，法人享有专用权。法人的组织机构，即办理法人一切事务的组织，被称为法人的机关，由自然人组成。法人的场所是指从事生产经营或社会活动的固定地点。

（4）能够独立承担民事责任。法人对自己的民事行为所产生的法律后果，承担全部法律责任。除法律有特别规定外，法人的组成人员及其他组织不对法人的债务承担责任，同样，法人也不对除自身债务外的其他债务，承担民事责任。例如，"中国××有限公司"就是企业法人，××董事长是法定代表人。

二、商务谈判合同的内涵

（一）商务谈判合同的特征

由于其当事人、客体、内容及其纠纷的解决都具有涉外因素，因而，商务谈判合同无论在内容上还是在表现形式上，都与经济合同有差异。这些差异决定了商务谈判合同，特别是国际商务谈判合同有其独有的特征，主要表现在以下几个方面。

（1）国际谈判商务合同是中外双方当事人之间的协议。双方当事人彼此受对方国家法律的管理和支配，各种资源和能力也要依照对方国家的法律规定来认定。同时，由于合同标的必须跨越国界，也就必然涉及各种进出海关的手续、许可证和支付结算问题，以及工业产权的国际保护问题。

（2）国际商务谈判合同涉及两个国家之间的经济交往。与双方所属国家的利益密切相关，往往受到国家之间政治关系的影响。

（3）由于主体国籍不同，国际商务谈判合同涉及适用法律的问题。对于认定当事人的合同能力要适用属人原则，对确认合同关系，要使用当事人选择的国家法律或与合同有密切联系国家的法律。如果当事人在履行合同的过程中发生争议，就涉及争议处理的管辖权问题，这在合同中应予以明确。

（4）国际商务谈判合同反映的是国家之间的经济往来关系。因此，受双方条约和国际条约的支配，同时还必须力求符合国际贸易惯例的规定。

（二）债务的效力

（1）债务人须按法律规定或合同约定履行全部债务。

（2）合同成立，债务人的全部财产成为债务的一般担保。

（3）债务不履行或履行不符合约定时，应承担违约责任，还可能被强制执行。

（4）债务一旦履行，即不得以非债清偿为由要求返还。

（5）主债务的附随义务也应履行。

（三）无效合同的概念及范围

（1）无效合同的概念及特点。无效合同是指合同虽已成立，但因其违反法律、行政法规或社会公共利益，在法律上确定的不发生法律效力的合同。其特点有：违法性、不得履行性、自始无效、当然无效。

（2）无效合同的范围。一方以欺诈、胁迫的手段订立合同，损害国家利益。以合法形式掩盖非法目的。恶意串通，损害国家、集体或者第三人利益。损害社会公共利益，违反法律、行政法规的强制性规定。

（3）合同部分无效。合同行为实质上由若干行为组成，或在内容上可分为若干部分，即有效部分和无效部分可独立存在。

（四）可撤销合同

（1）可撤销合同是指合同因具有某些法定事由，通过撤销权人行使撤销权，可使已经生效的合同归于无效。

（2）可撤销合同的法律特征。可撤销合同主要是意思表示不真实的合同。对合同的撤销，要经过撤销权人行使撤销权来实现。可撤销合同在未被撤销之前，仍属有效合同。可撤销合同又称可变更合同，因此，撤销权人既可要求变更合同内容，又可撤销合同。

（3）撤销权的行使。撤销权是指债权人对于债务人危害债权的行为，可请求法院予以撤销的权力，由因意思表达不真实而受损的一方当事人享有。撤销权或变更权的行使，应当由受损害方向人民法院或仲裁机构提出请求。

（五）合同被确认无效和被撤销的后果

应当各自承担相应的后果，主要有返还财产、赔偿损失、非民法上的法律后果。

三、商务合同的签订原则与风险规避

（一）商务合同签订的前提和基本原则

（1）合同当事人的法律地位平等，一方不得将自己的意志强加给另一方。

（2）当事人依法享有自愿订立合同的权利，任何单位和个人不得非法干预。

（3）当事人应当遵循公平原则，确定各方的权利和义务。

（4）当事人行使权利、履行义务，应当遵循诚实守信原则。

（5）当事人订立、履行合同，应当遵守法律、行政法规，尊重社会公德，不得扰乱社会经济秩序，损害社会公共利益。

（6）依法成立的合同，对当事人具有法律约束力。当事人应当按照约定履行自己的义务，不得擅自变更或者解除合同。依法成立的合同受法律保护。

（二）商务合同的条款

（1）当事人的名称或者姓名和住所。

（2）标的。合同当事人双方权利和义务共同指向的对象，如货物、劳务和工程项目等。

（3）数量。

（4）质量。

（5）价款或者报酬。

（6）履行期限、地点和方式。

（7）违约责任。

（8）解决争议的方法。当事人订立合同，有书面形式、口头形式和其他形式。法律、行政法规规定采用书面形式的，应当采用书面形式。当事人约定采用书面形式的，应当采用书面形式。建筑施工合同，必须采取书面合同。

（三）合同陷阱

（1）合同陷阱是指在合同订立、生效、履行、变更、转让、终止及违约责任的确立过程中，一方当事人故意制造漏洞或缺陷，使另一方当事人陷入其中，可能遭受合同利益损害或损失的情形。

（2）合同陷阱的主要特征。①犯罪行为。②主观上故意为之，客观上欺骗、诱骗。③发生在订立或履行期间。

（3）合同陷阱的变换形式。①以虚构单位名称或冒用他人名义签订合同。②以伪造、变造、作废的票据或其他虚假的产权证明作为担保，骗取合同订立。③没有实际履行能力。④收受对方当事人货物、货款、预付款或担保后逃匿。⑤玩文字游戏，为己方牟利。⑥以其他方法骗取对方当事人财物。

（四）合同管理存在的问题

（1）普遍问题。①缺乏规范化的市场环境。②"霸王条款"充斥行业市场。③行政干预多，合同执行困难。④施工企业的合同法律意识及合同管理水平，跟不上形势发展的需要。⑤合同管理人才缺乏，对合同管理人才的培养不够重视。

（2）具体问题。①合同格式不规范，合同内容不全。②合同语言不规范，口语化现象普遍较多。③职责界定不清晰，如双方的权利与义务、安全条款等。④合同价格组成不明确，部分合同只有综合单价，没有详细的价格分解。⑤合同签约滞后现象普遍存在。⑥合同履约过程中执行力不强，未严格按合同条款执行。

（五）加强合同管理的途径

（1）加强合同管理的基础工作。建立合同档案，合同条款必须用词严谨、规范，词意表达清楚，条款齐全，内容符合法律、法规的规定。评审合同时，对合同价款确定与人工、材料调整索赔、签证、变更约定、工程结算及违约处理、罚款等条款，进行重点评审。

（2）对合同风险条款，要进行充分的预测并建立应对预案。

（3）实施合同管理的过程监控，对在合同履约过程中发现的问题及时解决和处理，避免矛盾的激化给企业造成经济损失和信誉损失。

（六）加强合同管理的对策

（1）建立合同管理的组织机构。逐步建立起公司、分公司、项目部各层次的合同管理机构，配置专业的合同管理人员，形成合同管理的网络组织，负责合同管理的各项工作，以及推动企业或项目的经济利益和合同权益。

（2）培养合同管理人才。以人为本，加大合同管理人才的培养力度，关注合同管理人才选拔、培养的各项工作。①选调素质高、学习能力强、知识面广、责任心强的人员，充实到合同管理队伍。②加强理论学习，组织在职培训，鼓励合同管理人员参加法律和经济管理方面的相关执业资格考试。创造同业交流的渠道，引导同业交流。③以机制激励人。明确合同管理人员的责、权、利，建立完善的岗位竞争机制和奖惩机制。④在实践中培养、锻炼、造就人。总之，将合同管理贯穿于项目管理的全过程，规范合同管理，防范风险于未然。

（3）建立、健全合同管理制度。制度建设带有根本性、长期性和稳定性。所以，必须建立、健全一套行之有效的、严格的规章制度和可操作的合同管理制度，用制度规范管理。①合同的审查与分析制度。对招标文件的审查和项目施工协议书签署前的审查，审查重点在于专用合同条款的审查。分包合同的审查，要审查分包方的履约能力，重点审查分包合同的总量和价格，确保己方权益。同时，应审查分包方的资格，避免由于违反法律、法规而签订无效合同。合同的分权审批是指按合同金额和合同评估风险的大小，进行分权审批。②定期报告和检查制度。③合同交底制度。④工程款支付实行联合会签制，避免工程款支付的风险。⑤工程变更和索赔管理制度。及时发现索赔文件，搜集证据，及早提出、及时办理有关签证确认，搜集有效的索赔。⑥合同完结的总结、评价制度。要建立合同文本和专用章的保管使用制度、合同台账制度以及重要合同保管制度。管理的效果必须达到：凡事有章可循、凡事有人管理、凡事有人检查、凡事有据可查。

（七）合同陷阱的防范

合同欺诈防范是指合同当事人在合同订立之前或履行过程中遭遇欺诈时，采取的各自防备、救济预案中的对应措施。

（1）加强对合同欺诈的宏观控制。合同欺诈的宏观控制是指国家从宏观角度出发，综合动用宣传教育、立法调整、行政执法、司法干预等手段，进行有效的控制与预防的措施。

（2）采取预防合同欺诈的防范措施。合同欺诈防范，狭义上讲，就是从企业和生产经营者的角度，寻求预防合同欺诈的对策和方法。行之有效的措施包括提高警惕、完善制度、核审资信、慎签合同、供货防诈、购货防诈、项目防诈、引资防诈、租赁防诈和担保防诈。

（3）遭遇合同欺诈时的应急预案。经济活动中遭遇合同欺诈时，应采取的补救措施有：协商变更和解除合同、依法废约、请求工商行政管理部门和政法机关及时介入查处。

当前，困扰和威胁我国经济健康发展的一股浊流，就是市场经济的无序和企业信用的危机，其原因固然是多方面的，但近些年来，利用合同进行欺诈的违法活动，屡禁不止、屡打不绝，合同欺诈不仅诡计多端、花样百出，而且波及的领域、地域日益广泛，并呈高智能、专业化、群体化和辐射状的蔓延趋势。合同欺诈行为，侵犯国家、企业、个人的财产所有权，践踏市场公平交易与诚信使用法则，损害经济发展和社会稳定，成为市场经济交易安全的心腹之患。因此，加强全社会对合同欺诈的预防识别与抵御能力，乃当务之急。

四、签约的实施方案

（一）商务谈判合同的总体构成

商务合同由标题部分和行文部分组成，标题即合同名称。行文部分则因文章的起承、转合，相应地切分为开头、正文和结尾部分，这三个部分又可叫作约首、条款和约尾。

约首，包括需方、供方的单位名称（简称甲方、乙方），签订合同的日期、地点及此项经济活动的目的等，订约日期、地点不一定要放在约首，也可以放在约尾。约尾，实际上是合同的补充条款或是为了工作方便而提供的信息，一般包括以下几方面内容。

（1）本合同一式×份，供方×份，需方×份，或供需方上级各×份。

（2）合同规定生效和作废的条件与日期。一般规定合同的有效期×年，自合同签订之日起生效，×年×月×日作废或履行完毕时作废；或限期×月另行协商续订；或根据计划协商续订，或根据生产需要协商续订。

（3）双方单位的地址、电话。

（4）双方单位盖章（单位公章或合同专用章）。

（5）法定代表人及经办人签名盖章。

（二）谈判合同的主要条款

谈判合同的主要内容就是合同中的一些核心条款，这是谈判人员应格外注意的问题，从上述合同种类看，核心条款大致有下述几种。

（1）标的。合同双方权利和义务所指向的共同对象，叫作合同标的。这是签订合同的目的和前提。标的可以是某种事务或货币，也可以是某项工程或某项脑力劳动的成果。合同标的与谈判标的一致，如商品、劳务、工程项目等，都是谈判合同必须明确的标的。没有标的，双方当事人的权利和义务就无法落实，经济合同也就无法履行。

（2）数量和质量。订立合同必须有明确的数量规定，数量是衡量标的的尺度，没有数量，合同是无法生效和履行的，极易引起纠纷。对数量的要求是准确、具体，不能含糊笼统，也不能搞上下限。例如，计量单位必须确切，数据要求准确，计重量的产品还必须明确是毛重还是净重。如果标的的数量允许或者有必要规定正负差、合理磅差、自然损耗率，合同上都要规定清楚，以免引起不必要的争议。标的质量是内在素质和外观形态的综合，包括名称、品种、规格、型号、质量指标等。对质量标准的要求也明确、具体，如写明具体的国际标准、国家标准、部颁标准和地方标准等，若是双方协商标准，应在合同中写明指标和数据或另附协议，或提交样品。

（3）价款或酬金。这是取得标的的当事人一方偿付给对方的代价，价款或酬金是以货币数量表示的。在以货物为标的的合同中，这种支付的代价叫作价款。在以劳务为标的的合同中，这种支付的代价叫作酬金。对于价款或酬金，国家有关部门规定有标准的，按标准执行；如无标准，则双方协商支付。对价款和酬金应明确规定货币单位、结算方式等。

（4）履行的期限、地点和方式。合同中对期限的规定，应该具体、明确，不能含糊。至于双方商定可以变通期限的，也应在合同中写明。经济合同的履行地点直接关系到履行费用，应在合同中明确规定履行地点，并明确费用负担的归属。如果履行地点不明确，则按惯例执行，即交付建筑物的，在建筑物所在地履行；付给货币的，在接受付给一方的所在地履行；其他义务，在履行义务一方的所在地进行。

（5）包装和验收方法。凡需要包装的产品，都应有包装。国家规定标准的，按国家规定标准包装。没有规定的，双方可以议定包装标准。验收是确定合同标的物是否得到圆满履行的必要程序，分为数量验收、包装验收、质量验收等。验收即认为履行了合同。验收有异议时，必须在规定的时间内由双方协商解决。超过时限才提出异议，不予承认。

（6）违约责任。合同的一方或双方因过错不能履行或不能完全履行合同，侵犯另一方权利时应负的责任，即违约责任。对违约责任做出明确的规定，可以使责任清楚，加强双方对履行合同的责任心。在经济合同中，违约应负的责任是向对方支付违约金或赔偿经济损失，后者是当违约给对方造成的损失超过违约金时所作的赔偿。违约金具有惩罚性质，赔偿金则为经济补偿性质。

（7）约定不明的履行。合同生效后，当事人就质量、价格或报酬、履行地点等内容没有约定或者约定不明确的，当事人双方可以签订补充协议。不能达成协议补充的，可以遵循：质量要求不明确的，按照国家标准、行业标准履行。没有国家标准、行业标准的，按照通常标准或者符合合同目的的特定标准履行。价款或者报酬不明确的，按照订立合同时的市场价格履行。依法应当执行政府定价或者政府指导价的，按照规定履行。履行地点不明确的、给付货币的，在接受货币一方所在地履行。交付不动产的，在不动产所在地履行。其他标的，在履行义务一方所在地履行。履行期限不明确的，债务人可以随时履行，债权人可以随时要求履行，但应当给对方必要的准备时间。履行方式不明确的，按照有利于实现合同目的的方式履行。履行费用负担不明确的，由履行义务一方负担。

（三）合同签约的过程

合同的签订过程，也是双方当事人对合同内容进行相互协商、谈判取得一致意见的过程。这个过程概括起来，一般要经过订约提议（要约）和接受提议（承诺）两个主要步骤。

（1）要约。要约是当事人一方以缔结合同为目的，向对方提出签订经济合同的建议、要求或意思的表示。提出要约的一方称要约人，对方为受约人，又称承诺人。要约人在提出要约时，除表示订立合同的愿望外，还必须依法提出合同的主要条款，以供对方考虑是否同意要约。要约中，一般还要指明等待答复的期限。要约通常有书面方式和口头方式。书面方式通过寄送订货单、书信、发电报等方式提出，口头方式可以由一方向另一方当面口头提出。要约是一种法律行为，在提议到达对方时发生法律效力,对要约人有法律约束力。如果要约中规定了答复期限,要约人就有与之订立经济合同的义务。在此期间,要约人不得向第三人提出同样的建议或与第三人订立此项合同。否则,由此给对方造成的损失,就要负赔偿责任。

（2）承诺。承诺即接受要约,是受约人按照要约指定的方式,对要约的内容表示完全同意。要约一经承诺,合同即告成立,承诺人就要承担合同规定的义务。承诺也是一种法律行为。对要约的修改、部分同意或者附有条件的接受,不能认为是接受承诺,应当看作是拒绝原要约后提出的新要约,这是因为它改变了原提议的内容。有效的承诺,必须具备下列条件。

①承诺必须由受约人做出,受约人包括本人及其授权的代理人。除此之外,任何第三人即使知道要约内容,并对此做出承诺,也不能成立合同。

②承诺必须在要约期内进行。如果承诺的时间迟于要约的有效期限,叫作"迟到的承诺"。迟到的承诺不是有效的承诺,而是一项新的要约,必须经原要约人承诺后方能成立合同。

③承诺必须与要约内容一致。如果受约人在承诺中,将要约的内容加以扩充、限制或变更,这就不是原要约而是新的要约或反要约,必须经原要约人承诺,方能成立合同。

④承诺的传递方式,必须符合要约提出的要求。如果要约人在要约中没有规定具体的传递方式,承诺人一般按照要约人采用的传递方式办理。如果承诺人在要约有效期内,采用此要约指定的或比要约采取的传递方式更快的方式做出承诺,这在法律上是允许的,要约人不能因此予以拒绝。承诺也可撤回,这是承诺人阻止承诺发生效力的意思表示。承诺的撤回必须在生效前。一旦生效,合同即告成立,承诺人就不得撤回其承诺。如果撤回已生效的承诺,就是单方撕毁合同,就要承担法律责任。

⑤违约金。违约金的标准,主管部门有规定的按规定执行;没有规定的,由双方议定。

（四）合同的成立与生效

（1）合同生效。①合同生效是指已经成立的合同在当事人之间产生了法律上的约束力,也就是通常所说的法律效力。合同的法律效力是指对当事人的约束力。②合同成立是指缔约当事人就合同的主要条款达成合意。③依法成立的合同,自成立时生效。成立不一定生效,但生效一定是成立的。

（2）合同成立的要件。①存在订约方当事人。②当事人就合同的主要条款达成了合意。

（3）合同生效的要件。①合同的缔约人具有订约能力。②当事人的意思表示真实。③不违反法律和社会公共利益。④合同必须具备法律要求的形式。当事人可以选择合同的形式，但是法律做出特殊规定的，当事人必须遵守。

（4）当事人的订约能力。自然人的订约能力主要包括：①完全行为能力人的订约能力。②无行为能力人的订约能力（监护人代理）。③限制行为能力人的订约能力。④从事与其年龄、智力相适应的民事活动，其他必须由法定代理人代为实施，或征得其同意后才能实施。限制行为能力人和无行为能力人，在纯获法律上的利益而不承担法律义务的合同中，可以作为合同当事人。

法人的订约能力问题主要有：①违反法人目的事业的行为无效。②超越业务范围的行为不当而无效，违反法律关于特许营业的强制性规定而无效。③法人的分支机构通常具有订约主体资格。④非法人阻止的订约能力具有订约主体资格。

（5）合同内容的合法性。合同内容的合法性是指合同条款所约定的双方的权利和义务符合法律的规定，并不违背公共利益和公序良俗。

（6）合同生效的主要情况。①依法成立的合同，自成立时生效。②依法成立的合同，若法律、行政法规规定应当办理批准、登记等生效的，合同办理批准、登记手续后生效。

（7）合同担保。合同担保是指当事人在订立合同时，根据法律规定或双方的约定，为确保合同履行而采取的方式或者措施。担保具有从属性，以合同的合法有效存在为前提。合同担保需注意要核实担保人的资格、保证方式和期间能够积极行使请求权，证实公司设定的各种形式的担保效力。在实践中，经济谈判合同的担保一般采取：①保证是指由保证人以自己的名义和债权人约定，当债务人不履行合同义务时，保证人按照约定履行或者承担连带责任。②抵押是指债务人或者第三人不转移抵押物的占有权，而将该财产抵押作为债权的担保，当债务人不履行债务时，债权人有权依法以抵押财产折价或者以拍卖、变卖抵押财产的价款优先受偿。③留置是指债权人按照合同约定占有债务人的动产，债务人不按照合同约定的期限履行债务的，债权人有权依照法律规定留置该财产，以留置财产折价或者以拍卖、变卖该财产的价款优先受偿。④定金是在合同订立或在履行之前支付一定数额的金钱，作为担保方式。⑤违约金是指按照当事人的约定或者法律直接规定，一方当事人违约时，应向另一方支付的金钱。

（8）合同公证。合同公证是指公证机关对签订合同的双方在自愿的前提下，对所签订的合同内容、双方代表的资格等进行认真审核后，依法对谈判合同进行审查，证明其真实性、合法性，并予以法律上的证据效力的司法监督制度。通过对谈判合同的公证，对于保护当事人的合法权益、预防纠纷、防止无效合同、促进合同的履行有着重要的作用。

（9）签约注意事项。①争取在己方所在地举行合同的签约或签字仪式。②订立合同的条款要符合有关法律规定和要求，其内容不得违反本国法律和社会的共同利益。③签约过程最好有律师的全程参与。

本章小结

本章介绍了如何判断商务谈判的结束时机，分别对三种谈判结束的方式展开讨论，还介绍了商务谈判结束前的准备工作，包括备忘录签订以及注意事项。另外，还着重介绍了商务合同，以及在签订合同时需要注意的事项。通过本章的学习，读者可以了解如何应对商务谈判的结束，如何避免签订合同时的陷阱。

思考题

1. 如何判断商务谈判的结束？
2. 商务谈判有哪几种结束方式？如何应对？
3. 商务谈判结束前应做好哪些准备工作？
4. 商务合同由哪几部分构成？
5. 如何避免商务合同陷阱？

思政案例分析

泓能智能化科技公司认真解读合同退款，为自己争取有利条件

中国汽车贸易公司（以下简称中汽贸）决定重新装修办公大楼，同时更新办公智能系统。因此，委托采购部门落实招标事宜。

通过前期的信息发布，最终有五家企业顺利进入最后议标阶段。中汽贸此次的中标标准很简单：在公司预算范围之内，智能系统方案以及用料优质者为最终的获胜者。

因此，各家公司都将自己的智能系统设计做到了完美极致，以求中标。最终，泓能智能化科技公司（以下简称泓能）凭借自身的设计优势，获得了评审组的一致认可。

设计方案和总报价都经过了中汽贸的审核，接下来，就该落实合同的签订工作了。负责此次合同编写的是中汽贸合同部，经过认真考量，于中标后的第三天邀请中标单位来签订合同。

为确保己方利益不受损，泓能对合同条款逐一进行审核和确认。确认的主要内容包括施工队的进出时间、工期时限、对方监管部门的负责人、合同款的支付程序和具体的支付方式、票税的出具方式、智能设备的进场验收负责人等。

通过与中汽贸的沟通，它们将工期限定在45天，这对泓能而言实属难事。此次智能设备的安装数量大，最少需要50天，再加上后期的4天调试时间，至少需要两个月的时间，45天明显无法完成。于是，泓能的项目经理开始与中汽贸协商，期望延长时限或者允许提前半个月进场。

中汽贸的工期紧张，不可能将智能系统的工期延后，最终，考虑它们与强电施工人员一同进场，独立完成作业。但是，只能提前10天进场。泓能方面也到实地考察过，再提前进场对自己的设备安装也会有损伤，就同意了对方的建议。

为了确保己方后续施工的顺利，泓能建议在合同的附件中加上一条：施工以中标的设计方案为最终决议，施工期间中汽贸不可随意改动方案，必须与泓能项目负责人签订相应的补充协议才可改动。

这样一来，泓能就极大地减弱了对方的施工控制权，为自己的施工工期创造了缓冲的余地。

资料来源：冯光明，冯靖雯，余峰.商务谈判：理论、实务与技巧[M].北京：清华大学出版社，2015.

案例思考：

1.请确认合同条款工作的实施步骤。

2.合同条款确认的主要内容有哪些？

3.确认合同条款有哪些注意事项？

第十一章 国际商务谈判

本章学习目标

1. 理解国际商务谈判的特征。
2. 掌握国际商务谈判的文化差异。

本章关键词

文化差异　谈判风格

思政案例导入

非言语沟通对中美公司合作商务谈判的影响

笔者曾工作的中国联通公司集团客户部,不仅负责国内重要客户的业务合作,而且也会与国外通信类公司洽谈合作。

冬天的黄昏,临近下班时间了,综合部接转过来美国某增值服务提供商的几位业务代表,希望我们部门与对方洽谈初步合作意向。恭敬不如从命,我准时到门口迎接客人,双方到会议室入座,简单寒暄后,翻译人员将业务性质和合作意向言简意赅地介绍清楚了。

说实话,我很紧张。紧张,倒不是因为如何组织英文对话,而是因为部门的总经理、副总经理都在出差,我没有可以当面请示的上级。与私营企业的灵活性不同，国有企业做事要有章可循、有板有眼。如果简单地告知对方领导不在，改天再来，简单倒是简单，但略显粗暴，也违背了自己受到的教育——外交无小事。

边记录谈话内容边让自己冷静下来，同步短信求助领导指示谈判的底线和要点。收到指令后，心里有了底。从职责范围上讲，这次业务合作不应该由我们部门负责，而应该由另一部门负责。推诿不是我们的工作作风，也不是个人的工作习惯，关键时刻不能辜负党和人民的信任和培养。

主意既定，轮到己方发言时，首先我心口合一，真诚地感谢对方远道而来，并在比较竞争对手后优先选择与我们公司洽谈合作。其次，我方部门负责人会认真研究对方的业务要点和合作重点。再次，让对方稍候，我快速地到相关部门确认合作的资质要求及其他事项。最后，热情的晚宴安排在王府井的"全聚德"烤鸭店，这份热情将寒冷拒之门外。

令人印象深刻的是，当我表示个人职责有限，不知道能否达到对方初次接触的要求时，几位美国人通过眼神和翻译人员告诉我，他们对初次洽谈非常满意，特别是看到我进出其他部门的行动速度，很是感动，夸赞我们很有职业精神。

那一刻，我深刻地领会到谈判中的非语言沟通——态度和行为的力量！

第一节　国际商务谈判的特征与原则

一、国际商务谈判的概念

国际商务谈判是指国际商务活动中不同国家或地区的利益主体，为了达成某笔交易，就交易的各项条件进行协商的过程。谈判中利益主体的一方，通常是外国的政府、企业或公民（在现阶段，还包括香港、澳门和台湾地区的企业和商人），另一方是中国的政府、企业或公民。国际商务谈判是对外经济贸易工作中不可缺少的重要环节。在现代国际社会中，许多交易往往需要经过艰难烦琐的谈判，尽管不少人认为交易所提供的商品是否优质、技术是否先进或价格是否低廉决定了谈判的成败，但事实上，交易的成败往往在一定程度上取决于谈判的成功与否。在国际商务活动中，不同的利益主体需要就共同关心或感兴趣的问题进行磋商，协调和调整各自的经济利益或政治利益，谋求在某一点上取得妥协，从而使双方都感到有利并达成协议。国际商务谈判是对外经济贸易活动中普遍存在的、十分重要的经济活动，是调整和解决不同国家和地区政府及商业机构之间不可避免的经济利益冲突的、必不可少的手段。

二、国际商务谈判的特征

（一）国际性

国际性是国际商务谈判的最大特点，也是其他特点的基础。其谈判主体属于两个或两个以上的国家或地区，代表了不同国家或地区的利益。通常以国家或地区的简称加上具体的谈判对象或事物来称呼特定的国际商务谈判，如"中美知识产权谈判""中美俄关于某某工程建设的谈判"等。由于国际商务谈判的结果会导致资产的跨国转移，因而会涉及国际贸易、国际结算、国际保险、国际运输等一系列问题。在国际商务谈判中，要以国际商法为准则，以国际惯例为基础。谈判人员要熟悉国际惯例，熟悉对方所在国的法律条款，熟悉国际经济组织的各种规定和国际法。这些问题是国内商务谈判很少涉及的，要特别重视。

（二）跨文化性

国际商务谈判不仅是跨国谈判，而且是跨文化谈判。不同国家或地区的谈判主体代表着不同的社会、文化、经济、政治背景，并且，谈判各方的价值观、思维方式、行为方式、交往模式、语言和风俗习惯等也各不相同。

（三）复杂性

复杂性是由国际性和跨文化性派生出来的，与国内商务谈判相比，国际商务谈判者面临着更加复杂多变的环境。从事国际商务谈判的人将花费更多的时间与精力来适应环境。国际商务的复杂性体现在各个方面，如语言的差异、沟通方式的差异、时间和空间概念的差异、法律制度的差异、谈判认识上的差异等。

（四）政策性

国际商务谈判往往涉及谈判主体所在国家或地区之间的政治和外交关系，因此，政府制定的政策会对谈判有着至关重要的影响。在国际商务谈判的过程和结果方面，谈判者必须贯彻执行国家的相关方针政策和外交政策，特别是执行对外经济贸易的一系列法律、法规。这就要求谈判人员熟悉对方国家的方针政策，并能恰当地加以运用。

（五）困难性

由于国际商务谈判的谈判者代表了不同国家和地区的利益，有着不同的社会文化和经济政治背景，人们的价值观、思维方式、行为方式、语言及风俗习惯各不相同，从而使影响谈判的因素更加复杂，谈判难度加大。在实际谈判过程中，对手的情况千变万化，作风各异，有热情洋溢者，也有沉默寡言者；有果敢决断者，也有多疑多虑者；有善意合作者，也有故意寻衅者；有谦谦君子，也有傲慢自大、盛气凌人的自命不凡者。凡此种种表现，都与一定的社会文化、经济政治有关。不同的表现，反映了不同的谈判者有不同的价值观和不同的思维方式。因此，谈判者必须有广博的知识和高超的谈判技巧，不仅能在谈判桌上因人而异、运用自如，而且要在谈判前注意资料的准备、信息的收集，使谈判按预定的方案顺利进行。国际商务谈判协议签订之后的执行阶段，如果出现纠纷或其他意外，需要协调的关系多、经历的环节多，解决起来相当困难。这就要求谈判者事先估计到某些可能出现的不测事件，并进行相应的防范与准备。

三、国际商务谈判的原则

（一）平等性原则

平等是国际商务谈判得以顺利进行和取得成功的重要前提。在国际经济往来中，企业间的洽谈协商活动不仅反映着企业与企业的关系，还体现了国家与国家的关系，相互间要求在尊重各自权利和国格的基础上，平等地进行贸易与经济合作事务。在国际商务谈判中，平等性要求包括以下几方面内容。

（1）谈判各方地位平等。国家不分大小贫富，企业不论实力强弱，个人不管权势高低，在经济贸易谈判中地位一律平等。不可以颐指气使、盛气凌人，把自己的观点和意志强加给对方。谈判各方要尊重对方的主权和愿望，根据彼此的需要和可能，在自愿的基础上进行谈判。对于利益、意见有分歧的问题，应通过友好协商加以妥善解决，不可强人所难。切忌使用要挟、欺骗的手段达到交易的目的，也不能接受对方带强迫性的意见和无理的要求。使用强硬、胁迫手段，只能导致谈判破裂。

（2）谈判各方权利与义务平等。各国之间在商务往来的谈判中，既要平等地享受权利，也应平等地承担义务。谈判者的权利与义务，具体表现在谈判各方的一系列交易条件上，包括涉及各方贸易利益的价格、标准、资料、方案、关税、运输和保险等。例如，在世界贸易组织中，国与国之间的贸易和谈判，要按照有关规则，公平、合理地削减关税，尤其是限制或取消非关税壁垒。谈判的每一方，都是自己利益的占有者，都有权从谈判中得到自己所需要的，都有权要求达成等价有偿、互相受益、各有所得的公平交易。价格是商贸谈判交易条件的集中表现，讨价还价是免不了的。但是，按照公平合理的价格进行协商，对进出口商品作价应以国际市场价格水平平等商议，随行就市，对双方均有利。为弥合在价格以及其他交易条件上的分歧，顺利解决谈判中的争执，就需要以公平的标准来对不同的意见进行判定，公平的标准应当是谈判各方共同认定的标准。在谈判的信息资料方面，谈判者既有获取真实资料的权利，又有向对方提供真实资料的义务。谈判方案以及其他条件的提出、选择和接受，都应符合权利与义务对等的原则。谈判者享受的权利越多，需要承担的义务也就越多，反之亦然。

（3）谈判各方签约与践约平等。商务谈判的结果，是签订贸易及合作协议或合同。协议条款的拟订必须公平、合理，有利于谈判各方目标的实现，使各方利益都能得到最大限度地满足。签约、践约要使"每方都是胜者"，充分体现了谈判的平等性要求，可以说是谈判成功的至理名言。谈判合同一经成立，谈判各方须"重合同，守信用""言必信，行必果"，认真遵守，严格执行。签订合同时，不允许附加任何不合理的条件。履行合同时，不能随意违约和单方面毁约。否则，就会以不平等的行为损害对方的利益。

（二）互利性原则

在国际商务谈判中，平等是互利的前提，互利是平等的目的。平等与互利，是平等互利原则密切联系、有机统一的两个方面。打仗、赛球、下棋，结局通常是一胜一负。国际商务谈判不能以胜负、输赢而告终，要兼顾各方的利益。为此，应做到以下几点。

（1）投其所需。在国际商务活动中进行谈判，说到底，就是为了说服对方进而得到对方的帮助和配合，以实现自己的利益目标，或通过协商从对方获取己方需要的东西。

①应将自己置身于对方的立场上，设身处地为其着想。把对方的利益看成与自己的利益同样重要，对其愿望、需要与担忧表示理解和同情，建立起情感上的认同关系，从心理上启开对方接纳自己之门。要记住：谈判虽为论理之"战"，然而，谈判桌上为人所动的是"情"，"情"先于"理"。

②要了解对方在商务谈判中的利益要求。谈判的立场往往是具体而明确的，利益却隐藏在立场的后面，出于戒心，对方不会轻易表明，即使显露，也是很有

分寸、注意程度的。因而，了解对方的需求，应巧妙地暗探，策略地询问，敏锐地体味"话中之话"，机智地捕捉"弦外之音"。

③在对对方有所知的基础上，有的放矢地满足其需求。这是前面行为的目的，是最重要的一环。在商务谈判中考虑和照顾对方的利益，会引起对方的积极反应，促进互相吸引、互相推动的谈判格局的形成。自己的主动利他之举，能唤起对方的注意和关心。谈判各方通常都有在谈判中努力实现的利益目标，因此，为对方着想，就要根据对方的利益目标满足其基本需要。在目标要求不一致的情况下，要尽可能地寻求双方利益的相容点，投其所需。

④注意对方的非经济利益需求，如安全感、归属感、自尊感、认同感、荣誉感等，这类需求得到满足，有时会产生某种意想不到的效果，使谈判的实质性问题得到轻而易举的解决，使自己受益无穷。莎士比亚说："人们满意时，会付高价钱。"高明的谈判者，自然明白个中奥妙。

（2）求同存异。谈判各方的利益要求完全一致，无须谈判。因而，产生谈判的前提，是各方利益、条件、意见等存在分歧。国际商务谈判实际上是通过协商弥合分歧，使各方利益目标趋于一致最后达成协议的过程。如果因为争执升级、互不相让而使分歧扩大，则容易导致谈判破裂。如果想使一切分歧意见皆求得一致，在谈判上既不可能也无必要。因此，互利的重要要求就是求同存异，求大同，存小异。

①要把谋求共同利益放在第一位。在国际商务谈判中，各方之"同"，是使谈判顺利进行和达到预期目的的基础，从分歧到分歧等于无效谈判。谈判中的分歧，通常表现为利益上的分歧和立场上的分歧。参与谈判的每一方都要追求自身利益，由于所处地位、价格观念及处理态度不同，对待利益的立场也就不同。需要指出的是，谈判各方从固有的立场出发，是难以取得一致的，只有瞄准利益，才有可能找到共同之处。国际商务谈判的目的是求得各方利益之同，并非立场之同。要把谈判的重点和求同的指向放在各方的利益上，而不是对立的立场上，以谋求共同利益为目标。这就是求大同，即求利益之同。

②努力发现各方之"同"。国际商务谈判是交换利益的过程，这种交换在谈判结束时的协议中明确地体现出来。谈判之初，各方的利益要求还不明朗或不甚明朗，精明的谈判者能随着谈判的逐步深入，从各种意见的碰撞中积极寻找各自利益的相容点或共同点。谈判各方利益纵然有诸多相异之处，总能找到某种相同或

吻合之点。否则,在一开始就缺乏谈判的基础和可能。为了引导对方表露利益要求,应在谈判中主动而有策略地说明己方的利益。只要你不表现出轻视或无视对方的利益,你就可以用坚定的态度陈述自己利益的重要性。

③把分歧和差异限定在合度的范围内。求大同的同时意味着存小异,存小异折射着谈判各方的互利性。绝对无异不现实,差异太大难互利。就商务谈判而言,小异不只是数量概念,更重要的是有质的含义。其质的要求有两个方面,其一,谈判各方非利益之异;其二,若存在利益上的差异,则应为非基本利益之异。这是互利性要求的内在规定,是谈判协议中保留分歧的原则界限。谈判各方的不同利益需要,又可分为相容性和排斥性的。属于排斥性的,只要不与上述原则要求相悖,允许存在于谈判协议之中;属于相容性的,则能各取所需,互为补充,互相满足。

（三）妥协让步

在国际商务谈判中,互利不仅表现在"互取"上,还表现在"互让"上。互利的完整含义,应包括促进谈判各方利益目标共同实现的"有所为"和"有所不为"两个方面。既要坚持、维护己方的利益,又要考虑、满足对方的利益,兼顾双方利益,谋求共同利益,是谓"有所为"。对于难以协调的非基本利益分歧,面临不妥协、不利于达成谈判协议的局面,做出必要的让步,此乃"有所不为"。谈判中得利与让利是辩证统一的,妥协能避免冲突,让步可防止僵局,妥协让步的实质是以退为进,促进谈判的顺利进行,并达成协议。

四、国际商务谈判的重要性

国际商务谈判的内容,不仅包括商务与技术方面的问题,还包括法律与政策问题,它是一项政策性、策略性、技术性和专业性很强的工作。国际商务谈判的结果,决定着合同条款的具体内容,从而确定合同双方当事人的权利和义务,故买卖双方都很重视商务谈判活动。

在谈判的过程中,由于交易双方的立场及其追求的具体目标各不相同,故往往充满尖锐、复杂的利害冲突和反复讨价还价的情况。参加商务谈判人员的任务是,根据购销意图,针对交易对手的具体情况,施展各种行之有效的策略,正确处理和解决彼此间的冲突和矛盾,谋求一致,达成一项双方都能接受的公平、合理的协议。由于交易双方达成的协议不仅直接关系双方当事人的利害得失,而且具有法律上的约束力，不得轻易改变。所以，是否拍板成交和达成协议，彼此都应持慎重态度。如果由于失误导致磋商失败，就会失掉成交的机会。如果由于己方人员急于求成、疏忽大意或其他原因，做了不应有的让步，或接受了不合理的成交条件和有悖于法律规定的条款，致使交易磋商中出现一些错误和隐患，事后往往难以补救。这不仅会使我方在经济上蒙受不应有的损失，而且还可能给履约造成困难，进而影响双方关系，对外造成不良的政治影响。

第二节 文化差异对国际商务谈判的影响

一、文化与文化差异的内涵

（一）文化的含义

文化是指打上人类活动标记的社会物质财富和精神财富的总和，包括精神生活、物质生活和社会生活等范畴。文化是人类与一般动物、人类社会与自然界的本质区别，是人类独特的生存方式。广义的文化泛指人类有意识地作用于自然界和人类社会的一切活动及结果。狭义的文化专注于精神创造活动及其结果，是社会意识形态、思想观念、传统习惯、行为方式、价值取向和综合能力的复杂统一体。

（二）文化差异

（1）语言差异。不同语言之间具有相似性，也具有差异性，这是人类语言的本质。在中外语言文化交流、推动中华民族文化复兴、助推国际交流与合作等多方面发挥重要作用，从而真正实现内涵式发展。

（2）非语言差异。使用除语言符号以外的各种符号系统，包括形体语言、副语言、空间利用以及沟通环境等。在沟通中，信息的内容部分往往通过语言表达，非语言则作为提供解释内容的框架，表达信息的相关部分。因此，非语言沟通常被错误地认为是辅助性或支持性内容。

拓展阅读11.1
见面礼和手势对谈判的影响

（3）价值观差异。比较文化价值观时要提高科学性，进行综合评价。美国环境优美，污染程度轻，可是，美国是世界资源消费第一大国，比中国高一倍，这个问题就要从环境的治理和科学的管理来了解。

（4）认知差异。人们在使用语言时，就是在用这种语言中附带的社会属性，如经济、文化、政治等构建语境，这必然会形成独特的思考方式，带着自己认知上的偏见或者包含着特定概念上的刻板印象等。

二、文化差异对国际商务谈判的影响

（一）文化差异对谈判组织的影响

（1）文化差异对谈判组织选择的影响。文化是影响谈判组织形成的重要因素，不同的国家在确定谈判人员的选择标准、数量、分工等方面有所不同。例如，美国是权力距离相对较小的国家，在选择谈判成员时，往往比较注重口才、专业水平、推理能力，而与谈判者在公司的地位无关。日本是权力距离较大的国家，被选择的谈判人员一般除了具备一定的社交能力之外，还拥有一定的地位和职务。因此，同日本人谈判时，在选择谈判人员方面要遵循对等原则，即所派谈判人员的身份和地位应该与对方谈判代表的身份和地位相当。否则，会被认为是对对方的不尊重。

（2）文化差异对时间观念的影响。美国谈判人员重视效率，喜欢速战速决。因为美国经济发达，生活、工作节奏极快，造就了美国人信守时间、尊重谈判进度和期限的习惯。在谈判中，他们希望尽可能减少繁多的仪式，尽快进入正题。日本人则非常有耐心，一般不愿率先表明自己的意图，而是耐心等待、静观其变。

（二）文化差异对谈判方式的影响

一般来说，谈判有横向和纵向两种。横向谈判是采用横向铺开的方式，即先列出涉及的所有议题，然后对各项议题同时讨论，同时取得进展。纵向谈判则是确定所谈问题后，依次对各个议题进行讨论。在国际商务谈判中，美国人是纵向谈判的代表，倾向于以具体条款开局。法国人是横向谈判的代表，倾向于以总条款开局。

（三）文化差异对沟通过程的影响

（1）文化差异对语言沟通的影响。沟通方式因文化而异，有些地方的人们多采用直接或简单的沟通方式，有些地方多采用间接或复杂的方式。美国人办事干脆利落，不兜圈子。正是因为美国人具有这种干脆的态度，与美国人谈判，表达意见要直接，"是"与"否"必须清楚。日本人非常讲面子，他们不愿对任何事情说"不"。他们认为，直接的拒绝会使对方难堪，甚至恼怒，是极大的无礼。所以，在同日本商人谈判时，语气要尽量平和委婉，切忌妄下最后通牒。

（2）文化差异对非语言沟通的影响。文化差异对谈判过程的影响，还表现在非语言沟通中。谈判者在形体语言、动作语言的运用上，有着巨大的差异，甚至，同样的动作语言传递着截然相反的信息。例如，绝大多数国家都是点头表示赞成，但在印度等国，一边摇头、一边面露微笑，表示肯定。再如，拇指与食指合成一个圆圈，对美国人来说表示"OK"，对日本人来说代表"钱"，对突尼斯人来说是极端的挑衅行为。此外，每个人都有自己的私人空间，当被侵入私人空间时，人们会变得极端不安。但这一"私人空间"的范围，却因文化而有所不同。一般来说，强调个人主义的文化比强调集体主义的文化需要的个人空间大。例如，阿拉伯人与他人交谈时喜欢站近些，距离不到0.5米，美国人感觉比较舒适的距离将近1米，但对中国人来说，通常是0.5~1米。

（四）文化差异对决策方式的影响

谈判中，知道对方谁具有做出评价的权力、决策是怎样做出来的，是非常重要的。文化是影响决策方式的重要因素。决策方式总体上可以分为两种：自上而下与自下而上。在美国，采取自上而下的方式做出决策，谈判的主要负责人具有完成任务时决策的所有权力和精力，这样就可以尽快完成谈判。而在日本，强调共同参与和群体决策，所有成员协商一致、自下而上集体决策，所以，日本人做出一项决策要花费很长的时间。

（五）文化差异对协议形式的影响

文化因素同样影响双方达成协议的形式。一般来讲，美国人倾向于非常细致的合同，要求它能解释所有可能发生情况的结果。这是因为，他们认为交易本身就是合同，谈判者应该能依据合同解释任何因素变化后应该怎样做，注重合同条款的严密性和完整性。而在日本和中国，则更倾向于一种总体化的合同，他们认为谈判本身是建立一种良好的关系，如果有意想不到的情况出现，双方应依据相互的关系而不是合同来解决。

（六）文化差异对人际关系的影响

西方社会的基础是以市场交换和市场竞争为主要特征的现代市场经济，在这种社会中，人们追求的是利润最大化，形成的人际关系主要是利益关系，遵循公事公办原则，人情关系则相对淡漠。生意归生意，朋友归朋友，公私分得很清楚。受儒家文化的影响，东方文化则更具"人情味"，人际关系网的建立往往在谈判中发挥关键作用，人们之间不仅以利益交换为基础，而且重视非经济性资源的人情关系，所谓"买卖不成仁义在"。

三、跨文化商务谈判的对策

（一）树立跨文化谈判意识

盖温·肯尼迪说过："具有不同文化的人有着不同的谈判风格。在该社会成员所参加的谈判中，你几乎被完全规定了谈判的内容和方法。"国际商务谈判中跨文化差异是客观存在的，特定的文化使其谈判人员形成了特定的谈判方式。所以，跨文化谈判比单一文化环境下的谈判更复杂、更具有挑战性。在跨文化谈判中，了解文化差异并辩证地对待这些差异是极其重要的。只有分析它、了解它、正视它，才能在国际商务谈判实践中对症下药，跨越文化差异引起的障碍，实现双赢共存。

（二）尊重对方的风俗习惯

尊重对方的风俗习惯，是一段跨国商务谈判的良好开始。如果你了解对方地区特有的风俗习惯，以此迎合他，会表现出你对他的尊重。相对于内在的隐秘习俗而言，语言等外在的文化可以很好地被理解。但是，隐秘的习俗很复杂，在谈判的过程中不小心冒犯到对方的话，可能会使本次谈判变得不顺利。当今世界上存在着千千万万的民俗习惯，所以在国际谈判中，我们需要去了解对方的风俗习惯，不至于在谈判的过程中冒犯对方。这样，也是对对方的尊重，而且使对手能了解谈判者的诚意，使谈判能更加顺利地进行。每个民族都有其相应的禁忌，把握好，才能入乡随俗。

（三）克服沟通的障碍

由于双方文化的不同，在谈判时会产生沟通上的障碍。这种障碍可能是对方在语言上的理解错误，有可能是书面翻译的错误，也有可能是某些词汇在对方民族文化中隐含的意义。例如，20世纪80年代初，当时的联合国秘书长瓦尔德海姆为了去解决人质的问题，飞到伊朗，在他的演讲中有这么一句话："我来这里，是以中间人的身份寻求某种妥协的。"在演讲完不到一个小时内，他的汽车被伊朗人投掷石块。因为在伊朗的文化中"妥协"具有"人格折损"的负面意义。演讲中的另一个词语"中间人"，具有"干涉者"的意思。

一方对另一方产生误解，这个是受到谈判者本身的知识以及受教育程度所制约的，谈判一方不愿意接受另一方的误解。心理因素、本人态度以及交往经验，往往会对人们接受现实产生影响。在谈判的过程中，一定要去避免或克服以上常见的沟通障碍，以免带来不必要的麻烦。在遇到沟通的障碍时，一定要学会去克服，并且善加利用。

第三节　世界各地商人的谈判风格

一、亚洲商人的谈判风格

（一）日本商人的谈判风格

（1）具有强烈的团队意识，分工明确。日本文化所塑造的日本人的价格观念与精神取向都是集体主义的，以集体为核心。正因为如此，日本人的谈判决策非常有特点。在提出建议之前，必须与公司的其他部门和成员商量决定，这个过程十分烦琐。对于谈判者来讲，重要的是了解日本人的谈判风格，不是个人拍板决
策，即使授予谈判代表签署协议的权力，合同书的条款也是集体商议的结果。谈判过程中对具体内容的洽谈，会反馈到日本公司的总部。所以，当成文的协议在公司里被传阅了一遍之后，它就已经是各部门都同意的集体决定了。需要指出的是，日本人做决策需时较长，但一旦决定下来，行动起来就十分迅速。

（2）信任是合作成功的重要媒介。与欧美商人相比，日本人做生意更注重建立个人之间的人际关系。以至许多谈判专家都认为，要与日本人合作，朋友之间的友情、相互之间的信任是十分重要的。日本人不喜欢对合同讨价还价，他们特别强调能否同外国合伙者建立可以相互信赖的关系。如果能成功地建立相互信赖的关系，几乎可以随便签订合同。一旦这种关系得以建立，双方都十分注重长期保持这种关系。

在商务谈判中，如果与日本人建立了良好的个人友情，特别是赢得了日本人的信任，那么，合同条款的商议是次要的。欧美人愿意把合同条款写得尽可能具体详细，特别是双方责任、索赔内容，以防日后纠纷，而日本人却认为，双方既然已经十分信任了解，一定会通力合作，即使万一做不到合同所保证的，也可以再坐下来谈判，重新协商合同条款。合同在日本一向被认为是人际协议的一种外在形式。如果周围环境发生变化，使得情况不利于公司利益，那么合同的效力就会丧失。要是外商坚持合同中的惩罚条款，或是不愿意放宽业已签订的合同的条款，日本人就会感到极为不满。

公认的最好办法，是取得日方认为可靠的、另一个信誉甚佳的企业的支持，即找一个信誉较好的中间人，这对于谈判成功大有益处。在与日本人的合作中，中间人是十分重要的。所以,在与日方洽商时,要千方百计地寻找中间人牵线搭桥。

(3)讲究礼仪。日本因为受到中国礼仪之邦的影响,也非常注重礼节。日本人所做的一切,都要受严格的礼仪的约束。如果外国人不适应日本人的礼仪,或表示出不理解、轻视,那么,他就不大可能在推销和采购业务中引起日本人的重视,不可能获得他们的信任与好感。

①日本人最重视身份和地位。在日本社会中,人人都对身份、地位有明确的概念。而且在公司中,即使在同一管理层次中,职位也是不同的。这些极其微妙的地位、身份的差异常令西方人摸不着头脑,但是日本人却非常清楚自己所处的地位、该行使的职权。知道如何谈话办事才是正确与恰当的言行举止,在商业场合更是如此。

②充分发挥名片的作用。与日本人谈判,交换名片是一项绝不可少的仪式。谈判之前,把名片准备充足是十分必要的。因为在一次谈判中,你要向对方的每一个人递送名片,绝不能遗漏任何人。日本人十分看重面子,最好把名片拿在手中,反复确认对方的名字、公司名称、电话、地址,既显示了你对对方的尊重,又记住了主要内容,显得从容不迫。要面子是日本人最普遍的心理,这在商务谈判中表现最突出的一点就是,日本人从不直截了当地拒绝对方。

(4)耐心是谈判成功的保证。日本人在谈判中的耐心是举世闻名的。日本人的耐心不仅仅是缓慢,而是准备充分、考虑周全,洽商有条不紊,决策谨慎小心。为了一笔理想的交易,他们可以毫无怨言地等上两三个月,只要能达到他们预想的目标,或取得更好的结果,时间对于他们来讲不是第一位的。耐心使日本人在谈判中具有充分的准备,耐心使他们手握利剑,多次成功地击败那些急于求成的对手,耐心使他们成功地运用最后期限策略,赢得想要的利润。所以,与日本人谈判,缺乏耐心,或急于求成,恐怕会输得一败涂地。

(二)韩国商人的谈判风格

韩国以贸易立国,在长期的贸易实践中,韩国商人常在不利于己的商务谈判中占上风,被西方国家称为"谈判强手"。这都得益于其以国际惯例为参照,再结合本国国情,形成了特有的商务谈判风格,即重咨询、重气氛、重技巧、重策略。

(1)重咨询。韩国商人从不打无把握的仗,在谈判前,他们通常要通过国内外的咨询机构,了解对方的经营项目、经营作风、资信情况以及有关商品的行情等。

(2)重气氛。韩国商人很重视商务谈判的开局阶段,他们会塑造良好的第一印象，营造和谐、信赖的气氛。商务谈判一般会安排在较有名气的酒店。如果地点由他们选定，他们会按时到达；如果地点由谈判对手选定，他们则会准时或略迟一些到达。主谈人走在前面，先热情地与对方打招呼，再逐一介绍己方谈判人员的姓名和职位。落座后，以天气、体育、旅游、新闻等与谈判内容无关的话题消除紧张气氛，并尽可能地了解谈判对手的性格、心理特征等。

（3）重技巧。韩国商人逻辑思维能力较强，做事有条不紊。在谈判中，他们往往先就谈判的主要议题与对方进行详细商谈，一般包含各自阐明意图、发盘、还盘、协商、签订合同等五方面内容。

韩国商人惯用的谈判方式有两种：①横向谈判，即在确定谈判所涉及的所有议题后，开始逐个讨论，对出现矛盾或分歧的议题暂时搁置，进入到下一个议题的讨论，如此周而复始地进行，直至所有内容谈妥为止。②纵向谈判，即在确定谈判的主要议题后，逐一讨论每一个问题和条款，在问题或争议得到解决后，才开始全面讨论下一个问题或条款。有时，韩国商人也会视条款内容，将两种方法结合使用。

（4）重策略。韩国商人非常善于讨价还价，即便在准备签约的最后时刻，他们仍旧会提出"价格再优惠一点"的要求，如果对方未应允，原本成功在望的交易也可能告吹。偶尔，他们也会有所让步，但其意在不利形势下以退为进战胜对手。当主动权在手时，韩国商人常用的技巧和策略有：①声东击西，即在谈判中利用对自己不太重要的问题，吸引和分散对方的注意力，再适时地提出关键问题，诱迫对方做出让步。②先苦后甜，即使用"苦肉计"，在谈判中以率先忍让的假象，换取对方最终的让步。此外，韩国商人还会针对不同类型的谈判对象，以"疲劳战术""规定期限"等策略，取得谈判的胜利。

（三）马来西亚商人的谈判风格

马来西亚商人热情好客，注重礼节。但是，在马来西亚人眼中，谈生意可不能一本正经、正襟危坐，对他们而言，那样无异于世界末日。谈判伊始就直接切入正题，被认为是不礼貌的做法，谈判一般会从无关痛痒的小话题开始，每一方都会说一些夸赞对方国家、国家领导人、天气及特产之类的话，然后才会间接地进入会谈的正题。马来西亚人对于"面子"问题，十分敏感。与马来西亚商人谈判时，提出反对意见会破坏会见的融洽气氛，而且会被认为是傲慢自大的表现。马来西亚商人喜欢讨价还价，为了避免不希望的损失，在你开价或是提出报价单的时候，要留有一定的余地。一些有经验的谈判者会为了达到最终交易目的，而在价格上做出一些小小的让步。除了以上的谈判特点之外，与马来西亚商人谈判应该注意以下几个方面。

（1）商务谈判语言。马来西亚的官方语言是马来语，英语和华语的应用也相当普遍。英语是通用语言，尤其是在一些较为私人的场合，因此，访问者不需要翻译即可处理业务。马来西亚华语的使用也较为广泛，马来西亚籍华人的祖籍大都是广东、福建。因此，华人之间粤语、闽南话也很流行，与这些华人进行贸易，能使用其语言，则更加亲切，更能让其信赖。

（2）商务谈判时间。伊斯兰教是马来西亚的国教，与马来西亚人进行商务活动的最佳时间是每年的三月至七月，因为多数商人均于十一月到次年二月休假，也要注意避开斋月和重大的传统节日。除了注意商务谈判时间，了解马来西亚商人的时间观念也很有必要。商业访问者都希望能够按时进行谈判，但是，当地的谈判代表似乎对时间并不重视。交通堵塞使得在吉隆坡准时赴约是一件非常困难的事情。明智的访问者不会在同一天当中安排两个以上的会谈，最好的安排是上午十点一个、下午两点一个。

（3）谈判见面礼节。马来西亚不同的民族有不同的见面礼节。马来人的常规做法是向对方轻轻点头，以示尊重。马来人传统的见面礼节，是所谓"摸手礼"，具体做法为：与他人相见时，一方将双手首先伸向对方，另一方则伸出自己的双手，轻轻摸一下对方伸过来的双手，随后将自己的双手收回胸前，稍举一下，同时，身体前弯呈鞠躬状。马来西亚的华人与印度人同外人见面时，则大多以握手作为见面礼节。马来人通常只有自己的名字，而没有固定的姓氏，儿子以父名为姓，父亲则又姓祖父的名字。

（4）餐饮礼仪。马来西亚以伊斯兰教为国教，禁酒，喜欢饮用椰子水、红茶、咖啡等。马来西亚的穆斯林不吃猪肉，不吃自死之物和血液，喜食牛肉，极爱吃咖喱牛肉饭，并且爱吃具有其民族风味的"沙嗲"烤肉串。马来西亚的印度人不吃牛肉，但是可以吃羊肉、猪肉和家禽肉。马来人一般十分好客，他们认为客人在主人家里，若不吃不喝，等于不尊敬主人。平常用餐时只用右手抓食食物，左手被视为"不洁之手"，禁用其取食物或饮料。只有在十分正规的宴请中，马来人才以刀叉进餐。

（5）习俗禁忌。马来西亚的习俗禁忌有：①伊斯兰教的教规教义在马来西亚具有法律效力,并为人民所严格遵守。②马来西亚的马来人不仅人口最多,政治影响最大,社会地位也最高,他们的语言与宗教亦分别成为官方语言与国教。马来人的礼仪习俗在社会生活中,居于支配地位。此外,不要触摸被其视为神圣不可侵犯的头部与肩部;不要在其面前跷腿、露出脚底,或用脚去挪动物品;不要
用一手握拳,去打另一只半握的手,这一动作在马来人来看是十分下流的;与其交谈时,不要将双手贴在臀部上;不要当众打哈欠。

（四）阿拉伯商人的谈判风格

阿拉伯人一般很固执、脾气很倔强,不轻易地相信别人,比较保守,家族观念很重。在阿拉伯人的社会里,等级制度根深蒂固,主人绝对不做佣人干的事,即使这个工作极为轻而易举。

建立关系,在阿拉伯国家很重要。在阿拉伯国家做生意,不可能通一次电话就可以谈妥一桩买卖。因推销某种货物而访问客户时,第一、第二次是绝对不可以谈生意的,第三次才可以稍微提一下,再访问一两次后,方可进入商谈,也就是说,要先建立朋友关系。否则,不管条件有多成熟,他们也不会理睬你。

在讲阿拉伯语的地区里,从事商业活动之前,必须首先了解宗教。

在中东和阿拉伯国家的商业活动中,有一个经常出现的语句——IBM。I是指"神的意志",B指"明天再谈",M的意思是"不要介意"。例如,在商谈中订立了契约,但后来情况有所变化,对方想取消契约时,就可以这是"神的意志"而取消。在商谈中,好不容易谈出苗头,正想进一步促成交易时,他们会突然耸耸肩说:"明天再谈吧。"这样一来,到下回再谈时,必须从头开始。最后是M,当碰到前面I与B的情形,或其他令人恼怒的事情,他们会拍拍你的肩说"不要介意",使你哭笑不得。所以,在中东从事商业活动时,重要的是要记住"IBM",配合对方悠闲的步伐,慢慢地向前推进才是上策。

阿拉伯人有赠送香片、香枝、香水的习惯,如果送给主人一瓶香水或一盒香料,主人会欣然接受并视为珍贵礼物,客人也显得自然而得体。主人接受礼物后,常常会当场回赠一份更为珍贵的礼物,客人要欣然接受并表示谢意,如果不接受,则可能会引起主人的不满。

在阿拉伯国家,初次见面时送礼,可能会被视为行贿,切勿把用旧的物品赠送他人,不能把酒作为礼品,要送在办公室里可以用得上的东西。盯住阿拉伯主人的某件物品看个不停，是很失礼的举动，因为这位阿拉伯人一定会认为你喜欢它，并一定会要你收下这件东西。阿拉伯商人一般赠送的都是贵重礼物，同时，也希望收到同样贵重的回礼。阿拉伯人认为，来而不往是有失尊严的问题，不让他们表现自己的慷慨大方是不恭敬的，也会危害双方的关系。他们喜欢丰富多彩的礼物，喜欢"名牌"货，不喜欢不起眼的古董；喜欢知识性和艺术性的礼品，不喜欢纯实用性的东西；忌讳烈性酒和带有动物图案的礼品，因为这些动物可能代表着不吉祥。送礼物给阿拉伯人的妻子被认为是对其隐私的侵犯，然而送给孩子小礼物则总是受欢迎的。

二、欧洲商人的谈判风格

（一）英国商人的谈判风格

【趣味阅读11.1】行驶在地中海上的一艘西班牙豪华游轮上，一位英国贵妇抱怨为什么身边的人不讲英语。有人向她指出，这是一艘西班牙船，她是个外国人。

贵妇顿时勃然大怒，厉声说道："告诉他们，我可不是什么外国人，我是英国人！"

英国人有着一颗自大的心，那是因为英国有过称霸世界的辉煌历史，曾经被称为"日不落帝国"，因此，英国人会觉得高人一等。

资料来源：冯光明，冯靖雯，余峰.商务谈判：理论、实务与技巧[M].北京：清华大学出版社，2015.

英国人的性格既有过去大英帝国带来的傲慢矜持，又有本民族谦和的一面。他们很传统，在生活习惯上保留了浓郁的古风，如讲究服饰，尤其在正式场合，在穿戴方面有很多的规矩约束，社交活动中也一丝不苟地遵循正式交往中的传统礼仪。

英国人等级观念较强，不轻易与对方建立个人关系。在对外商务交往中，英国人的等级观念使这些人比较注重对方的身份、经历、业绩、背景，而不像美国人那样更看重对手在谈判中的表现。所以，在必要的情况下，派较有身份地位的人参加与英国人的谈判，会有一定的积极作用。言行持重的英国人不轻易与对方建立个人关系，即使是本国人，个人之间的交往也比较谨慎，很难一见如故。特别计较、尊重"个人天地"，一般不在公共场合外露个人感情，也不随意打听别人的事，未经介绍不轻易与陌生人交往，不轻易相信或依靠别人。初与英国商人交往，开始总感觉有一段距离，让人感到这些人高傲、保守。但慢慢地接近，建立起友谊之后，这些人会十分珍惜与你的友谊并长期信任你。

英国人的等级观念根深蒂固。英国是老牌的资本主义国家，人们观念中的等级制度依然根深蒂固。在社交场合，"平民"与"贵族"依然区分明显。英国人比较看重秩序、规则、纪律和责任，组织中的权力自上而下流动，等级性很强，决策多来自于上层。

英国人对于谈判本身不如美国和日本人那样看重，他们对于谈判的准备并不充分。英国人谈判稳健，善于简明扼要地阐述立场、陈述观点，之后便是更多的沉默，表现出平静、自信而谨慎。在谈判的关键时刻，这些人往往表现得既固执又不肯花大力气争取，使对手颇为头痛。英国人认为，追求生活的秩序与舒适是最重要的，勤奋与努力是第二位的。所以，这些人愿意做风险小、利润少的买卖。

英国人时间观念强，严格遵守约定的时间，与他们进行商务活动通常要提前预约，并提早到达，以取得他们的尊重和信任。

英国人灵活性差，在谈判中，与英国人讨价还价的余地不大。有时，这些人采取非此即彼的态度。假如在谈判中遇到纠纷，英国商人会毫不留情地争辩。在谈判的关键时刻，他们表现得既固执又不愿花大力气。

英国人不能保证按时交货，对英国人来说，细节是很重要的，英国人一般依靠合同条款解决问题，但国际上对英国商人比较一致的抱怨是，他们有不大关心交货日期的习惯，出口商品经常不能按期交货。所以，在与英国人签订的协议中，万万不可忘记写进延迟发货的惩罚条款。

（二）法国商人的谈判风格

法兰西民族天性浪漫、乐观开朗、热情幽默，极富爱国热情和浪漫情怀。和作风严谨的德国人相比，法国人更注重生活情趣，有浓郁的人情味，非常重视互相信任的朋友关系，并以此影响生意。在商务交往上，法国人往往凭借信赖和人际关系去进行，在成为朋友之前，他们不会同你进行大宗交易，而且习惯先用小生意进行试探，建立信誉和友谊后，大生意便接踵而至。

（1）法国人偏爱横向谈判，谈判的重点在于整个交易过程是否可行，而不注重细节部分。对契约的签订，法国人似乎过于"潇洒"，在谈妥主要问题后，便急于签订合约。他们认为，具体问题可以等以后再商议，或日后发现问题时再修改也无关紧要。所以，昨天才签订的合同，明天可能就有修改的情况出现不足为奇。法国人这种"边跑边想"的做法总让对手很头疼，也影响了合同的履行。所以，即使是老客户，和法国人谈判，最好尽量将各自的条款及其细节问题反复确认，否则，难免有误会或改约、废约等不愉快的事情发生。法国人不喜欢给谈判制定严格的日程安排，但喜欢看到成果。故而，在各个谈判阶段，都有"备忘录""协议书"之类的文件，为后面的正式签约奠定基础。总的来说，法国商人比较注重信用，一旦合同建立，会很好地执行。

（2）法国买家一般比较注重自己的民族文化和本国语言，在进行商务谈判时，他们往往习惯于要求对方以法语作为谈判语言。所以，要与法国人长期做生意，最好学些法语，或在谈判时选择一名优秀的法语翻译人员。法国商人大多性格开朗、十分健谈，他们喜欢在谈判过程中谈些新闻趣事，以营造一种宽松的氛围。多了解一些法国的文化、电影文学、艺术摄影等方面的知识，非常有助于互相沟通、交流。

（3）法国人天性浪漫、时间观念不强。他们在商业往来或社会交际中经常迟到或单方面改变时间，而且总会找一大堆冠冕堂皇的理由。在法国还有一种非正式的习俗，即在正式场合，主客身份越高来得越迟。所以，要与他们做生意，就要学会忍耐。但法国人对于别人的迟到往往不予原谅，对于迟到者，他们都会很冷淡地接待。因此，如果你有求于他们，千万别迟到。

（4）谈判中重视合同条款，思路灵活效率高，注重依靠个人力量达成交易。法国商人谈判时思路灵活、手法多样，为促成交易，他们常会借助行政、外交等手段介入谈判。同时，喜欢个人拥有较大的办事权限，在进行商务谈判时，多由一个人承担并负责决策，很少有集体决策的情况，谈判效率较高。

（5）法国商人对商品的质量要求十分严格，条件比较苛刻。同时，他们也十分重视商品的美感，要求包装精美。法国人从来就认为法国是精美商品的世界潮流领导者，巴黎的时装和香水就是典型代表。因此，他们在穿戴上都极为讲究，在他们看来，衣着代表一个人的修养与身份。所以，在谈判时，稳重、考究的着装会带来好的效果。

（三）德国商人的谈判风格

拓展阅读 11.4
德国人的谈判风格

（1）法制观念。德国经过上百年的发展，法制已经非常完善，民众具备了浓厚的法律意识。德国谈判代表不愿意纠缠于情理内容，通常坚持公事公办原则。他们比较注重法制内容的沟通和谈判，双方共同遵照相关的合同条款来约束合同双方。德国是讲究法制的国家，人们认为，法律使得谈判和商务活动变得更加正规和公正。

（2）做事讲究效率。德国商人严谨保守的特点，使他们在谈判前就往往准备得十分充分周到。他们会想方设法掌握大量真实的一手资料，不仅要调查研究你要购买或销售的产品，还要仔细研究你的公司，以确定你能否成为可靠的商业伙伴。只有在对谈判的议题、日程、标的物品质量、价格以及对方公司的经营、资信情况和谈判中可能出现的问题，以及对应策略做了详尽的研究和周密的安排之后，他们才会坐到谈判桌前。这样，他们立足于坚实的调研基础之上，就会处于十分有利的境地。德国人对谈判对方的资信非常重视，因为他们保守，不愿冒风险。

德国商人在谈判桌上表现果断，不拖泥带水，喜欢直接表明所希望达成的交易，准确确定交易方式，详细列出谈判议题，提出内容详尽的报价表，清楚、坚决地陈述问题。他们善于明确表达思想，准备的方案清晰易懂。如果双方讨论后列出问题清单，德国商人一定会要求在问题的排序上体现各个问题的内在逻辑关系，否则就认为逻辑不清，不便讨论。并且，他们认为每场讨论应明确议题，如果讨论了一上午仍不涉及主要议题，他们必会抱怨意思不清楚、组织无效率。因此，在与德国商人谈判时，追求严密的组织、充分的准备、清晰的论述、鲜明的主题，可以促进谈判效率，在时间的利用、双方误解的减少等方面，都可看到谈判效益的改善。

（3）语言与非语言交流。通常情况下，德国谈判者在发言的过程中，不会长时间地、直接地进行目光接触。在谈话的过程中，更喜欢把脸扭转到一边，仅仅不时回头观看，这是为了接触到听者的眼神。在倾听过程中，基本上都会直接地、不变地进行目光接触，表示他们在仔细地倾听谈话。受到母文化的影响，德国人在交流的过程中，喜欢简洁、高效、直接，讲话十分清楚，不存在模棱两可的现象。因此，在谈判的过程中，德国代表通常都会很直截了当地表达己方的要求和疑虑。在谈判之前，德国代表通常会精准安排谈判计划、各人员的具体任务和项目的全部管理工作等。在谈判的过程中，德国人很喜欢带有具体、详细事实为依据的精准陈述，非常关注事物之间存在的固有逻辑，关注具体超过了关注整体。德国谈判代表可能会仔细地研究全部细节，满意后才和对方签署合同。

（4）严谨认真，高标准。德国商人自信而固执，对本国产品极有信心，在谈判中常会以本国的产品为衡量标准。德国企业的技术标准相当严格，对于出售或购买的产品，他们都要求很高的质量，因此，要让他们相信你公司的产品满足交易规定的高标准，他们才会与你做生意。德国商人的自信与固执还表现在，他们不太热衷于在谈判中采取让步方式。他们考虑问题周到，缺乏灵活性和妥协性。他们总是强调自己方案的可行性，千方百计地迫使对方让步，常常在签订合同之前的最后时刻，还在争取使对方让步。

（5）时间观念强。"时间就是金钱"是德国人崇尚的格言之一，德国人在商务活动中比较注重准时，将其视为最基本的礼貌和礼节，也可以体现出对方的责任感。此外，德国人热衷于制作各类时间规划，确定好相关议程，并根据相关计划行动，逐个破解问题。

（四）俄罗斯商人的谈判风格

俄罗斯商人以热情好客闻名，非常看重个人关系，愿意与熟识的人谈生意，依赖无所不在的关系网办事情。通常情况下，要与俄罗斯人做生意，需先经人介绍与之相识，然后花一番工夫，培养彼此的信任感，逐渐接近他们，尤其是决策人员，才越有可能得到生意机会。反之，操之过急是得不到信任和生意的。可以这么说，俄罗斯人的商业关系是以个人关系为基础创建起来的，谈判者在建立起个人友谊后，才会衍生出商务关系，除非某家外国公司有足以骄傲的资本、先进的产品与服务，或市场上独特的地位，才能跨越个人关系这个步骤，直接进入商业活动。但没有个人关系，一家外国公司，即使进入了俄罗斯市场，也很难维持其成果。

【趣味阅读11.2】俄罗斯人热衷于社会活动，拜访生日、晚会参观、聊天等，都是增进友谊的好机会。俄罗斯人性格豪爽、大方，不像东方人那样掩饰内心的感情，天性质朴、热情、乐于社交的俄罗斯人，往往是非常大方的主人，晚宴非常精美，并且长时间不停地敬酒干杯，直率、豪迈。他们比美国人有更近的人际距离，有大量的身体接触，如见面和离开时都要有力的握手或拥抱。应注意的是，在交往时不可太随意，要注重礼节，尊重双方的民族习惯，对当地风土人情表示兴趣等行为方式，尤其能得到俄罗斯人的好感。这样，最终可以在谈判中取得信任和诚意。

俄罗斯人热情好客，非常看重人际关系，愿意与熟识的人谈生意，依赖无所不在的关系网办事情。

资料来源：冯光明，冯靖雯，余峰.商务谈判：理论、实务与技巧[M].北京：清华大学出版社，2015.

俄罗斯人早已习惯于照章办事，上情下达，个人的创造性和表现欲不强，推崇集体成员的一致决策和决策过程等级化。在涉外谈判中，喜欢按计划办事，一旦对方让他们与原定目标有差距,则难以达成协议。

俄罗斯谈判者通常权力有限,也非常谨慎,缺少敏锐性和创新,经常要向领导汇报,这必然延长谈判中决策与反馈的时间。由于不重视个人才能发挥,俄罗斯人采取小组谈判形式。一方面等级地位观念重,另一方面又一直不明确到底谁负责。这种情况、这种形式,很大程度上源于庞大的机构引发的权限模糊。现在虽然有较大变革,但尚未形成合理的经营机制。

俄罗斯人善用谈判技巧,堪称讨价还价的高手,尽管由于生产滑坡、消费萎缩和通货膨胀,经济亟待恢复,在谈判中他们有时处于劣势,如迫切需要外国资金、先进技术设备,但与他们打过交道的各国商人,谁也不否认俄罗斯人是强劲的谈判对手,他们总有办法让对方让步。他们的谈判,一般分两个阶段:第一阶段,先尽可能地获得许多竞争性报价,并要求提供详细的产品技术说明,以便不慌不忙地评估。其间,他们会采取各种离间手段,促使对手之间竞相压价,自己从中得利。这种谈判技巧,使得他们总能先从最弱的竞争者那里获得让步,再以此要挟其他对手做出妥协。第二阶段,则是与选中的谈判对手进行谈判,对合同中将要最后确定的各种条款仔细斟酌。

三、美洲商人的谈判风格

(一)美国商人的谈判风格

从总体上讲,美国人的性格通常是外向的、随意的。一些研究美国问题的专家,将美国人的特点归纳为外露、坦率、诚挚、豪爽、热情、自信,说话滔滔不绝、不拘礼节、诙谐幽默,这些特点,形成了美国商人迥异于其他国家商人的谈判风格。

【趣味阅读11.3】曾经有这样的故事流传:在餐厅盛满啤酒的杯中发现了苍蝇。英国人会以绅士风度吩咐侍者换一杯啤酒来。法国人会将杯中啤酒倾倒一空。西班牙人不去喝它,只留下钞票,不声不响地离开餐厅。日本人会令侍者把餐厅经理找来,训斥一番。沙特阿拉伯人会把侍者叫来,把啤酒杯递给他,说"我请你喝"。美国人则会对侍者说:"以后请将啤酒和苍蝇分别放置,由喜欢苍蝇的客人自行将苍蝇放进啤酒,你觉得怎样?"

资料来源:杜海玲,许彩霞.商务谈判实务[M].3版.北京:清华大学出版社,2019.

（1）鼓励创新，崇尚能力。美国人比较自由自在，不太受权威与传统观念的支配，他们相信，一个人主要是凭借个人努力和竞争，去获得理想的社会地位。在他们眼中，这是一个允许失败，但不允许不创新的社会。所以，美国人对角色的等级和协调的要求较低，更尊重个人作用和个人在实际工作中的表现。

这种个人主义价值观表现在美国企业决策上，常常以个人或少数人决策为特点，自上而下地进行，在决策中强调个人责任。这种角色方式与日本企业的群体决策、模糊责任相比，迅速、反应灵敏、责任明确，但等级观念森严、缺少协调配合。

美国企业崇尚个人主义、能力主义的企业文化模式，使好胜且自我表现欲很强的美国谈判者，乐意扮演"牛仔硬汉"和"英雄"形象，在谈判中表现出一种大权在握、能自我掌握命运的自信模样。在美国人的谈判队伍中，很少见到大规模的代表团，除非谈判非常复杂，而且即使对公司的未来至关重要，代表团人数一般也不会超过七人，甚至单独一个人也不奇怪。即使有小组成员在场，谈判的关键决策者通常也只有一两人，遇到问题时，他们往往有权做出决定，"先斩后奏"时有发生。但不要以为美国人的集中决策过于简单、匆忙，实际上，为了能干脆、灵活地决策，美国谈判者通常都会在事先做充分、详细而规范的资料准备。在谈判中，他们的认真仔细绝不亚于日本同行。

（2）干脆直率，不兜圈子。由于美国是一个年轻的国家，加之经济大国地位的影响，美国商人充满自信和优越感，在谈判桌上气势逼人。他们的语言表达非常直率，往往说行就行，说不行就不行。在谈判中，美国商人习惯于迅速地将谈判引向实质阶段，一个事实接一个事实地讨论，干脆利索，不兜圈子，不讲客套，对谈判对手的直言快语不仅不反感，而且还很欣赏。

美国人在经商过程中通常比较直接，不太重视谈判前个人关系的建立。他们不会像日本人那样找熟人引荐，即已在谈判前作大量的公关工作、与对方建立一种融洽的关系。有趣的是，如果在业务关系建立之前，谈判者竭力去同美国对手建立私人关系，反而可能会引起他们的猜疑，认为或许是因为你的产品质量或技术水平不佳才有意拉拢他们，使他们在谈判时特别警惕和挑剔，结果是过分热情的谈判者倍感委屈，甚至蒙受损失。由此看来，公事公办原则更加符合美国人的脾气。在美国人眼中，是良好的商业关系带来彼此的友谊，而非个人之间的关系带来良好的商业关系。在美国人心目中，个人交往和商业交往是明确分开的，即使同对方有私人友谊，也丝毫不会减少美国人在生意上的斤斤计较。

尽管这样，要是以为美国人刻板、不近人情，那就误会了。美国人强调个人主义和自由，平等生活，态度较积极开放，还是很愿意结交朋友的，而且容易结交。美国人以客户为主，甚至于以产品为主，他们很努力地维护和老客户的长期关系，以求稳定的市场占有率。与日本人相比，美国人放在第一位的是商业关系，只有与对方业务关系稳定，在生意的基础上彼此信任之后，生意伙伴之间才可以发展密切的个人关系。而且，这种私人关系在经济利益面前是次要的，在商业决策中不起很大的作用。

（3）珍惜时间，注重效率。美国商业经济发达，生活节奏极快，造就了美国商人尊重进度和期限的习惯。他们十分重视办事效率，尽量缩短谈判时间，力争使每一场谈判都能速战速决。

高度的时间观念，是美国文化的一大特点。美国人的时间意识很强，准时是受人尊敬、赢得信任的基本条件。在美国办事要预约，并且要准时，约会迟到的人会感到愧疚。所以，不能如期赴约一定要提前致电通知对方，并为此道歉，否则，将被视为无诚意和不可信赖。强调效率是美国人时间观念强的重要表现。在美国人的价值观中，时间是线性且有限的，必须珍惜和有效地利用。他们以分钟为单位来安排工作，认为浪费时间是最大的浪费，在商务活动中，奉行"时间就是金钱"的信条。美国的谈判者努力节约时间，不喜欢繁文缛节，希望省去礼节性的闲聊，直接进入正题。谈判的时间成本如此受美国人重视，以至于他们常定有最后期限，从而增加谈判的压力。如果对手善于运用忍耐的技巧和优势，美国的谈判者有时会做出让步，以便尽早结束谈判，转入其他商业活动。

对整个谈判过程，美国人也总有进度安排，他们会精打细算地规划谈判时间的利用，希望每一阶段逐项进行，并完成相应的阶段性谈判任务。对于某些谈判对手常常对前一阶段的谈判成果推倒重来的做法，美国谈判者万分头痛，他们一件事接一件事、一个问题接一个问题的讨论，直至最后完成整个协定的逐项议价方式，被称为"美式谈判"。

（4）注重利润，积极务实。美国商人在商务谈判活动中，十分讲究谋略，以卓越的智谋和策略成功地进行讨价还价，从而追求现实经济利益。对此，美国商人丝毫不加掩饰。由于美国商人对谈判成功充满信心，所以总希望自己能够战胜高手，即战胜那些与自己一样精明的谈判者。在这种时候，他们或许会对自己的对手肃然起敬，其心情也为之振奋不已，这反映了美国商人的侠义气概。

（5）全盘平衡，一揽交易。美国是商业文明高度发达的国家，人口不断流动，无法建立稳固、持久关系。人们只能将不以人际关系为转移的契约，作为保障生存和利益的有效手段，所以形成了重视契约的传统。作为一个高度法治的国家，人们习惯于诉诸法律解决矛盾纠纷。在商业活动中保护自己的利益，最公平、妥善的办法便是依靠法律，通过合同约束保证。

力求达成协议是美国谈判者的目的，在整个谈判过程中，他们都向着这个目标努力，一步步地促成协议的签订。美国人认为双方谈判的结果，一定要达成书面的法律性文件，借此明确彼此的权利和义务，将达成书面协议视为谈判成功的关键一步。美国人总是认真、仔细地订立合同，力求完美。合同的条款从产品特色、运送环节、质量标准、支付计划、责任分配到违约处罚、法律适用等，无不细致、精确，以致显得冗长而繁琐。但他们认为正是包含了各方面的标准，合同才提供了约束力，从而带来安全感。作为双方的承诺，合同一旦签订，在美国谈判者心中很具有严肃性，被视为日后双方行动的依据和制约，不会轻易变更或放弃。严格履行合同中的条款，成为谈判结束后最重要的工作。

（二）拉美国家商人的谈判风格

拉丁美洲是指美国以南的美洲地区，共有20多个国家。大部分拉美国家，由于历史上的原因，经济比较落后，经济单一化严重，贫富两极分化明显。但是，拉美国家的商人都以自己悠久的传统和独特的文化而自豪，他们反对甚至痛恨那些发达国家商人趾高气扬、自以为是的态度，不愿意听北美人或欧洲人教训式的谈话。他们总是希望对方能在平等互利的前提下进行商贸合作，他们希望对方尊重他们的人格，尊重他们的历史。

拉美商人的性格比较开朗、直爽，与处事敏捷的北美商人不同，拉美商人比较悠闲，比较恬淡，比较放得开。拉美国家的假期很多，如秘鲁工作一年，可以请一个月的带薪假期。往往在一笔生意洽谈中，洽谈的人突然请了假，因此，洽谈不得不停下来，其他国家的商人需要耐心等待洽谈的人休完假归来，洽谈才能继续进行。所以，同拉美商人谈生意，必须放慢节奏。

在同拉美商人进行商务谈判的过程中，感情因素显得很重要。彼此关系相熟、成为知己之后，你如果有事拜托他们，他们会毫不犹豫地为你优先办理，并充分考虑你的利益和要求。这样，双方的洽谈自然而然地会顺利地进行下去。在拉美，政变十分频繁，人们对此已经司空见惯，即便发生了政变，也不会紧张、骚动，街上仍是平平静静的。政变对一般的商业交易几乎没有影响。不过，一旦涉及政府交易，影响则不可轻视。

在商务活动中，要注意他们可能不遵守付款日期、无故延迟付款。正如一位银行家所说的那样，货款他们是会付的，只是生性懒散，不把当初约好的付款日期当回事儿而已。由于拉美国家大多属于发展中国家，商品在国际上缺乏竞争力，因而造成国家的进口大于出口，外汇比较紧张。所以，拉美国家大多采取"奖出限入"的贸易保护主义政策，一些法律法规也以此为根本出发点。就此而言，对于试图同拉美人进行商务合作的外国人来说，是非常不利的。

从拉美的对外贸易环境来看，有一个明显的不利因素，那就是拉美国家复杂的进口手续。一些国家实行进口许可制度，在没有取得进口许可证之前，千万不能发运，因为这可能意味着，货物无法再收回，即使允许再运回，那么也已经支付了高额的运输费用，有时，这笔费用甚至高出了货物本身的价值。随着时间的推移，拉美国家也逐渐认识到"奖出限入"政策的片面性，在广泛实行鼓励出口政策的同时，逐步放开对进口的限制。

拉美一些国家的商人，经常利用外商履约后收不到货款而惊慌失措的心理，迫使外商重新谈判价格，借势向外商压价。一些外商只好忍痛降价，直到符合了拉美商人的要求为止。鉴于这种情况，在同拉美国家商人交易时，可适当提高交易价格，以应对为回收货款而被迫降价造成的损失。

在众多拉美国家中，巴西人特别爱好娱乐，他们不会让生意妨碍自己享受闲暇的乐趣。千万不要在狂欢节中去谈判，否则会被当作不受欢迎的人。巴西人重视个人之间的良好关系，如果他喜欢你，就会同你做生意。阿根廷人，比这个大陆上大多数其他邻国的人显得更正统些，非常欧洲化。阿根廷商人在商谈中会与对方反复地握手，并且不厌其烦。智利、巴拉圭、乌拉圭和哥伦比亚的商人非常保守，他们彬彬有礼，讲究穿着，谈判时总是穿正式的西装，系领带，非常正规。

本章小结

国际商务谈判是一种对外经济贸易活动中普遍存在的、十分重要的经济活动，是调整和解决不同国家和地区政府及商业机构之间、不可避免的经济利益冲突的必不可少的一种手段。不同国家或地区的谈判主体，代表着不同的社会、文化、经济、政治背景，谈判各方的价值观、思维方式、行为方式、交往模式、语言以及风俗习惯等也各不相同。本章主要从以下几个方面学习国际商务谈判的内容。

（1）国际商务谈判的基本原则。谈判时双方是合作关系，而不是敌对关系。因此，在国际商务谈判中，应遵循平等性原则、互利性原则和妥协让步原则。

（2）国际商务谈判策略。在国际商务谈判中，要树立跨文化谈判意识，尊重对方的风俗习惯，努力克服沟通的障碍。

（3）不同国家商人的谈判风格。现代贸易谈判往往是国际性的，不同国家、不同民族、不同地域的人，其价值观、消费习俗、生活方式、文化背景等差异极大，因而，形成了各具特点的谈判风格。在进行国际贸易商务谈判时，应提前了解和掌握谈判对手的特征，在谈判时制定不同的策略与方式。

思考题

1. 什么是国际商务谈判？国际商务谈判的特点及原则有哪些？
2. 国际商务谈判与国内商务谈判有哪些区别？
3. 日本商人的谈判风格是怎样的？
4. 简述英国商人的谈判风格。
5. 与美国商人打交道时，应注意哪些事项？

思政案例分析

北京纳兹精密科技有限公司的谈判

北京纳兹精密科技有限公司与世界各国厂商有着密切的合作，基于此，作者多次赴该公司进行考察并深入到谈判一线，对其中的谈判案例进行总结。

1. 与美国A公司（长期合作伙伴）代表的某次线下晚餐会议

时间：2018年3月22日北京时间18：00

地点：上海国际会展中心

主要任务：商讨下一步合作计划

核心问题：中美双边贸易进出口关税增加，影响现有利润，是否暂缓合作。

解决方案：

（1）对国际形势的认识达成一致，并再次明确双方的合作意愿。

（2）美方对中方过去的工作表示感谢，并表示希望在不损害各方利益的前提下继续合作下去。

（3）对目前中美贸易摩擦可能带来的风险和损失进行估量并达成一致，双方同意就受波及较大的产品暂缓合作，对受波及较小的产品在合作计划上做出适当调整。

（4）双方就细节进行进一步敲定，并继续保持沟通。

2. 与德国B公司（潜在合作伙伴）的第一次线下会议

时间：2018年9月4日北京时间15：00

地点：深圳国际会展中心

主要任务：争取B公司某系列产品在中国市场的独家代理权

核心问题：中方希望争取B公司某系列产品在中国市场的独家代理权。德方认为其刚刚进入中国市场，对市场环境尚未熟悉，希望待其对中国市场环境及所面临风险有系统的认识和分析后，再敲定是否授予中方中国区独家代理权。

解决方案：

（1）对德方的积极态度表示感谢，并再次明确双方的合作意愿。

（2）对德方顾虑表示理解，并提出可以提供相关帮助以便德方更好地认识中国市场。

（3）提出中方诉求，并表示可以接受非独家代理权先做运营，期限为一年。一年后是否转为独家代理视市场反馈而定。

（4）双方就细节进行进一步敲定，德方同意授予中方为期一年的非独家代理权，双方将在若干工作日内拟订合同并进行签订。

（5）双方若有其他问题可在签订前保持沟通。

3. 与法国C公司代表的第三次线上会议

时间：2018年10月23日北京时间16：00（巴黎时间9：00）

地点：北京纳兹精密科技有限公司

主要任务：商讨关于2019年某展会的展品种类和样品提供问题

核心问题：中方希望法方能够提供部分展品的样品，并且能够派一位代表前来与中方共同经营展位。

解决方案：

（1）法方对于中方在展位上展示其产品表示感谢，并答应提供相关样品。

（2）法方认为派代表前来展位并不十分必要，且法方目前尚无适合人选。

（3）中方向法方再次明确邀请法方代表前来展位的必要价值和潜在收益。

（4）法方表示会考虑该问题，并尽可能协调该时段内的人员调配问题。

（5）双方就核心问题的解决方案基本达成一致，后续将继续保持沟通。

4. 与比利时 D 公司（潜在合作伙伴）CEO 的第二次线上会议

时间：2018 年 12 月 12 日北京时间 17：00（柏林时间 10：00）

地点：北京纳兹精密科技有限公司哈尔滨办事处

主要任务：敲定代理关系细节并签订代理合同

核心问题：比利时方发来的合同中某些条款不规范，尤其是与金额有关的数字需要再次确认。

解决方案：

（1）对比利时方的积极态度表示感谢，并再次明确双方的合作意愿。

（2）将标记出疑问的合同样本再次发给比利时方代表。

（3）根据标记逐一向德方代表进行反馈，并配以中比两国与此相关的法律条款。

（4）提出中方的修改意见，并就涉及金额的问题进行敲定。

（5）双方就分歧问题达成一致，并重新拟订合同。

资料来源：陈虹宇，李雅波.全球贸易新局势下跨文化国际商务谈判技巧——以北京纳兹精密科技有限公司为例 [J]. 北方经贸，2019（10）：23-25.

案例思考：

1. 案例中体现了跨文化谈判时面临的哪些障碍？

2. 不同的国家，谈判风格有何差异？北京纳兹精密科技有限公司针对这些差异采取了什么策略？

3. 北京纳兹精密科技有限公司的这四场谈判对你有什么启示？

参 考 文 献

[1] 杜海玲，许彩霞.商务谈判实务[M].3版.北京：清华大学出版社，2019.

[2] 程英春，李娟.商务谈判[M].北京：清华大学出版社，2018.

[3] 王军旗.商务谈判理论、技巧与案例[M].5版.北京：中国人民大学出版社，2018.

[4] 玛格雷特·麦克米兰.当尼克松遇上毛泽东[M].天津：天津人民出版社，2017.

[5] 高琳.国际商务谈判与沟通[M].大连：东北财经大学出版社，2016.

[6] 聂元昆.商务谈判学[M]北京：高等教育出版社，2016.

[7] 杨晶.商务谈判[M].2版.北京：清华大学出版社，2016.

[8] 甄珍.商务谈判[M].北京：首都师范大学出版社，2016.

[9] 左显兰.商务谈判与礼仪[M].北京：机械工业出版社，2016.

[10] 冯光明，冯靖雯，余峰.商务谈判：理论、实务与技巧[M].北京：清华大学出版社，2015.

[11] 汇智书源.学点实用谈判技巧[M]北京：中国铁道出版社，2015.

[12] 罗伊·列维奇.商务谈判[M].北京：中国人民大学出版社，2015.

[13] 刘园.国际商务谈判[M].北京：中国人民大学出版社，2015.

[14] 陈汉明，李占红.商务谈判理论与实务[M].长沙：湖南师范大学出版社，2014.

[15] 龚荒，吉峰.商务谈判：实务、策略与案例[M].北京：机械工业出版社，2014.

[16] 李力刚.谈判说服力[M].北京：北京联合出版公司，2013.

[17] 利·L汤普森.商务谈判[M].5版.北京：中国人民大学出版社，2013.

[18] 张然.谈判的艺术[M].北京：中国商业出版社，2013.

[19] 赵莉. 商务谈判 [M]. 北京：电子工业出版社，2013.

[20] 樊建廷，干勤. 商务谈判 [M]. 大连：东北财经大学出版社，2012.

[21] 林伟贤. 中国人的优势谈判 [M]. 北京：北京大学出版社，2012.

[22] 罗格·道森. 优势谈判 [M]. 深圳：海天出版社，2012.

[23] 石永恒. 商务谈判实务与案例 [M]. 北京：机械工业出版社，2012.

[24] 杨群祥. 商务谈判 [M]. 大连：东北财经大学出版社，2012.

[25] 朱春燕. 商务谈判案例 [M]. 北京：清华大学出版社，2011.

教师服务

感谢您选用清华大学出版社的教材！为了更好地服务教学，我们为授课教师提供本书的教学辅助资源，以及本学科重点教材信息。请您扫码获取。

» 教辅获取

本书教辅资源，授课教师扫码获取

» 样书赠送

电子商务类重点教材，教师扫码获取样书

 清华大学出版社

E-mail: tupfuwu@163.com
电话：010-83470332 / 83470142
地址：北京市海淀区双清路学研大厦 B 座 509

网址：http://www.tup.com.cn/
传真：8610-83470107
邮编：100084